Que este livro te traga novas histórias

06/10/2019

# DEBILIDADE NA INCLUSÃO

## uma história de reis, príncipes, monstros, castelos, cachorros, leões, meninos e meninas

Coleção
**Psicanálise: fazer e dizer**

# DEBILIDADE NA INCLUSÃO

## uma história de reis, príncipes, monstros, castelos, cachorros, leões, meninos e meninas

Cristina Abranches Mota Batista

Artesã

Debilidade na inclusão: uma história de reis, príncipes, monstros, castelos, cachorros, leões, meninos e meninas



COORDENAÇÃO EDITORIAL
Karol Oliveira

DIREÇÃO DE ARTE
Tiago Rabello

REVISÃO
Giovanna M. Hailer Felipe

CAPA
Karol Oliveira

PROJETO GRÁFICO E DIAGRAMAÇÃO
Conrado Esteves

---

B333 Batista, Cristina Abranches Mota.
Debilidade na inclusão : uma história de reis, príncipes, monstros, castelos, cachorros, leões, meninos e meninas / Cristina Abranches Mota Batista . – Belo Horizonte : Artesã, 2019.

274 p. ; 23 cm.

ISBN: 978-85-7074-018-2

1. Incapacidade intelectual. 2. Inclusão escolar. 3. Psicanálise. I. Título.

CDU 159.97

---

Catalogação: Aline M. Sima CRB-6/2645

IMPRESSO NO BRASIL
*Printed in Brazil*

ARTESÃ EDITORA LTDA.
Site: www.artesaeditora.com.br
E-mail: contato@artesaeditora.com.br
Belo Horizonte/MG

# AGRADECIMENTOS

*Aos meus pais* (in memorian) *com os quais aprendi a admirar a simplicidade e a me apaixonar pelo que me conduziu a essa tese.*

# SUMÁRIO

PREFÁCIO ....... 9
*Ângela Maria Resende Vorcaro*

INTRODUÇÃO
**Olho Aberto!** ....... 11

CAPÍTULO 1
**O início** ....... 33
1.1 O nascimento das instituições ....... 35
1.2 A descoberta científica ....... 39
1.3 Educável ou Treinável: corrigível e incorrigível ....... 44
1.4 Louco ou infantil ....... 48
1.5 Nasce um método ....... 51
1.6 Controle do instinto, controle da espécie ....... 56
1.7 Século XX – o mesmo com mais cientificidade ....... 61
1.8 A psicanálise ....... 69
1.9 Brasil ....... 75

CAPÍTULO 2
**Dores e confusões** ....... 87
2.1 O retorno necessário a Freud ....... 94
2.2 Lacan e seu início – O Estádio do Espelho e a Constituição do Sujeito ....... 99
2.3 Debilidade, Estádio do Espelho e Constituição do Sujeito ....... 107
2.4 O sentido na debilidade ....... 110
2.5 Debilidade sem equívoco ....... 119
2.6 A redução na debilidade ....... 127
2.7 O Saber e a Verdade na Debilidade ....... 129
2.8 Permanecer "por fora" na debilidade ....... 134

2.9 Real e Impossível na debilidade......139
2.10 A ação na debilidade......140
2.11 A debilidade de cada um......142

CAPÍTULO 3
**Os outros**......147
3.1 Alteridade......149
3.2 Os outros com deficiência e o Outro com sua falha......156
3.3 Outro e outros na Modernidade......161
3.4 Mais que modernos, ultraliberais, e sem Outro......167
3.4.1 (+ valia) = (– Outro) + (Outro artificial, semblantes de Outro)......171
3.4.2 Sem Outro = Um ou no máximo dois......178
3.4.3 Sem Outro = sem outros......181
3.4.4 Sem Outro = sujeito em bandos......183
3.4.5 Sem Outro = (histerologia + perversão comum + psicose + debilidade) – neurose......185

CAPÍTULO 4
**Instituições**......193
4.1 Fome de quê?......195
4.2 Educar – Regular......200
4.2.1 Educar – Regular: classificar, segregar......202
4.2.2 Educar – Regular: incluir/segregar na pós-modernidade....211
4.2.3 Educar – Regular: incluir......214
4.3 Educar – Ensinar......216
4.3.1 Instituições especializadas e aprendizagem......219
4.4 Educar – Mestria......222
4.5 Instituição e psicanálise......228
4.5.1 Instituição especializada e debilidade......235

CONCLUSÃO......245

REFERÊNCIAS......259

# PREFÁCIO

*Ângela Maria Resende Vorcaro*

Este livro gentilmente oferecido a nós por Cristina Abranches Mota Batista é fruto de um intenso e raríssimo percurso de prática, de estudos e de interrogações sobre a dita deficiência intelectual de crianças.

Aprimorado em seu doutorado na PUCSP, a partir do CAIS – Centro de atendimento e inclusão social –, instituição que dirige acolhendo e tratando crianças apartadas ou colocadas na borda do circuito escolar, a psicanalista alerta-nos sobre os enganos de todas as ordens que giram em torno das ditas deficiências intelectuais, esmiuçando suas formas e modalizações. Ela ainda nos mostra como os reproduzimos sistematicamente e, por que não dizer, debilmente.

Ao retomar a inscrição histórico-discursiva desse diagnóstico e dessa nomenclatura, a autora torna os construtos da teoria lacaniana operadores que localizam e distinguem a especificidade do saber, cujos ditos débeis nos ensinam, e, nesse lugar, situa os limites constringentes à classificação que avalia e categoriza. Disso, os próprios psicanalistas não estão imunes, como atesta a dificuldade reconhecida pela grande maioria, seja em dirigir o tratamento de crianças assim nomeadas, seja em deter e problematizar o que as especificaria. A escassez de estudos, além da superficialidade dos mesmos, demonstra suficientemente.

A despeito disso, vamos encontrar no texto de Cristina o enfrentamento profundo desse desafio, a fim de trazer a tona nossa debilidade neurótica, tantas vezes mais grave do que qualquer criança considerada deficiente, na medida em que nosso gesto de descaso em relação a elas, localizando-as sob a rubrica da organicidade, denota nossas ações políticas que franqueiam a exclusão. A autora convoca-nos a lidar com o fato de que, nessa situação, trata-se da suposição de que o sujeito afetado por sua dimensão orgânica não interessaria à psicanálise, o que obviamente incluiria todos nós. Reproduzir essa posição seria o mesmo que tentar anular o âmago da própria psicanálise.

Numa construção absolutamente original, contando com o saber recolhido e transmitido pelas próprias crianças, Cristina ainda tematiza e analisa as instituições de atenção e educação, mais uma vez a explicitar o quanto essas crianças ultrapassam nosso condicionamento discursivo.

Portanto, é com grande alegria e satisfação que apresento este livro, o qual vem generosamente contemplar a coleção da Editora Artesã, a possibilitar a leitura de trabalho tão urgente e necessário ao nosso fazer e dizer.

Belo Horizonte, novembro de 2018.

Introdução

# OLHO ABERTO!

*Turma 4*[1]

Régua parece metro,
mas não é.
Bolinha de gude parece bolinha de chocolate,
mas não é.
Metrô parece trem de ferro,
mas não é.
Homem de brinco parece mulher,
mas não é.
Ovo de páscoa parece ovo de galinha,
mas não é.
Gotas de chuva parecem lágrimas,
mas não é.
Cabelo cacheado parece macarrão,
mas não é.
Essa turma parece jogo de quebra-cabeça,
mas não é.

Escolhemos o poema *Olho Aberto* para introduzir esta publicação sobre a deficiência intelectual (DI).

A ilusão contida em algo ou alguém que aparenta ser o que não é, ou que acredita que seja de outra forma do que realmente é tem sido a tônica com relação a essa deficiência. A crença em uma aparência

[1] Poema coletivo elaborado por um grupo de alunos da Turma 4 com diagnóstico de deficiência intelectual (DI), durante uma atividade educacional no CAIS – Centro de Atendimento e Inclusão Social de Contagem – MG. CAIS é uma instituição especializada sem fins lucrativos, fundada em 1971, que atende pessoas com diagnóstico de DI, dentre outros quadros.

enganosa esteve presente tanto no diagnóstico e na nomenclatura, quanto nos tratamentos realizados em pessoas com esse diagnóstico, assim como no âmbito das instituições existentes para esse fim, e mesmo nas relações estabelecidas com essas pessoas e no atual movimento de inclusão social. O engodo, o desmentido, as contradições, as crenças influenciaram sobremaneira os estudos sobre essa deficiência, demonstrando que existe algo com relação ao saber, ou ainda, algo que não se quer saber e que é concernente a esse diagnóstico e a essa condição intrínseca ao ser humano.

O termo *deficiência intelectual* representa um quadro nosográfico controverso. Desde o século XIX, o homem tem buscado meios para comprovar a relação desse diagnóstico com uma afecção orgânica, assim como mensurar um provável déficit contido nesta patologia. Em 2004, a Organização Mundial de Saúde e a Organização Pan-Americana da Saúde adotaram oficialmente o termo deficiência intelectual, mas, desde 1995, a ONU vinha aconselhando a alteração do termo deficiência mental por deficiência intelectual, justificando uma possível diferenciação mais clara dessa deficiência da doença mental.

O diagnóstico de *deficiência intelectual* é compreendido no meio técnico e contido nos documentos oficiais como sendo uma incapacidade caracterizada por limitação significativa no funcionamento intelectual e no comportamento adaptativo expresso nas habilidades conceituais, sociais e práticas (AMMR, 2006). Neste conceito, para que um indivíduo seja diagnosticado com a deficiência intelectual, os aspectos citados devem ocorrer durante o desenvolvimento infantil e antes dos 18 anos. Esta definição utilizada oficialmente pressupõe um modelo mediano e um padrão adaptativo do indivíduo, classificando como deficitário aquele que está abaixo da média ou não adaptado ao que se considera um funcionamento normal. Nesta conceituação, destaca-se uma primeira questão e ponto de discordância de nosssa abordagem, a qual se refere à dificuldade e mesmo uma impossibilidade em se caracterizar o indivíduo adaptado e considerado mediano aos padrões sociais para, então, classificar os considerados deficitários.

Esta acepção remete a uma correlação da deficiência intelectual com o desempenho de funções e, principalmente, da função escolar na infância. Em contraposição a estes estudos que se pautam na adaptação do indivíduo a um padrão social, utilizaremos os conceitos da psicanálise sobre a *debilidade* e a *inibição*.

Para a psicanálise, a debilidade determina uma maneira particular de o sujeito lidar com suas relações: seja com o outro, consigo mesmo, com seu corpo e mesmo com o saber; o que traz consequências para a construção do conhecimento acadêmico e escolar. Assim, nós defendemos que existem semelhanças e mesmo antagonismos nestes conceitos: *deficiência intelectual* (DI) e *debilidade*.

Além da abordagem da questão nosográfica e da articulação dos conceitos aí contidos, esta publicação analisa as relações sociais e os tratamentos propostos para estas pessoas na contemporaneidade, considerando o movimento da inclusão escolar e outros aspectos da sociedade atual. Torna-se necessário esclarecer que o movimento da Inclusão se diferencia da integração. Este último surgiu no Brasil nos anos 60, enquanto que a inclusão teve seu início na última década do século XX. Na integração, é a pessoa com deficiência que se adapta à sociedade, e na inclusão, é a sociedade que deve se adaptar para permitir a acessibilidade de todos (Batista, 2002).

Para realizar esse estudo foi necessária uma junção entre saberes e disciplinas como a Sociologia, a Filosofia, a Antropologia, a Pedagogia e a Psicanálise. Como afirma Gaulejac, "*não se pode pensar a questão do sujeito sem inscrevê-lo numa dupla determinação: a social e a psíquica*" (Gaulejac, 2001, p. 41). Utilizamos o termo sujeito para fazer referência ao sujeito submetido à lei da linguagem e do desejo, aquele que surge com as manifestações do inconsciente. Este é distinto de outros termos como *pessoa*, o qual se refere ao cidadão ou a um grupo de pessoas que faz parte de um contexto social, ou mesmo, ao indivíduo biológico. A opção por essas disciplinas baseia-se no pressuposto de que cada sujeito é produto de uma história individual e social.

"Se o indivíduo é produto de uma história, esta condensa, de um lado, o conjunto dos fatores sócio-históricos que intervêm no processo de socialização e, de outro, o conjunto de fatores intrapsíquicos que determinam a sua personalidade" (Ibid.).

Freud, em seu livro *Mal-estar na Civilização* (1930), leva em consideração a influência do social sobre o psíquico e vice-versa, e Lacan assinala que o inconsciente é político e social, considerando a necessidade de uma inter-subjetividade para se constituir o sujeito do inconsciente. Ao trabalharmos com essas disciplinas citadas anteriormente, não pretendemos reduzi-las a uma única, nem tampouco desconsiderar as particularidades de cada uma, mas sim estabelecermos um diálogo entre elas.

A psicanálise foi selecionada por nos permitir realizar uma investigação que aborde a questão psíquica, fato que consideramos extremamente pertinente para esse tema: explorar tanto os diagnósticos propostos, quanto as relações estabelecidas com as pessoas que possuem estes diagnósticos.

Em nossa investigação, encontramos pesquisas que comprovam que a deficiência intelectual decorre de inúmeras e complexas causas, como a de Shevell (2008), a qual detecta que em cerca de três quartos dos 50% dos casos em que ocorreu uma etiologia definida, foram encontrados os seguintes fatores de risco (em ordem decrescente de frequência): síndromes genéticas ou anormalidades cromossômicas, asfixia intraparto, disgenesia cerebral, severa privação psicossocial e exposição pré-natal a agentes tóxicos, como álcool ou outras drogas. Nesta pesquisa, 10% das crianças com DI apresenta alguma anormalidade criptogenética, e em 40% não há alterações dismórficas evidentes. Mas o que nos chamou a atenção é que em 50% dos casos, mesmo com a utilização de sofisticados recursos diagnósticos e apesar da utilização de protocolos de investigação muito abrangentes, não é possível definir com clareza a etiologia (causa) dessa deficiência. Esta parte desconhecida da etiologia nos leva a considerar a importância de outros agentes como as questões sociais e econômicas, mas, principalmente, uma provável causa psíquica, o que permite uma correlação estreita entre essa deficiência e o conceito de debilidade, tal qual Lacan desenvolveu.

Dentre as teorias psicanalíticas, selecionamos a teoria lacaniana por apresentar uma compreensão sobre a debilidade completamente distinta das teorias desenvolvidas anteriormente a esta e, principalmente, pelo seu rigor em manter o "retorno a Freud", como Lacan mesmo qualificou a sua elaboração teórica. Compreende-se aqui que esse retorno não se limita a simplesmente repetir a teoria freudiana, mas como afirma Žižek, representa um retorno "*ao âmago da revolução freudiana*" (Žižek, 2010, p. 9). A saber, a revolução freudiana compreende o desenvolvimento da noção do inconsciente na sociedade moderna, deflagrando o lado irracional presente no ser humano, em uma sociedade pautada na racionalidade.

O poema *Olho Aberto*, apresentado nesta Introdução, foi construído por um grupo de alunos do CAIS e redigido pela professora que realiza o atendimento educacional especializado. O Atendimento Educacional

Especializado (AEE) está definido na Constituição Brasileira de 1988, e, em 2008, foi adotado pelo MEC como uma ação da educação especial condizente com a proposta da educação inclusiva (Brasil/MEC, 2008). Esse atendimento corresponde a uma ação pedagógica cuja proposta é desenvolver atividades especializadas, complementares e diferenciadas das atividades realizadas na escola comum[2] da rede regular de ensino. O grupo de alunos, autores do poema, é constituído por cinco crianças e adolescentes (os nomes serão preservados) que frequentaram o AEE no CAIS em horários do contraturno da escola comum.

Neste poema, o jogo de imagens e a função do olhar estão presentes em sua dupla função, revelando tanto a possibilidade de ver, como de ser visto, e do "engano" contido nesta duplicidade. A relação complexa entre os sujeitos presentes nesta dimensão do olhar, e de serem vistos, é demonstrada por estes alunos de forma clara e simples. Eles ainda contemplam a condição de o sujeito saber que é olhado por outra pessoa e, portanto, apresentam a compreensão de que existe um "outro" neste jogo mimético de ver e ser visto. O engano está no que se vê e no que se mostra ao outro, em um verdadeiro jogo de imagens para além do objeto real.

Neste jogo de aparências, também se percebe a dimensão do desejo, ou seja, a existência de algum engano naquilo que deseja ser visto, ou naquilo que deseja ser mostrado, para além do que é, ou do que se apresenta para o outro. Chama-nos a atenção que esta complexidade esteja contida em um poema construído por crianças com diagnóstico de deficiência intelectual, durante atividade pedagógica em uma instituição especializada. Com esse poema, o grupo de alunos expõe a dimensão do ser humano, o qual se encontra emaranhado em uma rede de registros do imaginário, simbólico e real. Utilizamos aqui as definições de imaginário, simbólico e real elaboradas por Lacan.

O imaginário é utilizado por Lacan a partir de 1936 e designa uma relação dual com a imagem do semelhante. O simbólico (termo extraído da antropologia e utilizado desde 1953) designa um sistema de representações baseado na linguagem. "O real (extraído da filosofia e do conceito freudiano de realidade psíquica, empregado por Lacan desde

[2] Consideramos a terminologia *escola comum* para classificar o modelo de ensino regular, distinto daquele classificado como próprio da escola especial. Escola comum e especial são classificações adotadas pelo Ministério da Educação e Cultura (MEC).

1953) designa uma realidade fenomênica que é imanente à representação e impossível de simbolizar" (Roudinesco e Plon, 1998).

Uma das questões que nos intriga – presente neste poema e, por isso, selecionado dentre tantos – é constatar que o engano não é desconhecido dessas crianças e adolescentes considerados "deficientes", débeis ou qualquer outra classificação que os condicionem a essa categoria de deficiência. Eles não só demonstram ter conhecimento do engano, como revelam que parecem ser o que não são como se houvesse uma atitude ativa e deliberada neste "jogo" de imagens.

Não nos é despercebido o fato deles utilizarem o vocábulo "quebra-cabeça" para trazer o engano relacionado ao que eles representam. Trata-se de uma escolha singular e preciosa. O jogo de quebra-cabeça é formado por partes que se condensam em um todo, e existe uma dificuldade intrínseca para montá-lo, a qual necessita de um esforço, de um raciocínio e de um "quebrar a cabeça" para concluí-lo, além da compreensão do universo destas pessoas. Esse jogo também não se completa em uma imagem única, pois ela permanece sempre em pedaços; mesmo que as partes sejam colocadas juntas, elas continuam com a marca da separação evidente, ou seja, mesmo com o jogo finalizado e com todas as partes encaixadas corretamente, nunca haverá a formação de uma imagem completa, jamais deixando de ser um quebra-cabeça. Ao mesmo tempo, a nomenclatura do jogo Quebra-cabeça sugere haver uma cabeça que se quebra. Ora, a cabeça simboliza a parte do corpo responsável por funções como a razão, a cognição e o raciocínio lógico e "parte" que se torna "afetada" nessa condição de deficiência. Pretendemos, como em um jogo de quebra-cabeça, nos debruçar sobre o estudo dessa deficiência, contudo sem a intenção de alcançar uma completude ou um saber totalizante.

Além dessas questões cruciais, o poema também traz outro ponto a ser pesquisado. Nas definições clássicas dessa deficiência, pessoas com tal diagnóstico não teriam condições, ou mesmo, apresentariam sérias dificuldades para trabalhar os recursos da figura de linguagem metáfora. Essa produção revela mais este engano, ou, de modo contrário, teríamos que colocar em dúvida o diagnóstico apresentado aos autores desse poema. Entretanto, o fato do diagnóstico desses autores poder ser questionado por essa razão, nos remete a outra polêmica ou a outro engano, talvez o principal deles: quem exatamente são as pessoas com deficiência intelectual?

Como diagnosticá-las? Qual o parâmetro adequado para que isso seja feito? Essas pessoas mesmas nos conduzem ao caminho a ser percorrido, a fim de explorar tal diagnóstico, pois, ao buscarmos a definição dessa patologia, temos que levar em consideração o estudo rigoroso de algo que "*parece, mas não é*", de algo que remete à duplicidade e ao engano.

Não nos escapa a constatação de que esses autores demonstram saber sobre o próprio engano, e que, ao mesmo tempo, se enganam ao produzirem esse poema. O que então é revelado nessa produção e torna-se valioso é descobrir que eles demonstram saber que o outro se engana e que eles se enganam naquilo que veem e, principalmente, no uso da linguagem. Eles não são o que parecem, assim como nada é o que parece ser. O engano está presente tanto na brincadeira com as palavras, como naquilo que é mostrado e que parece ser visto. Esse "despretensioso" trabalho pedagógico, apesar de conter um cunho de "brincadeira" e leveza, trata-se de uma produção repleta de verdades, a qual nos permite levantar questões sérias, inquietantes e realizar um estudo minucioso sobre a deficiência intelectual.

Para a condução deste estudo, algumas questões foram elaboradas a partir de três eixos que são:

1º) O sujeito e a deficiência intelectual (DI): o que caracteriza essa deficiência? Qual a correlação da deficiência intelectual com os conceitos elaborados pela psicanálise, como a inibição, a debilidade, e, ainda, com as estruturas psíquicas, principalmente a psicose e neurose?

2º) O contexto socioeconômico e político da contemporaneidade, o movimento da inclusão social e a DI: o que caracteriza o mundo contemporâneo e como isso afeta as instituições e o próprio diagnóstico de DI? Atualmente, existe uma exigência com relação à inclusão escolar de que as escolas comuns devem aceitar todos os alunos em suas diversidades. Considerando essa exigência, ainda existe espaço para as instituições especializadas ou a necessidade de sua existência? Essa inclusão almejada é possível? Se sim, o que caracterizaria uma instituição considerada inclusiva?

3º) A instituição e a DI: como já visto, o poema *Olho Aberto!* foi produzido durante um Atendimento Educacional Especializado em uma instituição que sustenta a existência de um espaço pedagógico e clínico que difere radicalmente daqueles característicos de uma escola comum, ou mesmo, de um atendimento ambulatorial. Mas exatamente o que caracteriza esse espaço institucional? Como permitir que o sujeito (sujeito da psicanálise) apareça com suas singularidades em um espaço coletivo? Como articular pedagogia e psicanálise, educação e saúde?

No trabalho de gestão de uma organização sem fins lucrativos chamada CAIS, com sede em Contagem/MG, e nas ações de formação de profissionais, percebemos que existem mudanças intrínsecas contidas no movimento da inclusão de pessoas com deficiência nas organizações escolares e empresariais. Com o advento da inclusão, essas organizações passaram a conviver diretamente com a deficiência – o que antes era evitado – fato que por si só determina mudanças nas relações entre os profissionais envolvidos (Batista, 2002).

A defesa da inclusão escolar foi fortalecida por uma ação da ONU, em 1994, a partir da *Declaração de Salamanca*. Nessa declaração, a ONU determina que os países participantes construam um sistema de qualidade para todos e adequem as escolas às características, interesses e necessidades de seus alunos, promovendo a inclusão escolar de todos no sistema educacional. A partir de 1996, os subsídios para a política educacional, documentada pelo Ministério da Educação do Brasil, explicitam a inclusão do aluno com deficiência como princípio em todo atendimento educacional (Brasil/MEC, 1996). Desde então, seja pelas políticas brasileiras e/ou pela pressão da ONU, o mote da inclusão escolar está presente nas escolas do sistema de ensino brasileiro exigindo que estas recebam todos os alunos, independente da deficiência ou do seu grau de comprometimento.

O MEC (Brasil/MEC, 2008) no decreto nº 6.571/08,[3] propõe que o Atendimento Educacional Especializado (AEE) seja realizado preferencialmente nas escolas comuns com um planejamento físico e orçamentário para equipar as escolas públicas para este intuito. A resolução

[3] O decreto 6.571/08 dispõe sobre o atendimento educacional especializado, regulamenta o parágrafo único do art. 60 da Lei nº 9.394, de 20 de dezembro de 1996, e acrescenta dispositivo ao Decreto nº 6.253, de 13 de novembro de 2007 (Brasil/MEC, 2008).

4/10 da Câmara de Educação Básica do Conselho Nacional de Educação (Brasil, MEC, CBE/CNE, 2010) sugere a manutenção do atendimento especializado nas instituições substituindo a escolarização. No artigo 29, essa resolução considera a educação especial uma modalidade transversal a todos os níveis, etapas e modalidades de ensino e como parte integrante da educação regular, a qual deve ser prevista no projeto político-pedagógico da unidade escolar. O 1º parágrafo deste artigo determina que os estudantes com deficiência devem ser matriculados nas classes comuns do ensino regular nos sistemas de ensino e no Atendimento Educacional Especializado (AEE), complementar ou suplementar à escolarização. Este pode ser ofertado em salas de recursos multifuncionais das escolas comuns ou em centros de AEE da rede pública ou de instituições comunitárias, confessionais ou filantrópicas sem fins lucrativos.

Nessa resolução está implícita a intenção de finalização do ensino especial como uma modalidade de ensino, do espaço separado, bem como dos subsídios físico e econômico para as escolas especiais, as quais funcionavam até então de forma substitutiva e paralela da rede de ensino. A proposta é, então, que a escola especial deixe de ser substitutiva para se tornar complementar, não mais mantendo uma atuação paralela, mas transversal, o que provoca mudanças em toda a forma da rede de ensino a se organizar para receber estes alunos. Percebe-se até mesmo a adoção definitiva da nomenclatura *atendimento educacional especializado* em substituição a atuação escolar de uma *escola especial*, essa nomenclatura, ao incluir o termo atendimento desloca a atuação escolar para outro âmbito, diferente da atuação escolar clássica e ao mesmo tempo próximo da área da saúde. Não por acaso, a nomenclatura quer distinguir os papéis de um trabalho tradicional do atual e, ao mesmo tempo, extinguir o que seria considerado um modelo conservador de escola especial. Porém, se o AEE é uma atuação localizada nos limites da saúde e do âmbito escolar, torna-se difícil delimitar a organização (escolar ou da saúde) adequada para realizá-lo, e, até mesmo, definir a formação do profissional que possa desenvolver esse atendimento.

Diante desta proposta do MEC, outra questão se apresenta, a saber: qual seria o local adequado para o atendimento, considerando as particularidades desse tipo de deficiência? Somado a isso, a deficiência intelectual representa um agravante na sua relação com o saber, e não é sem razão que ela é considerada pelos profissionais como a mais difícil de ser incluída dentre as demais deficiências, provocando inquietações em gestores e educadores, ao ponto de colocar em cheque suas atuações, seja na gestão ou no ensino, e mesmo na função exercida pela escola e pelo ato de educar.

Com esse levantamento, constatamos que o Brasil dispõe de uma das mais avançadas legislações para proteção e apoio a esse grupo de pessoas. No entanto, existe grande dificuldade em implementá-las, o que leva a um embate entre a questão das políticas sociais e suas implementações. Supomos que, neste caso, a normatização de uma exigência legal esteja atravessada pela própria questão da deficiência intelectual. Sustentamos que essa dificuldade se agrava tanto pela dificuldade de um consenso a respeito desse diagnóstico, como pelas próprias características dessa deficiência.

A pesquisa sobre a deficiência intelectual, ou mesmo sobre a debilidade, é um estudo em que poucos se aventuraram, e consideramos que este fato torna relevante seu empreendimento. Dentre as várias conjecturas que encontramos sobre a causa de poucos estudos, destacamos o relato do médico Edouard Seguin (um dos primeiros estudiosos dessa patologia), que no século XIX acusou seus colegas de não terem se dedicado sobre o tema de forma exaustiva por discriminação (Pessoti, 1984). Quase um século depois, em 1967, Maud Mannoni, psicanalista francesa, lacaniana, afirma que a psicanálise se afastou da questão da debilidade pelo mesmo processo que leva à segregação destas pessoas. Esta psicanalista afirma que tal segregação acontece pelo fato de que o ser humano, ao se encontrar em face de um semelhante que não corresponde à imagem que ele espera encontrar, desenvolve uma atitude que oscila entre a rejeição e a caridade (Mannoni, 1987).

O mal-estar gerado pela diferença da imagem idealizada com a imagem real encontrada produz o efeito inicial de afastamento. Neste processo, a deficiência sempre causou sentimentos ambíguos de repulsa e admiração no homem. Este fato psíquico acarreta desdobramentos no âmbito sociológico, mantendo a discriminação de pessoas com deficiência (Batista, 2002). Todas as formas de deficiência se enquadram nessa resposta psíquica e social; no entanto, para a deficiência intelectual, a discriminação se agrava pelo fato de a sociedade moderna ter se estruturado na valorização do mundo racional kantiano. O que se adiciona aqui é que a rejeição e consequente discriminação das pessoas com este diagnóstico ocasionou efeitos perniciosos para a própria produção acadêmica. A academia, que sustenta o lugar privilegiado da razão e da produção do discurso da ciência,[4] parece não ter se debruçado com o mesmo afinco sobre algo em que prevalece muito mais a des-razão sobre a razão.

Os estudos escassos e, ainda, o fato de que muitos destes foram desenvolvidos de forma superficial e repletos de discriminação trouxeram consequências nefastas e contundentes para a assistência a essas pessoas. Neste sentido, no séc. XIX, a médica e pedagoga Montessori denunciou que as práticas escolares utilizadas na educação especial daquela época eram defasadas e extremamente tradicionais. Vale ressaltar que, na realidade, essas mesmas práticas são mantidas na educação especial, o que também foi comprovado por Pessoti (1984) em sua pesquisa acadêmica realizada nos anos 80; salientamos que, em pleno séc. XXI, seus fundamentos sofreram alterações incipientes.

Com o estigma da incurabilidade, as pessoas com diagnóstico de DI não foram consideradas merecedoras do ingresso e da participação em instituições escolares consideradas normais e nem mesmo na maioria das organizações públicas, ou no convívio social.

Apenas nas últimas décadas, devido o advento da exigência da inclusão escolar, as crianças com deficiência passaram a frequentar as escolas comuns. Entretanto, percebe-se uma enorme resistência às mudanças impostas por esse modelo de inclusão. A resistência é alardeada em todos os âmbitos e por todas as categorias de atores envolvidos, desde o corpo discente das escolas comuns até os profissionais das instituições especializadas, os familiares e mesmo algumas pessoas com deficiência. A nossa hipótese é de que além de uma resistência ao novo e dos aspectos econômicos envolvidos nestas mudanças, existam outros motivos, de ordem sociopsíquica, que perpassam estas questões e envolvem os atores e as instituições implicadas no processo.

Nesta publicação, pretendemos avançar na questão da inclusão escolar para a deficiência intelectual e comprovar que conforme o tipo de atendimento prestado pode resultar no fortalecimento da condição na

[4] O termo *discurso da ciência* é compreendido como aquilo que organiza o laço social e se diferencia da ciência propriamente dita pelo fato de esta ser um procedimento do conhecimento e não uma forma de discurso. O discurso da ciência se caracteriza por um lugar inaugurado pela existência deste tipo de conhecimento, incluindo a maneira como ele é adquirido (Lebrun, 2004).

qual o sujeito se encontra em função dessa deficiência e não propriamente significar um avanço. O viés assistencialista, assim como determinadas correntes de tratamento, impede a inclusão e a ascese de uma condição subjetiva autônoma. Além disso, a relação estabelecida entre as organizações especializadas, seus profissionais e as pessoas com deficiência, e seus familiares, tem estreita ligação com a dinâmica psíquica que envolve essa deficiência. Caracterizar essas interações é outro objetivo do nosso estudo, o qual pretende compreender o tratamento adequado e descobrir o possível lugar para essas organizações no mundo contemporâneo.

Defendemos que se não houver mudanças profundas no âmbito das organizações e no tratamento dispensado a essas pessoas, o processo de inclusão pode apenas manter de forma disfarçada a mesma segregação contida no nascimento das instituições especializadas. Vega (2010), em sua pesquisa sobre a genealogia da Educação Especial na América Latina, denuncia que "*o novo discurso integrador da escola ressoa como uma doce melodia, cujas melhores letras – desvirtuadas e atualizadas – constituem o telão de fundo de uma nova e disfarçada exclusão*" (Vega, 2010, p. 21, tradução nossa). Neste contexto, encontramos pessoas que defendem a manutenção de ações desenvolvidas exclusivamente em instituições especializadas, apresentando diversas justificativas para essa manutenção. Por outro lado, existem aquelas que defendem uma ação exclusivamente escolar nos sistemas de ensino comum e regular, ou seja, a abolição por completo de qualquer ação pedagógica nas instituições especializadas.

Percebemos que em todo esse imbróglio e por causa da dificuldade em lidar com a inclusão escolar, as razões descritas, como as econômicas, políticas, sociais e subjetivas, coexistem com um forte legado histórico. Portanto, para abordar o nosso tema foi necessário fazer um extenso percurso histórico do atendimento feito a essas pessoas. Traçar o caminho do nascimento das instituições na sociedade moderna teve especial relevância devido à dificuldade de encontrar pesquisas sobre essa elaboração, o que revela mais uma consequência da discriminação já mencionada.

Percorrer o caminho histórico e as raízes do atendimento à pessoa com deficiência pode dar sentido ao que parece sem razão, pois, como afirmou Bercherie (1992): realizar um percurso histórico nos ajuda a simbolizar, a compreender os erros. Por outro lado, entendemos que, mesmo tendo como objetivo de estudo o sujeito e a genealogia deste diagnóstico, a subjetividade não pode ser desconsiderada por "*aparecer como o resultado de uma fabricação histórica que se constitui no cruzamento de diversos dispositivos e práticas*" (Vega, 2010, p. 27, tradução nossa). Além disso, e seguindo Mannoni (1987), defendemos que se a história é feita de condutas repetitivas, precisa-se introduzir algo de novo na repetição. E é com esse intuito que o primeiro capítulo será dedicado ao percurso histórico. Ao percorrer este caminho, constatamos a fragilidade do diagnóstico e como essa condição intrinsicamente humana tornou-se também uma produção social da modernidade.

A história da debilidade se confunde com outras deficiências, como a surdez e, principalmente, com a história da loucura. Foucault nos conduz com seu amplo trabalho sobre os mecanismos de poder presentes em várias formas de tratamento para diversas patologias ou categorias de pessoas na modernidade. Seguimos Foucault, apesar de sabermos que esse autor tenha sido criticado por vários psiquiatras da época, como fez o filósofo e psicanalista francês Dufour (2008), e mesmo hoje ainda ser questionado. Mantemos seus estudos, cientes de que este controverso estudioso foi um importante teórico, filósofo e ao mesmo tempo um militante intelectual durante seu trabalho, como o classificou Roudinesco (1994). Roudinesco salienta que Foucault pôde perceber a influência da cultura na loucura e expressou que "*a loucura não é um fato de natureza, mas de cultura, e sua história é das culturas que a dizem loucura e a perseguem*" (Roudinesco, 1994, p. 15). Por extensão, citamos a deficiência intelectual e a debilidade, que não são fatos apenas da natureza, mas também são nomeadas, construídas e perseguidas pela cultura. Mannoni (1987) e Zafiropoulos (1981), ambos psicanalistas europeus atuantes na França, ratificam a tese que considera a debilidade como uma resposta social. Na América Latina, encontramos na pesquisa de Vega (2010) a mesma constatação, assim como nos estudos de Bueno (1993), no Brasil. Como efeito, devido a produção social da deficiência, houve um aumento estatístico de pessoas com o diagnóstico de DI (e mesmo outros próximos), e concomitante ampliação da demanda para o tratamento e do número de instituições especializadas (Bueno, 1993).

O estudo genealógico da deficiência intelectual nos conduziu ao estudo da história da psiquiatria, em especial da psiquiatria infantil, das psicoses infantis e do autismo, pelo fato de estarem associadas a essa deficiência. A debilidade e a loucura são condições humanas que sempre estiveram próximas e, de fato, apresentam limiares estreitos em suas distinções e caracterizações; portanto, serão passíveis de análise com a contribuição dos conceitos da psicanálise. No entanto, enquanto a psicologia desenvolveu vários mecanismos para mensurar o déficit e se apoderou da questão da DI, pela tradição organicista e deficitária dessa deficiência, a psicanálise se afastou diante da dificuldade de introduzir a questão do sujeito neste campo. Como consequência, constatamos que houve o desenvolvimento de uma clínica sem sujeito (sujeito do inconsciente da psicanálise).

A causalidade orgânica, como algo definitivo e fatal, sem saída para a condição do sujeito, deu contorno a um tratamento sem futuro, como alerta Zafiropoulos (1981). Surpreende-nos constatar que mesmo os psicanalistas se viram presos na armadilha de considerar que o aspecto orgânico eliminaria a ação com o sujeito. Philippe Hellebois ilustra bem esta inconsistência ao afirmar que, para a psicanálise, falar da debilidade constitui-se "*um empreendimento problemático, pois trata-se de pavimentar uma via em um campo que nos deixa de início com pouco espaço. Pois, de início, a debilidade designa uma deficiência no organismo*" (Hellebois, 1993, p. 105, tradução nossa). Este mesmo psicanalista afirma que a debilidade suscitou relativamente poucos trabalhos entre os psicanalistas, destacando as publicações de Maud Mannoni, psicanalista francesa. Ela foi a primeira psicanalista a se dedicar ao estudo da deficiência intelectual e debilidade, articulando estes dois conceitos. Além de Mannoni, Hellebois cita Pierre Bruno, outro psicanalista francês que também estudamos em nosso percurso teórico. Por fim, constatamos que, de fato, são poucos os psicanalistas que encontramos com produções relevantes sobre o tema, algo alarmante, que denuncia a presença da discriminação no meio psicanalítico.

Constatamos, portanto, uma clínica psicanalítica insipiente com relação a estes quadros. A alegação por parte dos psicanalistas para a escassez dessa clínica seria a inexistência de uma demanda desse sujeito à análise, o que nos parece mais uma forma de discriminação e desconhecimento. Com efeito, não houve escuta desses sujeitos. Eles apenas foram considerados como grupos a serem pesquisados, medidos, classificados, controlados e treinados, objetos de estudo das ciências psicológicas e neurológicas.

De fato, introduzir a questão do sujeito em um campo que está impregnado de conceitos e dogmas da psicologia e da organicidade pode parecer impróprio para a psicanálise, mas, exatamente por isso, consideramos absolutamente necessário contemplar a psicanálise e a questão do sujeito nesta discussão. Dedicaremos o segundo capítulo aos preceitos psicanalíticos sobre a inibição e a debilidade e possíveis correlações com a deficiência intelectual.

Como a DI remete a uma questão ligada ao saber, e, ao desempenho escolar, percebemos que desde os relatos dos primeiros tratamentos, houve uma mistura de ações que fossem ao mesmo tempo médica e pedagógica. Pode-se dizer que, apesar da busca da razão para a explicação do inexplicável, foi a deficiência intelectual que colocou em xeque a validade das práticas racionais da modernidade. Dessa forma, o médico precisou ser um pouco pedagogo e, por sua vez, o pedagogo um especialista. Da mesma forma, o psicanalista precisou se mobilizar para atuar em espaços além do seu consultório, e não somente para atender sujeitos com diagnóstico de DI ou debilidade, mas também para atender casos de psicose, além de outros que demandavam uma ação fora do consultório.

Nesses casos, o atendimento acontecia em um espaço institucional, no entanto a atuação do psicanalista em uma instituição era considerada inferior pelo meio dos psicanalistas. Na atuação exclusivamente em consultórios particulares, a valorização do profissional acontecia por existir a visão de um "*analista solitário, apagado, especialista da desidentificação, que não tem nenhum ideal e que não crê em nada*". Nos últimos dez ou vinte anos surgiu a figura do analista cidadão, cunhada por Eric Laurent para contrapor a esta figura anterior (Zenoni, 2005, p. 160). O analista cidadão refere-se a uma posição ocupada pelo sujeito desejante, representando um sujeito participante do meio em que está inserido e não apenas o sujeito excluído de seu meio. Laurent sugere a passagem do analista fechado em sua reserva, crítico, a um "*analista que participa; um analista sensível às formas de segregação; um analista capaz de entender qual foi sua função e qual lhe corresponde agora*" (Laurent, 1999, p. 9, tradução nossa).

Somado a isto, existe uma antinomia entre o que se considera a análise pura, e tem como objetivo a formação de um analista, e a prática aplicada, que está mais próxima a uma análise terapêutica e não de formação. Tal distinção afastou muitos psicanalistas dessa prática considerada psicanálise aplicada, pois alguns a considerava inferior à psicanálise pura, fato que pode ter reforçado o distanciamento e afastamento dos psicanalistas da questão da deficiência intelectual, e mesmo, da debilidade, visto que esses se encontravam nas instituições especializadas e não nos consultórios dos psicanalistas.

No entanto, mesmo com estas questões que não devem ser desconsideradas, a psicanálise foi a primeira teoria a abranger a deficiência intelectual por outro viés que não o do déficit ou a considerá-la como sendo algo puramente comportamental ou orgânico. Em Freud, encontramos o conceito de inibição como algo próprio do sujeito, e, posteriormente, Lacan passa a adotar a debilidade de forma preponderante como um mal-estar de todo sujeito, como algo natural ao ser humano. Essa definição muda radicalmente a questão da debilidade, não se tratando mais de um déficit de apenas alguns, mas de algo peculiar a todo sujeito falante ou "*parlêtre*", termo este desenvolvido por Lacan para caracterizar o ser humano que faz uso da linguagem e é marcado pelo inconsciente. *Parlêtre*, em francês, tem a conjunção das palavras falar e ser. A tradução utilizada para o português é: falasser. Neste sentido, Lacan afirma que os débeis que ele denomina em ordem cronológica são: Platão, Ernest Jones e ele próprio, Lacan (Lacan apud Lefort et Lefort, 1991, p. 47-48). Para Lacan, a debilidade não tem correlação com o desenvolvimento, nem tampouco com o desempenho.

Lacan também rompeu definitivamente com o conceito desenvolvimentista em sua teoria, e, como salienta Kaufmann (1996), ao considerar a história individual do sujeito, Lacan já se opõe ao termo *desenvolvimento* que tem como modelo a biologia. Assim como nos mitos, no qual se percebe a tendência da reescrita *a posteriori* de uma história coletiva, para a teoria lacaniana, o sujeito escreve e se inscreve na sua história.

A tese lacaniana a respeito da debilidade nos conduz a rejeitar a atual nomenclatura de "*deficiência intelectual*", uma vez que essa condição não se encerra no funcionamento cognitivo do sujeito, mas define sua relação com o saber e a forma de estabelecer os laços sociais. A nomenclatura "*deficiência mental*" é igualmente inoportuna por manter a questão do déficit. Assim, manteremos a terminologia "*deficiência intelectual*" por estar presente em documentos oficiais e na legislação referente às políticas públicas pertinentes a essas pessoas.

Considerando que a debilidade interfere na relação com o saber e com o estabelecimento de laços sociais, fomos levados a uma pesquisa realizada nos dias atuais. Dedicaremos, então, o terceiro capítulo a uma análise da modernidade, a saber quando surgiu as primeiras instituições e tratamento para essas pessoas, e aspectos que marcam e definem nossa contemporaneidade. Sustentamos que a incidência, o diagnóstico e o tratamento da DI e da debilidade sofreram influência na modernidade e continuam sendo afetados no atual contexto social. Por outro lado, vivemos em uma época definida por vários autores como sendo de grande transformação. A partir do diálogo da teoria psicanalítica com outras teorias, como a filosofia, a sociologia e a antropologia, queremos analisar características do momento atual que possam influenciar nesta condição humana.

Sustentamos a convicção de que se o inconsciente ignora o tempo, como diz Freud, a condição subjetiva sofre a variação histórica (Dufour, 2005). Lebrun (2008) salienta a importância de os psicanalistas considerarem as mudanças sociais e o fato de suas interferências ocorrerem na economia psíquica e nos laços sociais estabelecidos pelos sujeitos. Lacan, em 1953, afirmou que o psicanalista deve alcançar a subjetividade de sua época. Assim, para esse propósito, além dos conceitos freudianos e lacanianos, seguiremos também os estudos de Dany-Robert Dufour (filósofo, professor na Faculdade Ciências da Educação na Universidade Paris VIII); Dominique Quessada (filósofo francês doutor na Universidade de Lyon, França); Jean Pierre Lebrun (psiquiatra, psicanalista, doutor no ensino da Universidade Católica de Louvain, Bélgica) e Salavoj Žižek (filósofo esloveno, professor e pesquisador do Instituto de sociologia da Universidade de Liubiana), além de outros, para a análise da transformação que passamos na contemporaneidade.

Adotamos a tese de Lacan (2006) de que não existe uma progressão nas diversas formas de pensamento na história da filosofia, mas tudo se sucedeu por "*fissura, por uma sucessão de tentativas e aberturas, que deram a cada vez a ilusão de que se podia começar a discorrer sobre uma totalidade*" (Lacan, 2006, p. 105). Segundo Jean Pierre Lebrun (2008), estamos presenciando uma verdadeira "crise de civilização", uma "virada antropológica", uma "grande confusão". Lebrun justifica o uso do termo "virada" por representar "*uma mudança brusca de direção, uma mudança que nos põe pelo avesso*", que não implica uma ruptura, mas algo que faz parte de uma mesma realidade, e que, no entanto, se apresenta de maneira completamente diferente (Lebrun, 2008, p. 207). Defendemos que esta "virada" ocasiona mudanças para a debilidade e para a maneira de nos relacionarmos com a deficiência. No nível social, todas essas mudanças têm consequências importantes para a constituição subjetiva e afetam nossa maneira de ser-no-mundo e de estruturarmos as relações e as instituições.

Este fundamento orienta nossa tese e nos permite a formulação da hipótese de que o diagnóstico da deficiência intelectual, ou da debilidade, sofre consequências com as mudanças sociais. Lacan, no seminário sobre A Ética da Psicanálise, orienta que o sintoma é social e histórico (Lacan, 1986/1959, p. 69), o que nos permite analisar as mudanças atuais no quadro da debilidade. No atual contexto, a debilidade pode ser mais propagada, e até representar uma saída para o sujeito diante da ameaça vivida por uma situação de crise, e um tanto confusa com o desmantelamento das certezas sustentadas até então. Trobas (2003) nos lembra de que nos dias atuais não há necessariamente a presença do aparecimento de novos sintomas, ou algo que ainda não se viu, mas ocorre uma generalização dos sintomas já existentes.

Apesar de estarmos envolvidos no curso dessa mudança e ainda não termos nos distanciado o suficiente para elaborarmos com clareza o que está se passando, não nos furtaremos a enfrentar o desafio de analisá-la. A análise de algo em curso talvez não nos dê a certeza do que de fato a caracteriza e quais seriam todas as consequências da mudança, mas podemos destacar algumas variações atuais que afetam a questão da DI e da debilidade. Dufour salienta que vários estudiosos das mais diversas áreas se aventuram em tentar caracterizar essa transformação. Segundo ele, "*para o economista, o que estamos vivendo é a consequência de uma mudança decisiva do modo de regulamentação do capitalismo. Para o historiador uma modificação maior na relação com a religião*" (Dufour, 2008, p. 13) e para o psicanalista está se instalando uma nova economia psíquica, dentre outras mudanças percebidas em outras categorias. (Ibid.) Ele também considera que estas mudanças significam uma "*mutação antropológica em curso que afeta em profundidade nossas personalidades e nossas sociedades*" (Ibid.).

Essa grande mudança foi resultado de uma conjunção de vários fatores e se desenvolveu no decorrer das últimas décadas. Rosa afirma que "*vivenciamos no fim do séc. XX e no início do séc. XXI um processo ainda indefinido de mudança da visão do mundo da modernidade, fundada no determinismo e na previsibilidade do paradigma newtoniano*" (Rosa, 2005, p. 418). Dufour destaca a criação do neoliberalismo há 20 anos, definindo-o como um novo estado do capitalismo, como uma das causas marcantes para essa nova configuração (Dufour, 2005, p. 12). Lebrun afirma que há uns 20 anos os pais apresentam dificuldades de dizer "não!" a seus filhos; trata-se de uma característica da falta de legitimidade dos pais, o que para ele traz mudança na economia psíquica (Lebrun, 2008, p. 21). Trobas (2003) cita uma série de fatores que vão desde o impacto crescente do discurso da ciência à desilusão causada pelas guerras a respeito da capacidade de nossos pais para apaziguar os conflitos (Trobas, 2003, p. 13). Trata-se de uma transformação construída com base nos acontecimentos das últimas décadas que abrange o movimento de defesa da inclusão de alunos com deficiência nos sistemas de ensino.

Assim, determinamos mais uma hipótese: a de que para advir à inclusão algo de "novo" precisa ser introduzido nas instituições escolares, algo que faça um furo, uma barra nas repetições presentes. É de grande importância a apresentação de saídas para os quadros que surgem na contemporaneidade.

Para lidar com a inclusão de alunos com o quadro de DI e debilidade, faz-se extremamente necessário e pertinente a inclusão de questões do inconsciente nas instituições escolares, tanto na escola comum quanto na especial. Nesta proposta, de analisar as questões psíquicas que perpassam ações próprias da pedagogia, não há a intenção de transformar a pedagogia e a psicanálise em uma única teoria. A intenção é articulá-las, considerando as nítidas diferenças entre o sujeito do conhecimento e o sujeito do inconsciente, entre aprendizagem e saber.

Essa articulação não é nova, mas já foi muito discutida, e mesmo apontada por alguns como impossível. Ela foi abordada pela psicanalista francesa e lacaniana Catherine Millot (1982) em seu livro *Freud Antipedagogo*. Alguns psicanalistas como Cristina Kupfer (2010) de São Paulo e Ruth Helena Cohen (2005) do Rio de Janeiro, ambas psicanalistas lacanianas, não só demonstram a possibilidade dessa articulação, como defendem a sua necessidade nas práticas institucionais. A tensão entre várias teorias determina outra forma de funcionamento, a qual pode se aproximar da transdisciplinaridade. Neste modelo, que propõe uma interseção entre várias disciplinas, já se estabelece outra forma de inclusão. Mas para se estabelecer uma forma de funcionamento transdisciplinar faz-se necessária uma profunda mudança na educação. Neste sentido, a teoria de Edgar Morin coaduna com os apelos de uma educação inclusiva.

A partir destes estudos, considerando o histórico e a posição subjetiva na debilidade e diante da contemporaneidade, pretendemos analisar o dilema das instituições escolares comuns e especializadas com a proposta inclusiva. O quarto e último capítulo será dedicado ao estudo dessas instituições escolares. A partir da análise de ações de algumas instituições especializadas, pretendemos apontar possibilidades de trabalho que podem favorecer a inclusão que defendemos.

Algumas questões são levantadas para a condução do nosso trabalho como:

- As instituições foram criadas para a discriminação e segregação?
- Qual seria o papel delas no momento atual?
- Qual o lugar para a deficiência?
- Afinal, para que servem as instituições?

Um debate recorrente sobre o papel das instituições escolares e especiais, entre o racional e o irracional, entre teoria e prática, razão e sensibilidade, sujeito e objeto.

Capítulo 1

# O INÍCIO

*A flor a gente cheira.*
*A rosa a gente respira.*
*Tudo na vida tem um ponto de partida...*[5]

## 1.1 O nascimento das instituições

O tratamento às pessoas com deficiência foi marcado pelo estigma. Goffman define o estigma como um atributo que torna a pessoa estranha a nós diferente dos outros, e que a coloca numa categoria em que pudesse ser incluído em uma espécie menos desejada (Goffman, 1988, p.12). A deficiência representa uma marca que o homem sempre teve dificuldade em tolerar. O que nos chama a atenção é que a intolerância não se restringe à deficiência, mas se estende às pessoas que a possuem, resultando em exclusão e segregação pelo simples fato delas possuírem algum tipo de deficiência. Desta forma, as primeiras instituições especializadas cumpriram a função dúbia de afastar estas pessoas do meio social e, ao mesmo tempo, criar um espaço limitado e específico para elas. Especialização, palavra que vem do latim (*species*), espécie que indica gênero, qualidade, natureza (Cunha, 2007), define a natureza de uma instituição com um serviço específico.

O vocábulo segregação vem do latim *segregare*, com significado de separar, por de lado (Ibid.). No século XIV, na Europa, segregar assume o

[5] Poema escrito por uma turma de Atendimento Educacional Especializado, em Junho de 2009.

significado de separar uma besta, um animal do rebanho (Leguil, 1998). Após o século XVI, esse mesmo vocábulo passou a se referir à raça humana, à separação pela cor, surgindo o *apartheid*. Mais precisamente, é com a escravidão na modernidade, diferente da escravidão encontrada na Roma antiga, que a segregação passou a se aplicar não somente aos animais, mas também aos seres humanos. Esse significante acompanhou a colonização e surgiu historicamente como segregação racial. Segundo Leguil, foi na civilização moderna que a segregação foi ampliada e se estendeu a determinados grupos de pessoas (Ibid.). A segregação passou a significar todos os procedimentos de classificação e separação das pessoas, segundo o nível de cultura, de instrução, de riqueza, ou a partir de qualquer outro atributo que distinguisse determinado grupo de pessoas de maneira depreciativa, como possuir uma deficiência.

Em sua pesquisa, Pessoti (1984) ressalta que o cristianismo representou uma mudança significativa na história da assistência às pessoas com deficiência. Segundo ele, com o cristianismo tornou-se inaceitável a prática de abandono à inanição ou a "exposição" dos "sub-humanos" como forma de eliminação, comumente utilizada na Grécia Antiga, e em outras civilizações consideradas primitivas (Batista, 2002).

O termo *sub-humano* ou *disforme* era utilizado para fazer referência às pessoas com deficiência na Grécia Antiga, termos que são encontrados tanto em *República*, de Platão, como em *A Política*, de Aristóteles. As pessoas que possuíam alguma deficiência eram, a partir de então, consideradas como pessoas portadoras de uma alma e, portanto, filhos de Deus. "*Com a propagação do cristianismo na Europa, eles passam de coisa a pessoa*" (Pessoti, 1984, p. 4).

Com essa premissa, na Idade Média, as crianças que tinham alguma deficiência passaram a ser qualificadas como "*les enfants du bon Dieu*", e a serem acolhidas em conventos ou igrejas. Pessoti denuncia o paradoxo contido nessa expressão e nesse tipo de acolhimento que "*tanto implica a tolerância e a aceitação caritativa quanto encobre a omissão e o desencanto de quem delega à divindade a responsabilidade de prover e manter suas criaturas deficitárias*" (Ibid.). O fato é que, desde essa época, atitudes contraditórias são mantidas diante da deficiência, considerada às vezes como eleita de Deus, ou como uma espécie de expiador, um para-raios da cólera divina. A ética cristã reprime a tendência do extermínino de pessoas com alguma deficiência por meio do assassínio ou do abandono, mas introduz uma ambivalência entre a caridade e o castigo. Na lógica do cristianismo, possuir uma deficiência poderia significar um castigo divino pelos seus pecados ou de seus ascendentes e, portanto, essas pessoas mereciam ser castigadas; a solução desse dilema se deu pela segregação: "[...] *atenua-se o castigo transformando-o em confinamento*" (Ibid., p. 6).

O confinamento era uma prática que abarcava várias categorias de pessoas e tornou-se comum desde esse período. Foucault (1926-1984), em *História da Loucura* (1961), ressalta que o classicismo foi a época em que se instituiu a categoria do internamento como resultado de um acordo entre monarquia, burguesia e igreja para "*colocar em ordem o mundo da miséria*". "*A prática do internamento designa uma nova reação à miséria, um novo patético – de modo mais amplo, um outro relacionamento do homem com aquilo que pode haver de inumano em sua existência*" (Foucault, 2008, p. 56).

A primeira instituição especializada para pessoas com deficiência surgiu na Bélgica, no séc. XIII, como uma colônia agrícola. Em 1325, Eduardo II da Inglaterra instituiu a primeira legislação, conhecida como *De Praerogativa Regis,* sobre os cuidados a se tomar com relação à sobrevivência e aos bens dos "idiotas" (Pessoti, 1984, p. 5). O direito dos "idiotas" à herança mudou o tipo de assistência. Assim, a preocupação ao se definir os direitos estava correlacionada aos bens e, a partir de então, somente os possíveis herdeiros de algum bem obtinham o direito à determinada assistência.

No séc. XIV, na França, Nicole Oresme utilizou o termo *debile mentale*. Esta era uma época de forte crescimento do imperialismo francês, com expansão do sistema escolar e ações marcadas pela ideologia de uma missão civilizatória. Segundo Bruno, essas ações tinham visivelmente características racistas excluindo várias crianças do sistema de ensino regular, por serem consideradas inferiores de alguma forma (Bruno, 1986).

Nesse período, essa deficiência não era considerava propriamente como uma patologia, o que ocorreu apenas em 1534, na jurisprudência de Fitz-Herbert, com a definição da idiotia e da loucura como um tipo de enfermidade ou produto de infortúnios naturais. O critério utilizado para essa definição era a ausência ou perda da razão (Pessoti, 1984, p. 17).

Em 1567, o médico, alquimista, físico e astrólogo suíço Paracelso (1493-1541) publicou sua obra *Sobre as doenças que privam os homens da razão,* na qual definiu a demência e amência. A partir de então, a deficiência passou a ser considerada questão médica e a ter uma causa orgânica, não apenas teológica. Mas as descobertas do renomado médico da época não eliminaram de imediato a superstição; nota-se que a crença contida no fato de que essas doenças teriam razões sobre-humanas e cósmicas persistiram durante décadas, com vestígios ainda nos dias atuais.

Os estudos de Vesálio (1514-1564, médico belga, considerado pai da anatomia moderna) e de Willis (1621-1675, anatomista e neurologista), realizados em 1664, praticamente 100 anos depois da descoberta de Paracelso, não chegaram a influenciar a religião e os responsáveis pelo poder a ponto de acarretar mudanças consideráveis ao tipo de assistência. De qualquer modo, mesmo com a predominância da crença teológica, esses médicos inauguraram uma postura organicista para a deficiência intelectual. É notável a definição da época pelo fato de esta conceber a deficiência intelectual como algo que distanciava o homem da razão e da ausência de inteligência e, ao mesmo, tempo significava uma aproximação do humano com o "animal" de forma depreciativa:

> A idiotia e a estupidez dependem de uma falta de julgamento e de inteligência, que não corresponde ao pensamento racional real [...] e se a imbecilidade ou estupidez aparecem, a causa reside na região cerebral envolvida ou nos espíritos animais, ou em ambos (Pessoti, 1984, p.18).

Na ordem médica, inicialmente a deficiência intelectual foi considerada uma doença com etiologia de ordem natural, ou uma disfunção do sistema nervoso central. Com a tese de Francesco Torti (1658-1741), essa deficiência passou a ser considerada também uma doença de causas ambientais; neste sentido, foi desenvolvida uma tese que fazia uma correlação estreita dessa deficiência com a malária.

Os termos utilizados demonstram toda a carga desse diagnóstico, como *cretino*, para designar algum tipo de deficiência, que foi encontrado no *Observationum*, de Felix Plater, de 1614. O verbete "*idiot*" é definido por Diderot, na Encyclopédie, em 1779, como:

> [...] aquele em que uma deficiência natural dos órgãos que servem às operações do entendimento é tão grande que ele é incapaz de combinar qualquer ideia (sic), de sorte que sua condição pareceria, sob esse aspecto, mais limitada que a do animal (Pessoti, 1984, p. 159).

O idiota era considerado um ser vegetativo e impróprio para a vida social; o imbecil poderia ocupar na sociedade um "*degrau modesto, de costume*". "*A diferença entre idiota e imbecil consiste, parece-me, em que idiota se nasce e imbecil se fica*" (Ibid.). Apesar da confusão de diagnósticos, a idiotia era entendida como o grau máximo de inumanidade.

A deficiência intelectual adquire a conotação de uma moléstia incurável com perspectiva fatalista e com forte estigma, mesmo havendo suspeitas de outras causas, a visão organicista prevalece. Percebe-se que, mais uma vez, agora com o aval da ciência, condena e ratifica-se a internação de forma peremptória das pessoas que apresentam essa deficiência. Elas passaram a ser aprisionadas juntamente com os "loucos" e misturadas às demais pessoas que também eram consideradas incuráveis socialmente ou fisicamente. Havia uma justificativa social para a internação, que foi descrita por Foucault e observada na pesquisa de Pessoti: "*O apelo residual do séc. XVIII a uma noção fatalista da deficiência parece uma desesperada tentativa de isentar a família e o poder público do dever de educar os amentes e criar instituições adequadas para isso*" (Pessoti, 1984, p. 24).

## 1.2 A descoberta científica

O filósofo, físico e matemático Descartes (1596-1650), ao estabelecer o seu *cogito*, definiu uma forma de pensamento, o qual se tornou um dogma que influenciou a estruturação da sociedade e suas organizações. O modelo da racionalização científica motivou a criação das organizações escolares, reservadas apenas aos "normais", e impossibilitou a relação igualitária nestes espaços, expulsando o alienado, o "simples de espírito" ou o débil mental. Vários foram os movimentos e as transformações da sociedade, como a revolução francesa, a revolução norte-americana e o iluminismo, que influenciaram a maneira de o homem construir o conhecimento científico e estabelecer os direitos dos cidadãos e suas organizações. O iluminismo foi marcante para a medicina positivista do séc. XIX (Foucault, 2008) com uma proposta política e social que postula uma unidade fundamental e uma reconciliação sempre possível sobre os conflitos. Assim, a assistência dispensada a essas pessoas passa a ser uma questão de direitos e não apenas de caridade.

Pessoti afirma que a obra do filósofo inglês Locke (1632-1704) além de trazer uma verdadeira revolução cultural e filosófica, também influenciou o modo de pensar a pedagogia, contribuindo para transformar a questão de deficiência intelectual. Pois, até então, a pessoa com essa deficiência era caracterizada pela ausência completa de ideias e das operações mentais. A partir da teoria de John Locke, o "idiota" passar a ser considerado como alguém que precisaria de ensino para suprir suas carências, assim como uma *tabula rasa* que precisa ser preenchida. As considerações de Rousseau também influenciaram todo o sistema de educação, considerando-a responsável por transformar a criança em um ser humano educável, com a educação sendo extremamente necessária por se pressupor que a sociedade é um agente corruptível do homem.

Pinel, médico francês, considerado pai da psiquiatria e balizado nestes ideais, inaugurou na medicina uma nova proposta de atendimento que estabelecia outra forma de relação entre médico e paciente com uma conotação terapêutica. A proposta de tratamento de Pinel era inovadora por libertar essas pessoas das prisões. Mannoni (1987) o considera como o primeiro médico a tratar o louco como "ser humano". É fato que os estudos de Pinel e suas reformas constituíram a primeira revolução psiquiátrica, introduzindo os conceitos de moral e liberdade na medicina. No entanto, apesar de libertá-los da prisão, iniciando um novo modelo, a proposta de Pinel continha o propósito de submetê-los ao confinamento da medicina moral. Na verdade, tratava-se mais de domar a loucura do que realmente conhecê-la, afirma Mannoni (Mannoni, 1987 p. 200).

No seu *Tratado médico-filosófico sobre a alienação mental* (1801), Pinel adotou o foco anatomofisiológico para a deficiência intelectual e desenvolveu uma classificação nosográfica. Nessa classificação, ele definiu a melancolia ou delírio parcial, a mania ou delírio generalizado, a demência ou a fraqueza intelectual generalizada e o idiotismo como último grau de alienação mental; uma definição que colocava o DI, o autismo e a psicose como uma mesma entidade. O idiotismo passou a ser considerado uma obliteração das faculdades intelectuais e afetivas, do conjunto, ficando o sujeito reduzido a uma vida vegetativa, com alguns resquícios de manifestações psicológicas: devaneios, sons semiarticulados e crises de agitação (Bercherie, 1992). No século XIX, essa definição de idiotismo assumiu um valor central na discussão sobre a deficiência intelectual, como "*um estado particular em que as faculdades mentais jamais se desenvolveram*" (Santiago, 2005, p. 49). A DI passou a ser considerada uma patologia de cunho orgânico e neuropatológica.

Foucault nos alerta para o fato de que aquilo "*que Pinel e seus contemporâneos sentiram como uma descoberta ao mesmo tempo da filantropia e da ciência, é no fundo, apenas a reconciliação da consciência dividida do século XVIII*" (Foucault, 2008, p. 132). Segundo Foucault, o que se passa é, na verdade, um decreto social do internamento, "*uma experiência social normativa e dicotômica da loucura*". Ainda, sob a ótica de Foucault, a psicopatologia do séc. XIX parte do pressuposto da existência de um homem normal, o que é apenas uma criação, um fundamento que persiste até os dias atuais. Neste caso, a patologia significa a perda do estado natural que deve ser recomposto. Diante do que seria considerado um homem "normal", a deficiência caracterizaria o déficit na normalidade.

Bercherie (1992), no seu estudo sobre o histórico da psiquiatria infantil, caracteriza esse momento como o primeiro período dentre outros três que marcou a psiquiatria. O primeiro período de Bercherie, constituído antes de 1820, compreende os três primeiros quartos do século XIX e a questão da psiquiatria infantil ficou exclusivamente reservada à discussão do retardamento mental. O psiquiatra enfatiza que a história da loucura e da deficiência intelectual se confundem, assim como as nomenclaturas, os diagnósticos, os tratamentos e mesmo os métodos de confinamentos.

Essa correlação da deficiência, do autismo e da loucura persistiu durante séculos e a distinção entre elas passou a ser uma questão de uso da inteligência. Sob este aspecto, Foucault assinala que no séc. XIX se definem algumas formas de loucura como: parcial, total, contínua ou intermitente, como trata a definição de Pinel. A loucura parcial pode atingir a inteligência, mas não o resto do comportamento, ou o contrário. Também em *História da Loucura*, Foucault levanta citações da *Caridade de Senlis*, que caracteriza essa confusão diagnóstica: um "*louco que se tornou imbecil, [...] ou um homem outrora louco, e agora de espírito fraco e imbecil*" (Foucault, 2008, p. 130).

Neste contexto, em 1800, o médico francês Jean Itard, seguidor de Pinel, iniciou o tratamento do selvagem de Aveyron, nomeado por ele como Victor. Tratava-se de um garoto de 12 anos considerado surdo-mudo que havia sido encontrado, no ano de 1798, nos bosques da região de Aveyron. Nesta situação, é possível percebermos a mistura e não a distinção da DI com a surdez. Itard contestou o diagnóstico e, principalmente, o prognóstico elaborado por Pinel, o qual considerava Victor um indivíduo desprovido de recursos intelectuais, e afirmava que, sendo o garoto um idiota essencial, não havia para ele possibilidade de cura. Itard demonstrou grande avanço, inovação e certa dose de coragem ao discordar do diagnóstico de Pinel, seu mestre, que já era um médico renomado e diretor do manicômio de Bicêtre. A partir do atendimento a Victor, Itard inaugurou uma forma de tratamento que revolucionou essa clínica. Ele foi muito progressista para a época ao persistir em um tipo de tratamento para alguém considerado desenganado, ao denunciar outros problemas cruciais para essa deficiência, relacionados às questões da avaliação, do diagnóstico e das formas de tratamento.

Segundo os estudos de Itard, o idiotismo de Victor era resultado do reflexo da carência de experiências de exercício intelectual, devido ao seu isolamento. Para ele, o idiotismo surgiu como retrato do seu desenvolvimento. Com esse fundamento, Itard contrapõe o prognóstico de incurável. Ele contestou a teoria etiológica de Pinel, sustentando que os fatores ambientais e a história pessoal da infância deveriam ser considerados ao ser desenvolvido um prognóstico.

O tratamento de Victor realizado por Itard representou muito mais do que o afastamento dos médicos Pinel e Itard, pelo fato de Itard contestar as ideias do seu mestre. Ele inaugurou uma nova forma de tratamento para a DI. Itard desenvolveu sua teoria fundamentada nas teorias do *Bom Selvagem*, de Rousseau, da *Estátua*, de Condillac (1715-1780, filósofo francês) e da *Tabula Rasa*, de Locke, principalmente sobre a publicação deste último, *Essay*, em 1690. A teoria de Condillac defendia a tese de que por meio das sensações pode-se fazer comparação, juízo ou avaliação. Com base na suposição de que qualquer conhecimento ou ideia é basicamente uma sensação, seja ele produzido pelos objetos externos (sensação), seja gerado pela percepção de operações mentais (reflexão), fundou-se um método de educação infantil. Em 1749, Condillac, no seu *Traité des sensations*, acrescentou ao *Essay*, de Locke, um esboço da metodologia de ensino que se tornou referência para a educação especial. Essa teoria pressupõe a criação de ideias e pensamentos complexos a partir de ideias e processos simples, e foi com estes princípios que se deu início uma prática que perdura até os dias atuais. Uma metodologia que consiste em desenvolver atividades mais simples até alcançar gradativamente outras mais complexas. Essa proposta manteve a convicção de que o homem não nasce como homem, mas é construído como homem e, a partir de então, o inatismo das ideias pode ser substituído pela história pessoal de experiência sensorial e reflexiva.

Itard publicou *Memoire*, em 1801, mesmo ano em que Pinel publicou o *Tratado médico-filosófico sobre a alienação mental*. Itard acrescentou a fundamentação da necessidade de estímulo sensorial para se adquirir a aprendizagem à sua inovação na questão da deficiência e no tratamento do idiota. Em "*Memoire*", ele afirmou que primeiro existe o despertar da estátua com a estimulação sensorial, sustentando a tese de que por meio de treino sensorial haveria a recuperação de funções do organismo. Para tal, ele utilizou variações abruptas de sensações como metodologia. Outra inovação de Itard foi introduzir a necessidade da individualização do ensino, o que defendeu como o produto de uma postura filosófica ante o ser humano (Pessoti, 1984, p. 51). O desenvolvimento era considerado progressivo e assim o tratamento partia de um estímulo sensorial até atingir níveis cada vez mais complexos de aquisições e raciocínio lógico, chegando à fala e à interação social; das necessidades físicas ao domínio dos "objetos de instrução". Apesar de Itard ter sido frustrado na tentativa de conseguir que Victor obtivesse domínio da fala, seu livro *Memoire* é considerado, "*a pedra angular do que hoje se chama educação especial de deficientes mentais, e nela ver um dos mais geniais relatos pedagógicos da história no que tange a metodologia de ensino*" (Pessoti, 1984, p. 59-60). Mas, apesar da riqueza metodológica e teórica, seus estudos exerceram escassa influência sobre a teoria da deficiência dos médicos da época, e, somente mais tarde, teria reflexo com os trabalhos de Seguin, seguidor de Itard e convidado para trabalhar com ele em 1801, e, da educadora e médica italiana Montessori (1870-1952).

Pessoti chama a atenção para o fato de atualmente esses mesmos recursos metodológicos serem utilizados nos tratamentos clínicos, como a terapia ocupacional, fisioterapia, fonoaudiologia, psicologia, principalmente na análise experimental do comportamento e com forte influência na educação especial. Ele se referia ao séc. XX, ano de 1984, período de sua tese; mas mantenho a mesma consideração e perplexidade para o séc. XXI. Mesmo passado décadas da publicação de seu trabalho acadêmico, esses mesmos recursos ainda são utilizados nos tratamentos e processos de ensino-aprendizagem a pessoas com deficiência.

## 1.3 Educável ou Treinável: corrigível e incorrigível

No séc. XIX surgem os níveis e classificações para a deficiência intelectual categorizados como treináveis ou educáveis. Os treináveis seriam aqueles que não teriam condições de seguir uma educação, e, portanto, receberiam um treinamento, enquanto os educáveis receberiam o mínimo de uma ação educativa. Itard foi também o primeiro médico a considerar que no seu modelo de tratamento contemplaria questões pertinentes à educação e à pedagogia; vale ressaltar que em algumas biografias ele é citado como educador e não como médico. O exercício dessa especialidade da medicina, a medicina moral (que posteriormente se tornou a psiquiatria), nasceu segundo a lógica da correção e da instalação de noções e de repertórios comportamentais, conhecida também por uma "ortopedia mental".

A ortopedia mental consiste em arranjar condições ambientais e emocionais ótimas para a ocorrência de comportamentos desejáveis e para a cessação de atividades não desejáveis (Pessoti, 1984, p. 42). Foucault, em seu curso intitulado *Os Anormais,* realizado em 1974-1975, no *Collège de France*, afirma que, nesta lógica, a civilização ocidental criou uma teoria sobre o homem corrigível e incorrigível constituída lentamente no séc. XVIII, nasceu das técnicas pedagógicas e das técnicas de educação coletiva e se sedimentou no século XIX (Foucault, 2001). Essa lógica determinou uma organização dos controles de anomalia, como técnica de poder e de saber, formalizando um poder sobre o controle dos indivíduos.

Foucault distingue dois grandes modelos de controle no Ocidente: um remete à exclusão do leproso e outro à inclusão do pestífero em uma espécie de quarentena; neste caso, não se trata mais de exclusão, "*mas de estabelecer um lugar para controlar as presenças*" (Ibid.). A substituição do modelo da lepra pelo da peste corresponde a um processo histórico que Foucault denomina de invenção das tecnologias positivas de poder, incluindo neste processo a assistência às pessoas com diagnóstico de deficiência intelectual.

Essa "arte de governar" descrita por Foucault iniciou-se no século XVIII com a invenção de uma organização que apresentava uma teoria jurídico-política do poder, a qual implantou todo um aparelho de Estado com seus prolongamentos e seus apoios em diversas instituições. Essa teoria aperfeiçoou uma técnica de exercício de poder, de organização disciplinar com um dispositivo de normalização social, política e técnica com efeitos no domínio da educação, com suas escolas normais; na medicina, com a organização hospitalar, e também no domínio da produção industrial (Ibid., p. 61).

Esta foi uma fase historicamente decisiva para o surgimento das diferentes instituições de correção e para as categorias de indivíduos a que elas se destinavam. Foucault salienta em *Os Anormais* que esta também foi a época do nascimento técnico institucional da cegueira, da surdo-mudez, dos imbecis, dos retardados, dos nervosos, dos desequilibrados, com modernas técnicas de "disciplinamento" (Ibid., p. 416).

A figura do médico tornou-se a figura do saber, com autoridade jurídica para internar quem considerasse inapto ao convívio. Pessoti ressalta que no caso da deficiência a autoridade do inquisitor ou do reformador foi substituída pela do médico.

> A mesma arbitrariedade que mascara o deficiente como bruxo possesso ou herege, a partir de Paracelso e Cardano, o denomina cretino, idiota e amente [...] trazendo no bojo do dogmatismo a marca do inapelável [...] A fatalidade hereditária ou congênita assume o lugar da danação divina, para efeito de prognóstico. A ineducabilidade ou irrecuperabilidade do idiota é o novo estigma nos meados do séc. XIX. O médico é o novo árbitro do destino do deficiente (Pessoti, 1984, p. 68).

O papel do médico segue de forma ambígua, envolvendo questões tanto de ordem jurídica, quanto médica. Foucault alerta que o psiquiatra passou a cuidar não apenas do doente como tal, nem tampouco de sua família, mas de todos os efeitos de perturbação que o indivíduo possa induzir na família e sociedade. A medicina como poder e o hospital psiquiátrico como instituição ratificam a operação de discriminação.

A partir do séc. XIX, as condições e o que é considerado anormal passa a ser ampliado e ligado a uma forma de funcionamento do indivíduo:

> [...] será em toda parte, o tempo todo até nas condutas mais ínfimas, mais cotidianas, no objeto mais familiar da psiquiatria, que esta encarará algo que terá de um lado, estatuto de irregularidade em relação a uma norma e que deverá ter, ao mesmo tempo, estatuto de disfunção patológica em relação ao normal. Um campo

> misto se constitui, no qual se enredam as perturbações da ordem e os distúrbios do funcionamento (Foucault, 2001, p. 205).

Neste período, por todas essas condições sociais, políticas e médicas, o número de pessoas consideradas dementes ou imbecis foi ampliado.

Foucault (2001) ressalta que, nessa época, a anomalia se colocava em torno de três elementos. Apesar de sua constituição não ter sido sincrônica, a deficiência intelectual podia ser incluída nas três, a saber:

1. O monstro humano.
2. O indivíduo a ser corrigido.
3. O masturbador.

A noção de monstro humano é também uma noção jurídica, que obedece tanto à lei da sociedade, quanto à lei biológica, tratando-se, portanto, de um domínio jurídico-biológico. A deficiência intelectual se inclui nessa categoria, quando associada a alguma deformação ou ao apresentar características físicas muito peculiares como acontece em determinadas síndromes. Mas além desse aspecto físico, Foucault destaca a figura do monstro sexual que se torna marcante neste período, fato que levou as instituições de correção dedicarem cada vez mais atenção às questões de masturbação e de sexualidade.

O problema jurídico e médico em relação ao monstro permite à psiquiatria o domínio de controle, a análise e a intervenção no que se pode chamar de "anormal". Foucault defende que esse problema atravessa a questão da sexualidade por duas maneiras:

1. o campo geral da anomalia vai ser codificado, policiado, ou, em todo caso, identificado dos fenômenos da herança e da degeneração. O que é destacado e motivo de pesquisas para várias patologias que causavam a idiotia, como o cretinismo.
2. no interior do conjunto da anomalia sexual, primeiro como casos particulares e, em seguida, nos anos 1880-1890, como a raiz, o princípio etiológico geral da maioria das formas de anomalia. Desenvolveram-se formas de eugenia para as famílias das pessoas com essas anomalias.

A degenerescência significa um processo de degradação da natureza, uma degradação progressiva do ser humano com perda da perfeição.

Conforme Fodéré (1764-1835, médico e botânico francês, que publicou *Leçons sur les épidémies et l'hygiène publique*), a idiotia é considerada o último grau da degradação intelectual, o que mais uma vez aproxima o ser humano ao animal sem inteligência e sem condições de ser tratado como tal (Pessoti, 1984). A teoria da degeneração, do psiquiatra franco-austríaco Morel (1809-1873), publicada em 1857, por mais de meio século, serve de marco teórico e de justificação social e moral a todas as técnicas de detecção, classificação e intervenção concernentes aos anormais. Esta teoria proposta por Morel também favorece a criação de uma rede institucional complexa que, situada entre a medicina e a justiça, serve ao mesmo tempo de estrutura de recepção para os anormais e de instrumento para a "defesa" da sociedade.

Foucault denunciou que a partir da noção de degeneração, da análise da hereditariedade, a psiquiatria dá lugar a um tipo de racismo: o racismo contra o anormal, contra aqueles que possam transmitir aos seus herdeiros o mal que trazem em si. Um racismo que procura filtrar todos os indivíduos no interior de uma sociedade. Essa problemática, que teve início no séc. XIX, persiste até os dias atuais, como aponta Foucault: "*As novas formas de racismo do séc. XX devem ser referidas historicamente à psiquiatria*" (Foucault, 2001, p. 404).

Pessoti (1984), igualmente, não tem dúvidas de que os preconceitos de hoje mais ou menos indiscriminados da deficiência intelectual, presentes até entre os profissionais que atuam com a deficiência, são, em parte, produtos dessa teoria das degenerescências.

A teoria da degenerescência vai além do indivíduo e torna-se algo que atinge a raça e, portanto, representa um perigo para toda a raça humana. A pessoa com deficiência intelectual – fosse ela idiota, imbecil ou retardada – era portadora do princípio degradador e representava uma perigosa função com um repulsivo papel social. Nessa época foi descoberta a síndrome de Down, com a designação de mongolismo, como um exemplo de degradação da raça humana à raça mongólica.

A partir do tratado das degenerescências de Morel, a deficiência intelectual regridiu ao *status* de ameaça à segurança pública e à saúde das famílias e povoações. Segundo Pessoti "é a nova lepra a requerer a mobilização defensiva dos imunes" (Pessoti, 1984, p. 145). Os novos demônios da época e os correlatos sociais dessa deficiência, o crime, a pobreza e a prostituição são motivos de pesquisa para a detecção de alguma razão hereditária para tais comportamentos. Assim, toda uma geração das famílias que apresentam algum caso de deficiência é estudada considerando provas da teoria da degenerescência. Em sua pesquisa, Dugdale (1877) correlacionou a deficiência intelectual ao desemprego crônico de algumas gerações de famílias, justificada com dados científicos que conferiram credibilidade e veracidade aos dados apresentados. Pessoti salienta que esse modelo de pesquisa científica da época, baseada em dados estatísticos, tornava-se a nova forma de expiação que disfarçava o dogma do pecado (Ibid., p. 135).

A tese do *Tratado do Bócio,* que foi a base para a teoria da degenerescência de Morel, considerava que o cretinismo era uma forma grave e única causa desse tipo de deficiência, sendo as outras formas de deficiência um grau leve do cretinismo. O idiotismo e a imbecilidade seriam graus do cretinismo ou síndromes mais suaves. Esse pressuposto dirigirá o pensamento médico na área até as primeiras décadas do séc. XX. As diferentes gradações da deficiência significavam diferentes graus de tara hereditária. Trata-se do início da tipologia da deficiência intelectual e de muitas pesquisas que já apontavam para outras etiologias, como veremos a seguir, desconsideradas em função da teoria da degenerescência.

Sob esta ótica, a deficiência intelectual estava definitivamente no rol das doenças incuráveis, restando, como efeito de tratamento, apenas a prescrição de medidas para limitar o dano que a pessoa com deficiência poderia causar à família e à espécie, e o seu próprio sofrimento. No entanto, para essas pessoas, o estigma torna-se um estado permanente, constitutivo e congênito; o destino das pessoas com deficiência está a partir de então traçado e condicionado à internação.

## 1.4 Louco ou infantil

Os estudos de Esquirol, um psiquiatra francês, foram marcantes para a história da psiquiatria. Esse médico, preocupado em nomear, classificar e organizar as doenças, desenvolveu, em 1818, uma nova definição para a idiotia e outras patologias. Nessa definição, Esquirol correlaciona a idiotia à questão do desenvolvimento, desassociando-a de uma patologia e ratificando a noção de irrecuperabilidade:

> [...] não se trata de uma doença, mas de um estado no qual as faculdades intelectuais nunca se manifestaram, ou puderam desenvolver-se o bastante, para que o idiota tivesse podido adquirir os conhecimentos relativos à educação que recebem os indivíduos de sua idade, colocados na mesma condição que ele [...] Não se concebe a possibilidade de modificar esse estado. Nada poderia dar, mesmo que apenas por alguns instantes, mais razão ou mais inteligência aos infelizes idiotas (Bercherie, 1992, p. 22, grifo nosso).

Sob a influência de Esquirol, a noção de "estado" passa a ser predominante na medicina e marca o início de uma nova fase, momento no qual a psiquiatria tem maior correlação com a neurologia e com a biologia.

Esquirol foi também o primeiro médico a realizar o diagnóstico diferencial entre loucura e deficiência, no entanto, nessa diferenciação ele classifica os idiotas em um nível mais degradante que os loucos:

> [...] o homem louco é privado dos bens que outrora gozava, é um rico que se tornou pobre, o idiota sempre esteve no infortúnio e na miséria. O estado do homem louco pode variar, do idiota é sempre o mesmo. Este tem muitos traços da infância, aquele conserva muito da fisionomia do homem feio. Em ambos as sensações são nulas, ou quase nulas; mas o homem louco, na sua organização e mesmo na sua inteligência demonstra qualquer coisa da sua perfeição de outrora, o idiota é o que sempre foi, é tudo o que sempre foi, é tudo que pode ser [...] (Pessoti, 1984, p. 86).

Esta definição carregada de preconceito nos faz refletir que, se antes as pessoas com deficiência estavam no mesmo bojo que os loucos, tornam-se, a partir de então, inferiores, o que traz consequências para as relações estabelecidas e para todo o tipo de tratamento dispensado posteriormente.

Esquirol distinguiu os quadros da idiotia (substituiu o termo idiotismo, de Pinel, por idiotia), diferenciando o idiota, propriamente dito, do retardo profundo, aquele que está reduzido a uma vida vegetativa, e do imbecil, aquele que possui uma vida psíquica grosseira e uma linguagem elementar. O médico psiquiatra isola uma primeira variedade clínica: o cretinismo mixoedematoso, apesar de já ter sido descrito por Fodéré no seu tratado de 1791.

Bercherie (1992) considera a descrição da idiotia de Esquirol como uma descrição behaviorista, e não um conceito etiopatogênico, assim como vários outros conceitos elaborados na época. Mannoni (1987) afirma que Esquirol, em seu tempo, define as características dos débeis segundo a adaptação ou o rendimento social.

Esquirol inaugurou assim uma definição da deficiência intelectual e tornou-se um marco histórico por dois motivos: a idiotia deixou de ser uma doença e passou a ser considerada um estado, assim sendo associada a uma questão educacional. Pode-se dizer que este se configura como um primeiro momento de medicalização do fracasso escolar. Como efeito desses estudos, Esquirol legitimou o ingresso do pedagogo na área de estudo dessa deficiência, apesar do tratamento e diagnóstico continuar sendo da alçada do médico, mais precisamente, o médico-pedagogo, ou o médico moral. Como teorizou Foucault, este é um momento em que a psiquiatria experimentou uma forma de poder que definia qual lugar as pessoas deveriam ocupar, e assim as crianças com deficiência foram impedidas de ter acesso às escolas normais. Esquirol manteve a teoria organicista, acrescentando na etiologia uma série de causas locais e físicas, como os acidentes natais e perinatais.

Belhomme, em 1824, distinguiu graus de imbecilidade que asseguram a educabilidade para desempenhos manuais (2º grau) e mesmo para "agir e raciocinar como todo mundo..." (1º grau). Ele afirma: "*nos idiotas não é a razão que dirige as suas ações, que, pouco numerosas, se repetem por hábitos ou por imitação*" (Belhome apud Pessoti, 1984, p. 93). O idiota, mais uma vez, é comparado e correlacionado a gestos e comportamentos próprios de animais e o tratamento se aproxima do treinamento por meio da imitação e repetição.

A primeira escola destinada a imbecis e idiotas "aperfeiçoáveis" foi criada por Ferrus no hospital de Bicêtre. Em 1834, Félix Voisin fundou o instituto ortofrênico e foi mais um médico que difundiu a ideia de educabilidade para os idiotas.

Pestalozzi (1746-1827) foi um importante pedagogo suíço e educador que contribuiu para a educação especial no século XIX. Em 1801, ele publicou o *Método Pedagógico* contendo uma teoria revolucionária para a educação da primeira infância, com o propósito de humanizar e personalizar a educação. Sua teoria, apesar de ter como enfoque a educação comum, foi aplicada à educação especial e marcante para a questão da deficiência intelectual. Seu método manteve o princípio de que o ensinamento deveria partir do mais fácil e simples para o mais difícil e complexo, tornando-se inovador por exigir toda uma revolução na organização escolar física e funcional, além de requerer alguns materiais especiais simples e eficazes. Essas propostas influenciaram os jardins de Fröbel (1782-1852, pedagogo alemão) e em seguida as escolas montessorianas, com teorias mais naturalistas e antiformalistas. Estas teorias baseavam-se nos princípios de que cada criança tem sua individualidade, deve ser respeitada, deve ser mais executiva que receptiva e deve se desenvolver livremente; toda criança gosta de observar, de movimentar-se e de ter uma ocupação em um lugar exclusivamente seu (Pessoti, 1984). Nota-se que *são obras com o mesmo* fundamento de Itard e igualmente influenciadas pelos pensamentos iluministas que predominavam na época.

Em sua obra *A Educação do Homem* (1826), Fröbel afirma que a educação é o processo pelo qual o indivíduo desenvolve a condição humana autoconsciente. Segundo Fröbel, através da educação, o indivíduo poderá se elevar acima da condição animal e essa evolução é tanto individual, quanto universal. Os recursos utilizados em seu método são: jogos ginásticos e cantos imitativos, histórias e poesias muito simples e vivas, um canteiro de jardim individual, "prendas" ou dons construídos de objetos aptos a servirem como brinquedo e instrumentos de atividades manuais como bola, cubo, cilindro e blocos de madeira para a construção de exercícios sensoriais. Entre os exercícios de ocupação, ele propõe trabalhos com figuras e sólidos geométricos recortados em madeiras, dobraduras e recortes, teceduras com diferentes fios, composição de contornos ou figuras com fios, palitos, contas, bordados em placas já perfuradas, trabalhos com argilas, caixas de areia, etc... (Pessoti, 1984, p. 101). O que nos chama a atenção e também Pessoti destaca é a constatação de que essa relação de material, relacionada antes de 1840, é a base de atuação da grande maioria das escolas especiais para alunos com deficiência intelectual, independente de sua idade. A correlação dessa deficiência com a infância e com o desenvolvimento induz ao emprego de ações eminentemente infantis ou próprias da educação infantil para essas pessoas.

## 1.5 Nasce um método

Dentre os médicos do século XIX que se dedicaram à questão da deficiência, o trabalho de Seguin, discípulo de Itard, merece destaque.

Seguin classificou a própria obra como representando o fim de uma época e o início de uma nova. Em 1846, ele publicou o *Traitement moral, hygiene et education* dês idiotas e de *outres enfants arriérés* que, segundo Pessoti, foi a primeira publicação com sistematização metodológica do ensino especial. Até então existiam apenas trabalhos teóricos e mesmo a metodologia proposta por Itard não era tão sistematizada.

O tratado de Seguin manteve a teoria organicista, definindo a idiotia e fazendo nítida distinção entre idiotia, imbecilidade e debilidade, além de criticar severamente os trabalhos anteriores de Pinel, Esquirol e Belhome. Este foi o primeiro momento em que o termo debilidade surgiu nos documentos médicos. Seguin acusou os médicos que o antecederam alegando que eles, além de confundir o diagnóstico, não dispensaram tempo ou atenção suficiente sobre o assunto por discriminação a essas pessoas.

> Eu acuso formalmente aqui os médicos que escreveram seja registros de observações curiosas seja artigos mais ou menos teóricos... confundindo a idiotia com diversas afecções crônicas análogas; outros confundindo na idiotia estados patológicos que, ligando-se frequentemente a ela, quase sempre a agravam, mas que não são nem sintomas, propriamente, nem consequências da idiotia. E acuso todos, primeiro de terem sido idiotas em sua prática e nos hospitais sem lhes haverem consagrado uma hora assídua de seu tempo, ainda que fosse por curiosidade científica. Em suma, eu acuso os médicos por não terem nem observado, nem definido, nem analisado a idiotia, e de terem falado demais sobre ela (Seguin apud Pessoti, 1984, p. 109).

Seguin representou um importante avanço na teoria da etiologia unitarista da deficiência intelectual, que até então era mais associada ao cretinismo e ao bócio endêmico. A deficiência passou a ser entendida não mais como meros graus de carência de funções intelectuais, mas como enfermidades diversas e etiologias diferentes. A definição de Seguin para deficiência indica que a idiotia pode ser congênita ou resultado de acidentes ocorridos nos primeiros tempos de vida. Enquanto a idiotia manifesta-se desde os primeiros momentos de vida sob a forma de incapacidades de todos os tipos, a imbecilidade é resultado de causas acidentais, sempre posteriores ao desenvolvimento da criança (Pessoti, 1984, p. 109).

Santiago (2005) nota que a idiotia como uma forma adquirida em decorrência da demência (que é da ordem de uma fraqueza psíquica) corresponderá, posteriormente, a quadros designados como psicose. Enquanto a outra forma de idiotia, a congênita ou adquirida na mais tenra infância, considerada irreversível e incurável, com uma "insuficiência do desenvolvimento mental", corresponderá à deficiência associada a uma questão orgânica (Ibid., p. 50).

Seguin definiu a etiologia e a sintomatologia dos estados da deficiência, a natureza última da neurofisiológica e defendeu a existência de inteligência em cada tipo ou estado, mas com graus variáveis. Para Seguin, qualquer que seja o gênero da deficiência o sujeito é educável, e os limites dos seus progressos dependerão não somente da inteligência, ou do grau de comprometimento de funções orgânicas relevantes para a instrução pretendida, mas também da perícia na aplicação do método. O método desenvolvido por ele se inicia com a preparação das vias nervosas e musculares, o que depende da precisão do diagnóstico.

Essa teoria também compartilha o princípio de que um comportamento complexo se desenvolve a partir de um mais simples. Seguin fundamentou sua teoria no pressuposto de que um comportamento é produzido a partir do domínio de um outro, preliminar ou pré-requisito para a aquisição do primeiro, o que só poderá ocorrer quando o sistema nervoso adquirir um nível adequado de maturação. Esse médico do séc. XIX propõe uma educação do sistema muscular e uma ginástica de educação do sistema nervoso. Para tal, ele desenvolveu técnicas especiais, estranhas à clínica de seu tempo, e que ganhariam fundamentação científica para a psicologia experimental do séc. XX. (Ibid., p. 118). Segundo Pessoti, o resumo que faz dessas técnicas parece uma alusão direta aos conceitos do fisiólogo russo Pavlov (1849-1936).

Outro aspecto inovador da teoria de Seguin e que merece destaque é a revelação de que não falta ao idiota sequer uma faculdade mental, mas ele não tem a liberdade necessária para aplicá-la se não em nível dos fenômenos concretos: "*fisiologicamente ele não pode, intelectualmente não sabe, psiquicamente não quer, ele poderia e saberia se quisesse, mas antes e acima de tudo, ele não quer*" (Ibid., p. 120). Nesta frase está contida a perspicácia desse médico, o qual percebe algo de subjetivo e talvez do sujeito (compreendido como sujeito do inconsciente) nesta condição humana, em que ressalta que tal aspecto está presente no imbecil e mesmo no idiota.

Mas levantamos a hipótese de que essa teoria de Seguin foi utilizada e interpretada posteriormente por vários estudiosos e seguidores como algo da ordem da afetividade ou uma questão puramente motivacional para realizar o treinamento, a fim de adquirir o comportamento adequado, mesmo porque, este era um momento anterior à descoberta do inconsciente freudiano.

O que fica para a educação especial de forma marcante e que segue a partir de seus estudos são suas descobertas de ordem prática de como manter atividades em nível concreto, simplificadas para a obtenção de mudanças comportamentais. Em sua publicação de 1984, Pessoti destaca a necessidade de se levar em consideração a motivação e a afetividade no tratamento às pessoas com deficiência. A partir desta teoria de Seguin, não notamos a associação, ou mesmo alguma alusão, à questão do sujeito do inconsciente como o fizemos.

Pessoti (1984) denuncia que, a partir destes estudos de Seguin, os aspectos orgânicos e funcionais "*vieram para substituir os demônios, tendem nitidamente a tornar-se os novos demônios*". Esses estudos influenciam uma corrente da psicologia que se baseia em comportamento ou aprendizagem redutível a relações entre manipulações e respostas, exatamente como "*ocorre na programação e operação de computadores*" (Pessoti, 1984, p. 120-121). Como consequência destas teorias, persiste o modelo que mantém a pessoa com deficiência intelectual mais próxima ao modelo do comportamento animal para efeito de tratamento e modificação corportamental.

No entanto, as conquistas de Seguin não atraíram grandes adeptos, pois representava uma inovação difícil de ser aceita. Pessoti esclarece que toda a "medicina moral" foi combatida pelo seu pioneirismo e pela ameaça implícita na sua proposta inovadora à medicina oficial conservadora. Na metade do séc. XIX, apesar desses estudos, a doutrina médica continuou impregnada da etiologia hereditária para essa deficiência.

Pessoti localiza três causas para a não adesão à proposta de Seguin na época:

1) Para o organicismo radical era repugnante a ideia de que o médico deveria recorrer a treinos e à programação de tarefas de ensino ou de refinamento sensorial.
2) O método exigia um diagnóstico preciso, o que demandava tempo e a individualização do programa de treino.

3) A maneira irreverente com a qual Seguin atacou o conservadorismo da medicina.

Maria Montessori foi uma das poucas seguidoras de Seguin. Em 1898, ela propõe a "educação moral" para crianças com deficiência e também denuncia o abandono da educação dessas crianças. Montessori pode ser reconhecida pela "*persistência da convicção de que as crianças deficientes, por serem inferiores, deveriam ser educadas com métodos cuja eficácia já houvesse sido aquilatada do ensino de crianças normais*" (Pessoti, 1984, p. 178). Montessori delata também a conduta nociva do educador nestas condições, pois, ao pressupor que está lidando com pessoas inferiores e incapazes, não consegue educar, por entrar em uma espécie de apatia – uma afirmação do fim do séc. XIX, mas tão pertinente para o momento atual. No sentido contrário aos estudos de Pestalozzi, que partiu de uma prática para as crianças consideradas normais e adaptadas para as crianças com deficiência, os estudos de Montessori para crianças com deficiência foram utilizados em crianças consideradas normais. Montessori afirmou que a deficiência é um problema mais pedagógico do que médico e propõe uma "cura pedagógica" para substituir a educação moral para essas crianças. Ela, diferente de Seguin, entende que o método não deve limitar-se à eficácia didática, mas deve alcançar a pessoa do educando, seus valores, sua autoafirmação, seus níveis de aspiração, sua autoestima e sua autoconsciência (Ibid.).

No final do século XIX, com essas descobertas, o objeto de discussões passa a ser o grau de irreversibilidade do retardamento mental. Enquanto Pinel e Esquirol defendiam que o déficit era irreversível, Seguin e Delasiauve passam a sustentar que ele é parcial e comprometido principalmente "*quando a educação se limita a suas modalidades tradicionais, mas deixando abertas grandes possibilidades, quando se recorre a métodos especiais*" (Bercherie, 1992, p. 22). Itard foi o primeiro a apontar para essa possibilidade de irreversibilidade e Seguin e seus seguidores reforçam a necessidade de uma educação menos tradicional para conseguir êxitos nas respostas das pessoas assistidas. Historicamente, representa a primeira vez que se transfere a responsabilidade pela deficiência e de seu prognóstico, da questão orgânica ou hereditária, para o sistema educacional e as formas de ensino.

No entanto, apesar dos trabalhos de Seguin e Montessori, a proposta de irrecuperabilidade no meio médico persiste de forma dominante.

Neste período, destacam-se várias teses que sustentam a irreversibilidade, como a seguinte citação de Baillarger e Krishaber, de 1879:

> [...] as crianças que sofreram a degenerescência completa são refratárias a todos os recursos curativos ou profiláticos; os cuidados a dar-lhes são os da caridade, ao mesmo tempo que os dados aos idiotas, e eles devem ser admitidos nas casas de saúde, onde não se deveria negligenciar a salubridade e boas acomodações. (Pessoti, 1984, p. 153)

Sob esse argumento, a recomendação médica era para evitar o casamento entre os degenerados e também houve a ampliação da criação de leis sanitárias contra as causas da degenerescência, como o alcoolismo. Essa época foi de fortalecimento das teorias eugenista e higienista.

Em 1880, Magnam englobou a debilidade na chamada loucura degenerativa ao dividir a categoria das loucuras propriamente ditas em dois grandes grupos: o das psicoses e o das loucuras dos hereditários degenerados. Segundo Santiago (2005), esse último grupo engloba quatro classes:

1. idiotia, imbecilidade e debilidade mental;
2. anomalias cerebrais;
3. síndromes episódicas;
4. delírios propriamente ditos.

## 1.6 Controle do instinto, controle da espécie

Foucault denuncia exaustivamente o fato de os estudos da psiquiatria deste período buscarem a normalização das pessoas. Para além da patologia, adota-se como referência o comportamento e seus desvios e anomalias, fato que marcou a psiquiatria, pois, ao correlacionar a anomalia ao desenvolvimento, as questões da infância e seu desenvolvimento passam a ser examinadas com maior vigor e com vigilância.

Assim, na segunda metade do século XIX, essa forma de a medicina considerar a infância e o seu desenvolvimento influenciou decisivamente toda a medicina psiquiátrica e a questão da deficiência. Bercherie classifica o período compreendido entre 1875 e 1930 como o segundo na história da psiquiatria, no qual as mudanças decorrentes da infância são consideradas o ponto principal das análises, dos estudos e das pesquisas (o primeiro estava correlacionado à questão da idiotia, como descrito anteriormente). A medicina deixa de funcionar no modo da imitação (marcante em Esquirol) e passa a ser estruturada sobre a correlação com a neurologia do desenvolvimento e com a biologia geral, o que garantiu à psiquiatria funcionar como saber científico e médico (Foucault, 2001, p. 390).

Foucault afirma que a infância lhe parece ser uma das condições históricas da generalização do saber e do poder psiquiátrico porque uma determinada conduta para se tornar algo de domínio da psiquiatria não precisa mais estar situada no interior de uma sintomatologia coerente e reconhecida, basta que seja portadora de um vestígio qualquer de infantilidade. Situação muito pertinente à questão da deficiência intelctual.

Castel afirma que a "descoberta tardia" da infância pela psiquiatria pública teve consequências políticas para a construção do sistema asilar que correspondeu às exigências administrativas, jurídicas e médicas (Castel apud Cirino, 1992). As crianças foram encarceradas em asilos, em função de sua carência econômica, da gravidade de suas perturbações e de suas deficiências, que ultrapassavam as possibilidades de um encargo familiar. Castel salienta que as alas infantis dos hospitais psiquiátricos, desde o séc. XIX, não tinham nada de particular que as diferenciassem das alas dos adultos, e eram, muitas vezes, marcadas por condições ainda piores.

No entanto, com a inclusão da infância no campo da psiquiatria, a deficiência intelectual passou a correlacionar-se a esse ramo da medicina de forma contundente. A distinção entre essa deficiência e a doença mental foi realizada pela característica orgânica da primeira, comportando uma dismorfia do corpo com etiologia física e estrutural, e pela característica comportamental da segunda, contendo aberrações de conduta com consequências instintivas e dinâmicas. Surge "*uma forma de patologia de um estado permanente que garante um estatuto definitivo aberrante, uma espécie de estigma permanente e estável*" (Foucault, 2001, p. 379-380). Mas, a partir da consideração da infância, foi possível integrar alguns elementos que ainda estavam separados, como "*o prazer e sua economia, o instinto e sua mecânica, a imbecilidade, ou o retardo com toda sua inércia e carência*" (Ibid., p. 388).

Essa teoria do instinto colocou a deficiência intelctual como sendo um grande perigo. Percebia-se, por um lado, um "delírio instintivo" ligado à loucura e, por outro, uma espécie de excesso de exacerbação do instinto, que bruscamente é ampliado por alguma insuficiência, uma falta ou interrupção no desenvolvimento. Essa análise de Foucault aponta para outra etiologia na deficiência intelectual, como se houvesse uma patologia do instinto, além de levantar os possíveis efeitos colaterais do tratamento proposto, principalmente com o intuito de controle do prazer presente nesses tratamentos.

Foucault exemplifica sua teoria com o caso de Charles Jouy, um rapaz que violentou uma menina de sua aldeia na região de Nancy, em 1867. Segundo sua pesquisa, o rapaz foi considerado como alguém que possuía uma "espécie de desequilíbrio funcional" o qual, a partir de uma ausência de inibição, de algum controle, ou da inexistência de instâncias superiores, permitiu a instauração, a dominação e a sujeição das instâncias inferiores, e essas instâncias, a partir de então, se desenvolveram por conta própria. Ele foi condenado à internação no hospital psiquiátrico da cidade pelo seu ato, que demonstrava sua falta de controle. A partir do estudo desse rapaz, diagnosticado como idiota, Foucault destacou os três personagens desenvolvidos em sua tese, já exposto anteriormente: o pequeno masturbador, o grande monstro e "aquele que resiste a todas as disciplinas".

Foucault alerta que, na época, acreditava-se existir uma espécie de dispositivo ruim que fazia com que o instinto funcionasse "anormalmente" e não "normalmente", de acordo com seu regime próprio. Esse regime próprio e desviante deixava de ser controlado por instâncias que deveriam precisamente assumi-los e delimitar suas ações. Acreditava-se que existia certa imbecilidade funcional que acarretava as aberrações do comportamento.

Foucault considera a mecânica do prazer e do instinto, marcadas pela infantilidade na questão da deficiência, da seguinte forma: prazer-instinto-retardo ou prazer-instinto-atraso, que reúne em Charle Jouy as três categorias em uma configuração unitária (Ibid., p. 390). A imbecilidade era patologizada ora como consequência final de uma evolução delirante ou demente, ora, ao contrário, como uma espécie de inércia fundamental do instinto. Foucault ressalta que as teorias desenvolvidas por Esquirol e outros não haviam ainda vinculado a questão da doença mental e do retardo à questão do prazer e do instinto, que, quando surgia, figurava apenas como investida de delírio.

A partir de então, a medicina e, mais precisamente, a psiquiatria se organizam e descrevem síndromes; os sintomas de uma doença passam a ser síndromes, com toda uma série de condutas aberrantes e desviantes. Surge uma população, um grupo de pessoas que não apresentam sintomas de uma doença, mas síndromes em si mesmas anormais e excentricidades consolidadas em anomalias, uma nova nosografia baseada neste fundamento. Uma espécie de déficit geral das instâncias de coordenação do indivíduo.

Foucault ressalta que essa teoria médica significava uma forma de distribuição de poder e de controle do prazer, desenvolvendo toda uma estrutura e arquitetura que permitisse esse controle. A família moderna passa a ser vigiada e essa nova família é uma família medicalizada para controlar os instintos de seus filhos. A deficiência com um déficit orgânico visível corrobora para a necessidade de a família ser medicalizada e submetida ao saber médico. A necessidade de internação é justificada para separar essas crianças de sua família como forma de controle, de eugenia e de impedir a proliferação da degenerescência.

Foucault denuncia o surgimento de uma "metassomatização" neste período, e "*a possibilidade de referir qualquer desvio, anomalia, retardo, a um estado de degeneração passa a ter uma possibilidade indefinida de ingerência no comportamento humano*" (Ibid., p. 399). A partir de então, a psiquiatria expande sua atuação, participando também da questão da reprodução humana, momento decisivo de entrada da medicina nos meios de controle da sociedade. Já não existe mais a função única de curar para o médico, tornando-se muito mais parte de um mecanismo de proteção da sociedade contra os possíveis perigos oriundos dos considerados anormais. A medicina assume um papel de defesa social generalizada, uma proteção científica da sociedade e proteção biológica da espécie.

A proibição dos casamentos entre os passíveis da degeneração persiste, não só para aqueles que têm alguma deficiência ou diagnosticados como idiotas; havia toda uma categoria de pessoas que necessitavam de controle, incluindo os pobres. Essa proibição tinha o propósito de alcançar a extinção da idiotia e, para estes, deveriam ser criadas medidas pedagógicas e higiênicas que só poderiam ser aplicadas em estabelecimentos especiais.

A frase de Pessoti, que resume o pensamento da época, ilustra a posição social que essas pessoas ocupavam e os tratamentos dispensados. Recomendava-se:

> desenvolver o que resta dos suprimentos cerebrais, transformando um bruto inconveniente, perigoso, inútil e perturbador em um sujeito decente, inofensivo e capaz de prestar à sociedade alguns serviços em troca dos cuidados e da proteção que recebe dela..., só se consegue ensinando ao idiota a não destruir e a trabalhar (Pessoti, 1984, p. 164).

Esta é uma lógica que ainda persiste nas instituições atuais e na assistência dispensada a essas pessoas, a manter uma espécie de adestramento do anormal, e, se no século passado foram nos asilos-escolas, em seguida transferiu-se para as oficinas protegidas[6] das instituições especializadas esta função (Batista, 2002). Zafiropoulos, em 1981, constatou que tornar o débil útil passou a ser o objetivo maior das instituições especializadas.

A teoria dos instintos reforçou a necessidade do afastamento do convívio e o controle e correção das condutas e comportamentos inadequados. Vários especialistas, como o pedagogo e psicólogo francês Binet (1857-1911), recomendam a vigilância constante, "*pois eles poderiam a qualquer momento ter seus maus instintos despertados, que com sua fraca razão e seu senso moral não poderia refreá-lo, e transformar em um ser perigoso o mais manso e mais inofensivo deles*" (Pessoti, 1984, p. 168). Existe um apelo à liberdade relativa e à eterna vigilância dessas pessoas. Nesta hipótese, de que "*os imbecis, mesmo inofensivos são perigosos e convém vigiá-los continuamente*", torna-se inapropriado o convívio destes em ambientes comuns e é aconselhável que fiquem restritos a espaços próprios com especialistas. Outra afirmação da época ilustra esta consideração e amplia o grupo a ser merecedor de cuidados "especiais":

> Bem mais que os idiotas, os imbecis são educáveis, mas apenas em estabelecimentos especiais é possível transformar, por uma educação apropriada esses indivíduos inúteis e perigosos em homens dignos de alguma liberdade e capazes de prestar alguns serviços (Ibid., p. 168-169).

A imbecilidade passa a representar um perigo maior, pois, além de apresentar falta de controle do instinto, aproxima-se do considerado "normal".

[6] Termo utilizado na legislação brasileira para definir um tipo de assistência e forma de empregabilidade para a pessoa com deficiência (Batista, 2002).

Em 1912, Fenal declara que *"todo deficiente, mesmo o 'imbecil ligeiro' é um criminoso em potencial, que necessita apenas de um meio favorável para desenvolver e exprimir suas tendências criminosas"* (Ibidem). Percebe-se que são pressuposições que fundamentam mecanismos e políticas de "assistência" para justificar o isolamento, o racismo e até mesmo a "solução nazista" tomada em anos posteriores.

## 1.7 Século XX – o mesmo com mais cientificidade

No início do século XX, os conceitos de Kraepelin (1856-1926), médico psiquiatra alemão que classificou formas distintas da psicose e definiu a demência precoce em 1899, têm forte influência no meio. Alguns psiquiatras voltam a se dedicar ao difícil desafio de distinguir a deficiência da psicose, as patologias congênitas daquelas adquiridas, e a descreverem estas últimas como demências infantis.

Mas como uma continuidade do século anterior, e sem uma definição clara de patologia propriamente infantil, apesar dos avanços da última década daquele século, o que ainda se buscava nas primeiras décadas do séc. XX era encontrar na criança a nosografia dos adultos como: excitação, depressão, melancolia, obsessões e fobias, alucinação e delírio, perversão, histeria, epilepsia e tiques. E foi no séc. XX que de fato se presenciou uma patologia da infância e foi um dos motivos para o psiquiatra austríaco, radicado nos EUA, Kanner (1894-1898) classificar o século XX como o século da criança (Kanner, 1966).

Em 1911, o psiquiatra suíço Bleuler (1857-1939,) publicou sua obra sobre a esquizofrenia, diferenciando-a das demências orgânicas descritas por Kraepelin. A dificuldade em se determinar uma etiologia para essas síndromes – principalmente se representa ou não alguma degenerescência – continua a provocar calorosas discussões nos meios psiquiátricos. Com seus estudos, passa a ser considerada a possibilidade da doença mental na criança, sendo este o início da concepção da existência de psicoses autísticas e dissociativas na criança, abrindo campo para outra gama de estudos e discussões.

Concomitantemente, no início do século XX, a psicologia científica intensificou os estudos sobre a percepção, a memória e a capacidade mental. Tais pesquisas, igualmente influenciadas pelos pressupostos do século anterior, continuaram sendo baseadas nos parâmetros de uma capacidade considerada normal para a caracterização do que seria considerado anormal ou patológico. É importante ressaltar que, nesse início de século, o que se apresenta como desafio para a classe de especialistas não é mais distinguir e classificar os casos considerados graves ou necessariamente diferenciar o que seria a doença mental da deficiência, mas sim, principalmente, classificar aqueles que ficavam no limite da normalidade e definir qual o tratamento adequado para estes casos. Pessoti ressalta que se para as categorias mais graves da deficiência (idiotas) havia um consenso satisfatório da necessidade da "educação especial" e seu afastamento do convívio social, para aqueles que se encontravam no limite tornara-se um dilema tanto para a medicina (Qual tratamento adequado? Não seria necessária a confinação?), quanto para a psicologia (Como medir o normal e o anormal tão próximos?) e, da mesma forma, para a pedagogia (Como ensinar o anormal tão próximo do normal?) (Pessoti, 1984, p. 173).

A medicina passa a considerar a necessidade de métodos psicológicos para complementar sua pesquisa, pois, além do tênue limite entre o normal e patológico, já se percebe que não é com frequência que se encontra a evidência anatomopatológica segura para o diagnóstico de deficiência intelectual, em especial para os quadros de debilidade. Binet, juntamente com o médico Theodore Simon, em 1905, propõe uma investigação médica e psicológica com a intenção de distinguir o grau da debilidade com o intuito de separar o normal do patológico. A obra de Binet e Simon marca um deslocamento na história dos estudos sobre a debilidade, levando em consideração a "capacidade mental". Nestes estudos, a dita "capacidade mental" equivale ao resultado do "trabalho realizado" e do tempo necessário para realizá-lo. Assim, os débeis passam a ter um déficit com relação ao tempo, uma lentidão para realizar as tarefas; o que antes era considerado uma estagnação passa a ser um afrouxamento do ritmo acatado como normal (Santiago, 2005, p. 61).

Como a causalidade orgânica da atividade intelectual não é mais entendida como uma condição intrínseca à deficiência, a partir da constatação de que nem sempre ela está presente, passa a adotar, desde então, a medição da inteligência como um sintoma seguro para se definir a debilidade e o tratamento adequado. Os testes criados por Binet e Simon (Escala de Binet-Simon) têm o objetivo de analisar e mensurar atividades cognitivas como percepção, memória, compreensão e abstração. Estas medidas e quantificações de QI serviram de referência para o estabelecimento do grau da deficiência e do tipo de assistência adequada.

Pessoti (1984) salienta que, com Binet, a deficiência intelectual torna-se atribuição da psicologia, enquanto questão teórica, e das escolas especiais, como uma questão prática, e deixam de representar propriedade dos hospícios. A recomendação de Binet e Simon é bem nítida com relação a isso: "*Certamente o idiota é para o hospício, o débil é para a escola e resta ao imbecil, a partir do momento que não pode aprender nem a ler e nem a escrever, seu lugar só pode ser no ateliê*" (Santiago, 2005, p. 61-62). Desde então, três categorias distintas ficam designadas para essa deficiência: idiotia, imbecilidade e debilidade, bem como as três formas de assistência: a primeira com as pessoas mantidas em hospitais psiquiátricos, a segunda nas escolas especiais e a terceira nas escolas comuns.

Santiago (2005) comenta que o arranjo em se considerar o hospício como o lugar reservado àqueles que não conseguem se comunicar; o ateliê, em instituições especializadas (no Brasil, as oficinas pedagógicas) para aqueles que não conseguem ler e escrever, e as escolas para aqueles que leem e escrevem apesar de certo retardo, é o modelo que persiste até a época de seus estudos na realidade brasileira. No entanto, na primeira década do século XXI, este quadro pouco mudou, apesar do movimento da reforma psiquiátrica e da premissa da inclusão escolar dos alunos com deficiência nas escolas comuns.

Nos EUA, os estudos de Binet e Simon também refletiram de forma impactante e influenciaram a história da psiquiatria infantil americana. Kanner desenvolveu sua tese sobre o autismo publicado em 1943 e, no mesmo ano, o médico austríaco Hans Asperger (1906-1980) descreveu a psicopatia autista da infância em sua tese de doutorado sob essa influência.

Kanner, em seu percurso histórico da psiquiatria infantil americana, destacou as primeiras quatro décadas do século passado como decisivas para o desenvolvimento desse ramo da medicina. Ele enfatizou que, na primeira década (1900-1910), o surgimento de tendências culturais favoráveis à psiquiatria infantil foi marcante, como a introdução da psicometria (teste de Binet e Simon); o advento da psiquiatria dinâmica (valorização da história do paciente desde sua infância); a instalação dos tribunais de menores e o movimento da higiene mental que foi decisivo para a implantação das políticas públicas e instituições especializadas.

Em 1909, o movimento da higiene mental se fortaleceu nos EUA, devido aos grandes avanços na área da medicina, principalmente da bacteriologia, o que havia tornado possível ações preventivas no campo da saúde física, por meio de vacinas e métodos de higiene corporal. Com a suposição de que a saúde mental também poderia ter medidas profiláticas e que assim como poderia se evitar a varíola e a tuberculose também poderia se prevenir a insanidade e o crime, foi implantada uma espécie de higiene mental. Com essa proposta, iniciaram-se numerosos estudos sobre as causas das diversas perturbações mentais, e algumas instituições que abrigavam crianças abandonadas e delinquentes tornaram-se centros de pesquisa destinados a avaliar e a diagnosticar crianças.

No segundo decênio do séc. XX surgiram diferentes instituições públicas voltadas para a assistência de crianças delinquentes, abandonadas e com retardos, com medidas como a liberdade vigiada, casa de crianças e a educação especial. Neste pressuposto teórico, as medidas adotadas visavam tirar a criança do seu meio e realizar uma assistência mais adequada e individualizada em um meio menos nocivo que o familiar. Kanner menciona que na mesma época surgiu na Europa um movimento direcionado aos educadores a fazê-los entender os problemas pessoais de seus alunos. Esse movimento foi chamado de "*Heilpädagogik*", sendo o próprio mote da educação especial (Kanner, 1971, p. 36). Neste modelo, não só a medicina, mas também a pedagogia, influenciada pela medicina, passaram a educar e controlar a família.

Na terceira década houve uma expansão do conceito de higiene mental, com a convicção de que ele poderia trazer benefícios também para as crianças consideradas normais. A partir deste conceito, nos Estados Unidos foi instalado um grande número de "clínicas de orientação infantil" (*Child-guidance clinics*), cuja equipe era constituída por um psiquiatra, um psicólogo e um assistente social, a qual estimulava as escolas, os pais e outras instituições a enviar-lhe todos "*aqueles de condutas estranhas ou desorientadas*". Como efeito dessa política, em 1929, havia cerca de quinhentas dessas clínicas nos EUA (Ibid.).

Para Kanner, essas clínicas contribuíram de modo eficaz com o tratamento e com a interpretação dos problemas infantis por estabelecerem relações entre as condutas infantis e as atitudes (de superproteção, perfeccionismo, hostilidade) dos pais e professores. Surgiu, então, um novo conceito para essa clínica, como uma "terapêutica da atitude", o que intensificou as relações entre os professores, os médicos e familiares para lidarem com as "crianças difíceis". Por isso, seu alvo de atendimento não se restringe às crianças, mas se estende aos seus pais ou a outros membros da família ou da comunidade que estejam ligados a elas, uma proposta inovadora e ao mesmo tempo similar ao controle da espécie do século anterior.

Nessas clínicas eram desenvolvidas atividades de ensino, treinamento profissional e pesquisa na área da psiquiatria infanto-juvenil e configuraram um avanço em direção à psiquiatria social (instaurada após os movimentos de reforma psiquiátrica) por considerar e inserir a família e a comunidade na conduta do tratamento médico. A psiquiatria, desde então, passou a utilizar as teorias sociológicas e a incorporar a conjectura de que um indivíduo é uma unidade biopsicossocial. Kanner ressalta que aos poucos se admitiu no meio médico outros fatores que interferiam na condição da deficiência intelctual e da psiquiatria, como fatores emocionais, comportamentais e sociais.

Segundo Cirino, o tratamento realizado nesse contexto tem características assistencialistas como o recolhimento de "delinquentes declarados", "visivelmente retardados", além de crianças abandonadas e maltratadas em instituições que supostamente propiciavam ambientes com condições mais saudáveis ao desenvolvimento (Cirino, 1992, p. 43). Kanner define a primeira década como caracterizada por uma preocupação teórica sobre a infância e a civilização; a segunda, pela prática acerca das crianças e da comunidade; e a terceira, pela atividade prática para as crianças, a família e a escola. O quarto período é caracterizado como referente à criança e é neste período que a psiquiatria e as políticas para assistência à criança e à deficiência intelectual sofrem influência da psicanálise, o que será tratado mais adiante.

Neste século, a questão da deficiência intelctual teve uma influência marcante da psicologia e da teorização sobre a inteligência humana. Em 1912, Wilhelm Stern propôs o termo "QI" (quociente de inteligência) para representar o nível mental e introduziu os termos "idade mental" e "idade cronológica" com o intuito de diferenciar e estabelecer os parâmetros de um padrão considerado normal para a inteligência. Para se delimitar às classificações nos níveis de inteligência, Stern propôs que o QI fosse determinado pela divisão da idade mental pela idade cronológica. Em 1916, Lewis Madison Terman propôs multiplicar o QI por 100, a fim de eliminar a parte decimal: QI = 100 x IM / IC, em que IM = idade mental e IC = idade cronológica. Com a utilização desta fórmula, a classificação proposta por Lewis Terman era a seguinte:

- QI acima de 140: Genialidade.
- 121–140: Inteligência muito acima da média.
- 110–120: Inteligência acima da média.
- 90–109: Inteligência normal (ou média).
- 80–89: Embotamento.
- 70–79: Limítrofe.
- 50–69: Cretino.

O "retardamento mental" (nomenclatura usada para essa deficiência neste período e mantida no Código Internacional de Doença – CID 10) será definido conforme o *quantum* de inteligência. A classificação para o retardo mental é graduada de leve a profundo, passando pelo moderado e severo, conforme o QI, e associado a outras limitações de funções adaptativas. No início do século, o QI era considerado um atributo humano independente de qualquer outra coisa, como uma propriedade imutável e inerente a alguma patologia.

No entanto, estes testes são colocados à prova, pois, na medida em que eram aplicados apresentavam resultados incoerentes, os quais levaram a uma série de questionamentos sobre o tipo e a forma do teste a ser aplicado. Por fim, essa imprecisão colocou em dúvida a própria noção de constância do QI. No meio psicológico e médico, percebeu-se que existiam débeis que não obtinham consistência nos resultados dos vários testes aplicados. Com este novo atributo, criou-se outro tipo de categoria a partir dos resultados homogêneos e heterogêneos, ou contraditórios. Surge assim, por volta de 1940, a necessidade da realização de uma distinção entre quem seriam os verdadeiros e falsos débeis. Os considerados verdadeiros débeis eram aqueles que apresentavam os resultados homogêneos, e os falsos, aqueles com resultados contraditórios. Para resolver o dilema entre falso e verdadeiro, mais uma vez recorreu-se à questão orgânica, não havendo nada de novo nos estudos dessa deficiência e em um arremedo do século passado. Assim, associa-se ao débil verdadeiro a causalidade orgânica e ao falso débil algum conflito psíquico, causado provavelmente por "desordens de ordem afetiva" (Santiago, 2005, p. 63).

Mais uma vez, o grande dilema fica por conta daqueles que não tinham a causalidade orgânica precisa e que se aproximavam do considerado normal. Outras teorias são incorporadas aos estudos para tentar definir esta distinção, como a psicanálise nas desordens afetivas, a sociologia nas causas sociais, dentre outras. Os tratamentos propostos também dependiam dessa distinção entre falso e verdadeiro, de forma que, para o falso débil havia a possibilidade da entrada na psicoterapia e na psicanálise, mas ao verdadeiro, ainda lhe concernia apenas a educação especial ortopédica e asilar (Ibid.).

No período pós-guerra, as distinções e caracterização da deficiência sofrem mudanças, assim como as instituições, os hospitais psiquiátricos e asilos. Zafiropoulos, em sua pesquisa sociológica de 1981, levanta várias causas para essas mudanças: o aumento da expectativa de vida, da vida urbana, da explosão demográfica, os avanços da indústria farmacêutica e das formas de administração das organizações. Seguindo uma lógica tecnocrática, dentro dos hospitais os loucos são separados radicalmente das pessoas com deficiência, com divisão dos profissionais e mesmo dos recursos. Sendo que para aqueles com um prognóstico sombrio, sem possibilidades de cura e que não sairiam dos hospitais psiquiátricos, como os "retardados profundos e os dementes", os recursos financeiros e humanos deveriam ser menores (Zafiropoulos, 1981, p. 44). O que se percebe nesta política é que mesmo no ambiente hospitalar a deficiência intelectual é discriminada e segregada em pavilhões próprios e, neste contexto, o débil mais benquisto é aquele dócil que faz os serviços internos do hospital (Ibid.).

Uma série de pesquisas médicas e sociológicas realizadas nos EUA e na Europa no período de 1938 a 1962 registrou um maior número de crianças débeis, ou o retardo ligeiro em "classes sociais materialmente desfavorecidas", associando a debilidade ao fracasso escolar e à condição social e aos seus imaginários como o alcoolismo e as doenças venéreas (Ajuriaguerra, 1980).

A partir dos anos 50, as associações de familiares das pessoas com deficiência surgiram e passaram a construir organizações de tratamento como alternativa ao hospital psiquiátrico, principalmente para aqueles considerados débeis e imbecis, tendo uma ligação estreita com a neuropediatria que também nasce nos anos 50. O tratamento realizado nas instituições sob a influência deste novo ramo da medicina, a neuropediatria, passa a ter característica de prevenção, triagem e reeducação (Zafiropoulos, 1981). A partir desta época, com caráter preventivo, os tratamentos passar a ser iniciados desde a primeira infância para as crianças com algum diagnóstico definido para a deficiência intelectual, dando início o que passa a ser chamado de intervenção precoce.

Na França, surgiu o UNAPEI (*Union Nationale des Amis et Parents d'Enfants Inadaptés*). Estas instituições foram fundadas pelos pais das pessoas com deficiência, que, segundo Zafiropoulos, deu-se como resultado de uma reação e na necessidade de mudanças de um estado anterior de vergonha e também para não manterem mais seus filhos escondidos. Os pais se reúnem para criarem, eles mesmos, suas próprias instituições de defesa e seus próprios centros de tratamento IMP (Instituto Médico Pedagógico). Posteriormente, criaram-se os CATs (*Centre d'Aide par le Travail*), caracterizados como oficinas protegidas abertas na busca por uma nova inserção através de uma ação produtiva, ou um trabalho terapêutico (Zafiropoulos, 1981, p.81). No Brasil, este tipo de instituição surgiu a partir de 1954, com características semelhantes. Mais adiante, nos dedicaremos ao estudo e à análise destas instituições.

Com o próprio desenvolvimento da medicina, da neurologia e da psicologia, além da inconsistência dos testes, constatou-se que a inteligência era mutável, abalando a teoria da quantificação do QI para se definir a classificação da deficiência intelectual, bem como o tipo de assistência. Mesmo dentro da psicologia surgem as desavenças, com o fortalecimento da psicologia desenvolvimentista, que adota uma postura crítica com relação à visão da quantificação, acusando-a de ser reducionista. Essa corrente da psicologia defende a necessidade de considerar o homem em todos os seus aspectos, como a teoria do filósofo, médico, psicólogo e político francês Henri Wallon (1879-1963) sobre o *desenvolvimento do pensamento*.

Nas últimas décadas do século XX, a Organização Mundial da Saúde (OMS) passou a rever o conceito de deficiência e a mudar a nomenclatura ao se referir às pessoas que a possuem. Em 1980, a OMS propôs três níveis a esclarecer a deficiência, que teria uma sucessão linear partindo da desvantagem social, passando pela incapacidade e atingindo a deficiência. Em 2001, essa classificação deixou de conter uma sucessão linear dos níveis e a indicar a interação entre as funções orgânicas, as atividades e a participação social. A justificativa para essa nova definição é que ela destaca o funcionamento global da pessoa em relação aos fatores contextuais e do meio. Essa definição motivou a proposta de substituir a terminologia "pessoa com deficiência" por "pessoa em situação de deficiência". A ideia contida nessa definição é a de demonstrar a vantagem de se integrar os efeitos do meio nas apreciações da capacidade de autonomia de uma pessoa com deficiência. Em consequência, uma pessoa pode sentir discriminação em um meio que constitui barreiras para ela e que apenas destaca a sua deficiência ou, ao contrário, ter acesso a esse meio, graças às transformações deste para atender às suas necessidades (Batista, 2006). Percebe-se que esse foi o fundamento do movimento da inclusão, o qual defende a necessidade de adaptação do meio para propiciar o acesso de todo tipo de pessoas e suas necessidades. Com esse novo entendimento da deficiência, outras categorias e pessoas com outros quadros nosográficos passaram a fazer parte do grupo de pessoas consideradas com alguma deficiência.

## 1.8. A psicanálise

Tanto Bercherie, quanto Kanner consideram a descoberta da psicanálise como decisiva para a psiquiatria infantil. Bercherie afirma que foi realmente a partir desta descoberta que houve a instalação de uma clínica pedo-psiquiátrica, e ele a considera como o terceiro período na história da psiquiatria. Para ele, a influência que a psicanálise exerce sobre a clínica infantil torna-a independente do modelo médico. Com a psicanálise surge a ideia de que a manifestação psicopatológica é o resultado de um conflito psíquico e que esse conflito, em sua expressão atual no adulto, repete a história infantil do sujeito. Sob esse aspecto, o texto de Freud (1856-1939), *Três ensaios sobre a teoria da sexualidade* (1905), foi determinante na educação e na clínica infantil da época.

A teoria freudiana foi marcada, principalmente em seu início, pela busca de um tipo de desenvolvimento da libido. Freud (1905) desenvolveu sua teoria sobre a sexualidade infantil por meio de uma proposição de desenvolvimento da sexualidade até uma maturidade genital adulta, definindo três estágios (oral, anal e sexual) e um período de latência antes de se atingir a maturidade genital. Freud distinguiu alguns funcionamentos patológicos nesse desenvolvimento, como a regressão e a fixação.

Ressaltamos que, no início de suas elaborações, a tese desenvolvimentista esteve presente em sua pesquisa, visto que se encontrava mergulhado num contexto caracterizado pela modernidade clássica e pela sua formação em medicina. Mas no decorrer de seus estudos, Freud se deparou com problemas para sustentar essa teoria desenvolvimentista. Kaufmann afirma que "*cada vez que Freud acredita ter depreendido um esquema de desenvolvimento que seja explicativo, este se revela inadequado*" (Kaufmann, 1996, p. 121). Com efeito, no decorrer de sua teoria, Freud abandona a abordagem desenvolvimentista como busca de equilíbrio. De qualquer forma, mesmo que tenha contemplado essa ideia de desenvolvimento no início de sua obra, a teoria freudiana não "*equivale jamais à mecanização de um programa biológico*" (Ibid., p. 122). O tempo da subjetividade e do inconsciente é completamente "atemporal", ou não cronológico, e não comporta um desenvolvimento retilíneo e sem percalços. Contudo, apesar dessa diferenciação, muitos dos seguidores de Freud incorporaram a lógica desenvolvimentista, também sob influência de toda a história e conceitos médicos e biológicos. Para alguns se mantém essa lógica desenvolvimentista, no caso da deficiência intelectual, e para outros quadros busca-se a lógica do inconsciente atemporal. No entanto, percebemos seguidores de Freud com entendimentos distintos.

Bercherie afirma que a integração das noções psicanalíticas acontecerá de duas maneiras: por justaposição, na maioria dos países europeus, principalmente na França e na Alemanha, e como incorporação das teses psicanalíticas ao funcionalismo, principalmente na Inglaterra e nos EUA, sobre forte influência da obra de Kanner. Com esses fundamentos, as elaborações teóricas e metodológicas da psicanálise freudiana apresentam-se bastante distintas nestes países.

O que caracteriza o funcionalismo é considerar o organismo como um todo, espírito-corpo, e que esse todo esteja engajado numa tarefa permanente e vital de adaptação ao meio. Nesse quadro, o psiquismo é uma função útil de mediação entre o meio e as necessidades do organismo e, a partir de então, torna-se necessário determinar a função de tal ou qual atividade psicológica. A mente e o psiquismo têm a função de mediação entre o organismo e o meio, com função de adaptação.

Percebe-se que os textos freudianos foram incorporados pelos americanos e ingleses por meio de seu espírito pragmático e com estes fundamentos. Desta forma, a psiquiatria americana utiliza-se dos conceitos psicanalíticos para organizar e estruturar o desenvolvimento psíquico no período da infância de forma cronológica.

Sob a influência dessa psicanálise inglesa, a partir de 1930, o modelo americano intensifica os processos de metodização das técnicas psicoterápicas, através de jogos, com influência da psicanalista vienense e filha de Freud Anna Freud (1895-1982) e de outros psicanalistas, como a austríaca Melanie Klein (1882-1960). Com os estudos de Anna Freud e Melaine Klein, a clínica psicanalítica infantil irá se desenvolver principalmente no campo do autismo e das psicoses infantis, com diferenciação clara dos quadros de deficiência intelectual.

Anna Freud publicou seu livro *O tratamento psicanalítico de crianças* em 1927 e criou a Psicologia do Ego. Essa teoria descreve o processo do desenvolvimento, acentuando que ele não ocorre de maneira regular e previamente programado, pois sofre as influências do ambiente e de pessoas que estão ao redor da criança. Para ela, a manifestação de características estranhas à determinada fase será entendida como um transtorno de conduta o que influencia a classificação e a nosografia das patologias. Devido à "psicologia psicanalítica da criança" (nome dado por Anna Freud a seu trabalho) que descreve e estrutura o desenvolvimento psíquico em fases evolutivas, alguns psicanalistas envolvidos com os ideais de prevenção publicaram manuais e guias de orientação aos pais para os cuidados com seus filhos.

O trabalho de Anna Freud foi criticado por Melanie Klein que, por sua vez desenvolveu outra corrente psicanalítica na sociedade britânica da psicanálise. Melanie Klein criou uma concepção das psicoses infantis publicando sua obra *A psicanálise da criança*, em 1932. Estas psicanalistas influenciaram uma série de outros psicanalistas que se dispõem a estudar o período da infância. Dentre eles estão Donald Winnicott, Margareth Mahler, René Spitz, Bruno Bettelheim e Frances Tustin.

A psicanálise de outros países, principalmente a francesa ainda sob a influência dos estudos de Lacan, distanciou-se da corrente americana e inglesa. Jacques-Marie Émile Lacan (1901-1981), psicanalista francês, com formação em medicina, que passou da neurologia para a psiquiatria, propôs um retorno a Freud, alegando que os pós-freudianos haviam se desvirtuado do cerne da teoria freudiana. Ele trouxe uma nova visão para a psiquiatria rejeitando ao mesmo tempo a organogênese e a psicogênese, preferindo "*uma noção de psicogenia, isto é, uma organização puramente psíquica da personalidade*" (Roudinesco, 1994, p. 9). Lacan sustentava o argumento de que "*a loucura tinha sua lógica própria e que devia ser pensada fora do monólogo da razão sobre a loucura*" (Ibid., p. 11). Lacan desenvolveu seus estudos dialogando com várias outras teorias como a linguística, de Saussure (e posteriormente de Jakobson e Benveniste), a antropologia estrutural de Lévi-Strauss, a filosofia, a sociologia, a matemática, como a lógica e a topologia, entre outras.

Dentre os psicanalistas influenciados pela teoria lacaniana que se debruçaram sobre a questão da infância e da debilidade, destaca-se Maud Mannoni (1923-1998, psicanalista francesa de origem neerlandesa). Essa psicanalista foi responsável por uma instituição[7] em Boneuil-sur Marne, nos arredores de Paris, que atendia crianças com deficiência e psicose. Mannoni publicou uma expressiva obra sobre o tema da debilidade, merecendo destaque seu livro intitulado *A criança Retardada e a Mãe*, publicado em 1964. As teorias sobre a debilidade desenvolvidas por Lacan e Mannoni serão trabalhadas com maior detalhe no capítulo seguinte.

O importante a se destacar neste percurso histórico é o fato de Mannoni, na introdução deste livro, revelar toda a mudança que sua elaboração teórica poderia trazer para a questão da deficiência intelectual e do diagnóstico de debilidade:

> Há quinze anos estudando crianças que muitas vezes eram consideradas como incuráveis, fui levada a questionar a própria noção de debilidade. Esta não é suficientemente definida pela noção de déficit intelectual. Eu entrara neste trabalho sem qualquer julgamento preconcebido, e os primeiros sucessos tinham me orientado para uma distinção entre uma "verdadeira" e uma "falsa" debilidade. Hoje já não sei o que pode significar esta distinção. Fui levada a tomar uma distinção completamente diferente. A procurar primeiro o sentido que pode ter um débil mental para a família, sobretudo para a mãe e a compreender que a própria criança dava inconscientemente à debilidade um sentido comandado por aquele que lhe davam os pais (Mannoni, 1988, p. XVIII).

[7] Centro Médico-Pedagógico para crianças e adolescentes com quadros de deficiência, psicose e autismo pertencente à jurisdição de Vale du Marne, dirigido por Maud Mannoni. Encontramos relatos do início dessa direção, em 1959, até próximo à sua morte (Mannoni, 1986). Em 1992, tive oportunidade de realizar um estágio de 2 meses nessa instituição.

Nota-se que as próprias terminologias *criança retardada, deficiência mental* e *debilidade* são utilizadas para fazer referência a uma mesma condição psíquica. No livro *A Criança, sua Doença e os Outros* (1967/1987), Mannoni desenvolve um percurso histórico da assistência à deficiência que, no momento, auxilia e complementa essa genealogia sobre a deficiência. Mannoni considera importante a descoberta de Pinel no tratamento da psicose e debilidade, por abrir a possibilidade de um vínculo mais próximo entre paciente e médico, mas afirma que apenas com Freud pôde se libertar do sentido da razão, e através do não-sentido (sic) reatar o sentido (Mannoni, 1987). Segundo ela, Freud, em um caminho inverso da medicina, não se situa em face da verdade da loucura, mas em face de um ser de palavra detendo uma verdade, uma verdade que lhe é escondida, subtraída ou que não lhe pertence mais. Sobre o trabalho de Itard, ela afirma que seu engano foi considerar que o selvagem de Aveyron vivia apenas sob o domínio da necessidade pura e ter construído sua reeducação sobre esse fundamento, desconsiderando toda a questão do desejo e do inconsciente.

Em sua obra, Mannoni questionou também o modelo escolar vigente e alertou para a necessidade de mudança das organizações escolares e dos sistemas de ensino da época (anos 60, do século XX). Da mesma forma, Mannoni alertou a necessidade de mudança nas relações entre professores e alunos a fim de que houvesse algum êxito na assistência e educação dessas crianças. Ela revela que a multiplicação de crianças com deficiência na França exigiu a profusão de novas instituições especializadas derivadas do sistema escolar (não mais do sistema psiquiátrico) e um sistema de ensino paralelo. A partir de 1909 houve a criação de inúmeras classes especiais; a partir de 1935 criaram-se vários internatos médicos pedagógicos e, a partir de 1970, surgiram os grupos de ações psicopedagógicas, fato que exemplificou a realidade de toda a Europa e mesmo do Brasil. Os Centros Médico-Pedagógicos (C.M.P.P.), na França, tornaram-se importantes focos de difusão da psicanálise na clínica infantil. Na sua proposição de mudar os sistemas de ensino, Mannoni compara dados estatísticos da época entre países industrializados (como a Inglaterra) e outros que mantinham uma mão de obra não especializada (como a URSS) e constata que o número de crianças consideradas débeis era menor na Rússia do que nos outros países, com apenas 1% de crianças russas com deficiência.

Para ela, uma das razões para a diferença estatística entre países europeus e a União Soviética se dava pelo fato de a Rússia desenvolver um conjunto amplo e bem equipado de escolas e se preocupar muito com a educação infantil. Ela relata que, neste país, os primeiros anos de ensino são para a criança se tornar um ser aberto ao conhecimento e às descobertas, e a entrada no ambiente escolar se dá apenas aos sete anos, enquanto a profissionalização começa cedo, aos nove anos. Mannoni salienta que esse modelo não impede o acompanhamento da escolaridade, pela entrada tardia, e nem a sensação de impotência se não for bem-sucedido com a profissionalização anterior. Enquanto que nos países europeus, crianças que possuíam baixo rendimento escolar e esperavam os 14 anos para entrar na profissionalização já entravam com a marca da derrota, como se aceitassem o malogro e já tivessem uma marca da esterilidade. Zazzo ratifica esta análise ao levantar que o fato da questão da debilidade ser abordada de forma diferente na Rússia permite outras saídas: "*os problemas abordados diferentemente, podem modificar-se*" (Mannoni, 1987). Achamos importante salientar estas considerações para o desenvolvimento de nossa tese, de que a inclusão pode favorecer a saída da condição da debilidade.

A partir deste pressuposto, Mannoni questiona se a debilidade é uma constante natural que se encontraria em toda parte, ou se haveria uma causa sociológica favorecendo ou impedindo o desenvolvimento de uma categoria de pessoas. Corroboramos com essa análise e, ao realizar este percurso histórico, fica evidente a evolução de uma teoria que favoreceu a cronificação e o surgimento de novas patologias mais do que as combateu, ou as preveniu. Zafiropoulos confirma essa tese ao analisar as instituições voltadas para a profissionalização dos CAT franceses. O autor afirma que estas instituições se tornaram:

> [...] lugares de produção, de controle e de acompanhamento no qual os retardados mentais formaram um novo sub-proletariado dominado por um centro de poder específico representado pelos médicos, pais, educadores, empregadores (Zafiropoulos, 1981, p. 10, tradução nossa).

No entanto, apesar da diferença sobre o diagnóstico e tratamento da deficiência intelectual na abordagem da psicanálise, a abertura realizada com a obra freudiana não foi bem vista, nem mesmo amplamente utilizada nos tratamentos realizados pelas instituições especializadas.

Mannoni, mesmo com toda sua dedicação a esse tema, é pouco conhecida no meio, enquanto as técnicas comportamentais são disseminadas largamente. Nos dias atuais, no que diz respeito ao tratamento de pessoas com deficiência, a psicanálise não é amplamente utilizada e assim perdura a referência única da psicologia, com a psicologia cognitiva sendo reforçada pelo avanço das neurociências. A psicologia cognitiva é uma das disciplinas da ciência cognitiva e estuda a cognição e os processos mentais em um comportamento. Esta área de investigação tem como foco examinar questões sobre a memória, a atenção, a percepção, a representação de conhecimento, o raciocínio, a criatividade e a resolução de problemas. A neurociência é um termo que reúne as disciplinas biológicas que estudam o sistema nervoso, normal e patológico, especialmente a anatomia e a fisiologia do cérebro, inter-relacionando-as com a teoria da informação, semiótica, linguística, e demais disciplinas que explicam o comportamento, o processo de aprendizagem e a cognição humana, bem como os mecanismos de regulação orgânica.

Mais uma vez, percebe-se a questão da deficiência intelectual como domínio de teorias voltadas para o comportamento e para o organicismo, em detrimento às questões do sujeito inconsciente, o que nos impele a manter nosso propósito de nos deter, no próximo capítulo, à teoria psicanalítica sobre a debilidade. Mas antes vamos explorar a genealogia da assistência à pessoa com deficiência no âmbito nacional.

## 1.9 Brasil

As primeiras instituições para assistir às pessoas com deficiência no Brasil foram criadas no séc. XIX, no período imperial, no Rio de Janeiro, por médicos que tinham pessoas com surdez ou cegueira na família. Esses médicos estudaram e trouxeram as "novidades" da Europa para desenvolver os tratamentos necessários aos seus familiares. A primeira instituição criada tinha o objetivo de atender às crianças cegas, *Imperial Instituto dos Meninos Cegos*[8], fundada em 1854, e outra, *Imperial Instituto*

[8] O Imperial Instituto dos Meninos Cegos foi criado pelo Imperador D. Pedro II através do Decreto Imperial n.º 1.428, de 12 de setembro de 1854. Atualmente, este instituto funciona com o nome de Instituto Benjamin Constant.

*dos Surdos-Mudos.*[9], fundada em 1857, para assistir às crianças surdas: Essas organizações adotavam o sistema de internato e mantinham estreita relação entre medicina, filantropia e educação especial.

No início, a assistência à pessoa com deficiência intelectual no Brasil foi misturada à questão da doença mental, assim como na Europa. A partir de 1830, médicos iniciaram um movimento para implantar asilos que tirassem os loucos das prisões e das ruas e ofertassem algum tipo de tratamento (Costa, 2007). Com esse propósito, Dom Pedro II, em 1841, assinou um Decreto e o hospital D. Pedro II foi inaugurado, em 1852, no Rio de Janeiro, com o objetivo de atender "aos alienados", com direção das religiosas da Santa Casa. Com esse movimento, outras instituições foram inauguradas na mesma época, a saber: em 1874, o Hospital São Pedro, no Rio Grande do Sul e o Asylo São João de Deus, em Salvador (BA), fundado pela Irmandade administradora da Santa Casa de Misericórdia que, atualmente, funciona com o nome de Hospital Juliano Moreira. Percebe-se que, no Brasil, a assistência teve como características marcantes a ação conjunta da igreja, da filantropia e da medicina com o modelo asilar de internação.

Em Minas Gerais, destacam-se relatos da existência de uma enfermaria para doentes mentais na Santa Casa de Misericórdia de São João Del Rey, criada em 1817; e o Hospital Colônia de Barbacena, inaugurado em 1903, mesmo ano em que foi regulamentada a "Lei de Assistência a Alienados" (Cirino, 1992).

Segundo Cirino (1992), a psiquiatria infantil sofreu influência do modelo europeu e do americano, um considerando a importância dada à questão do retardamento e outro à questão da delinquência. Sob essas influências, o tratamento às pessoas com deficiência misturava, em sua origem, os cuidados com aqueles que tinham a deficiência intelectual, a questão das crianças abandonadas e delinquentes, além dos quadros de psicose e autismo.

O início do século XX também foi marcante para a assistência à pessoa com DI no Brasil. A partir de 1920, o governo brasileiro desenvolveu importantes mudanças nas políticas sociais, principalmente

[9] Imperial Instituto dos Surdos-Mudos foi criado pelo imperador através do Decreto nº 939, com fundação em 26 de setembro de 1857. Atualmente, ele funciona com o nome de Instituto Nacional de Educação de Surdos (INES).

na educação, época em que foram abertas várias escolas públicas com preocupação em melhorar os métodos e as técnicas de ensino (Ibid.). Em 1923, foi fundada no Rio de Janeiro a Liga Brasileira de Hygiene Mental (LBHM) pelo psiquiatra Gustavo Riedel, com o objetivo de melhorar a assistência aos doentes mentais através da renovação dos quadros profissionais e dos estabelecimentos psiquiátricos (Costa, 2007). A LBHM era uma entidade civil de utilidade pública reconhecida, sustentada por subvenções do Estado e doações de filantropos.

Essa Liga assumiu intenso caráter eugênico e Costa denuncia que o "*pensamento eugênico utilizava a biologia de modo parcial, e unicamente para caucionar seus dogmas*" e assim a história da psiquiatria brasileira foi saturada de conotações ideológicas (Ibid., p. 43). É notável a definição de *Eugenia* que Costa utiliza para se pensar a questão da DI e sua assistência. Eugenia designa um termo inventado por um fisiologista inglês chamado Galton para indicar "*o estudo dos fatores socialmente controláveis que podem elevar ou rebaixar as qualidades raciais das gerações futuras, tanto física quanto mentalmente*" (Ibid., p. 49). O eugenismo construiu uma espécie de darwinismo social e, com esse pressuposto ideológico, a psiquiatria passou a se preocupar com a prevenção e educação da doença psíquica. A psiquiatria no Brasil não se ocupava apenas das pessoas que tinham alguma patologia psíquica, mas, inclusive, das pessoas consideradas normais, principalmente de uma classe desfavorecida, como caráter preventivo, da mesma forma que no modelo americano.

Em sua pesquisa sobre o histórico da psicanálise no Brasil, Oliveira (2005) afirma que neste período uma das questões que o meio intelectual se preocupava era a "inferioridade do povo" e o "atraso" da sociedade brasileira face ao mundo europeu e "civilizado", o que teve repercussão no discurso médico e ratificou a concepção de desvio psíquico e físico centrado nas noções de prevenção e educação. A questão da deficiência intelectual representava a degradação última da raça brasileira e com o recrudescimento das ideias dos higienistas e seus conceitos eugênicos, as pessoas que a possuíam foram alvo de ações preconceituosas. "*Os higienistas se identificaram com as idéias* (sic) *nazistas e tiveram como referência os psiquiatras alemães e suas pesquisas na busca da purificação da raça*" (Costa, 2007, p. 56). Costa afirma que as medidas eugênicas eram as soluções para toda ordem de problemas que significavam uma ação hereditária, como "*a epilepsia, a esquizofrenia, a psicose maníaco depressiva, a parafrenia, a paralisia cerebral e a imbecilidade mental*" (Ibid.). As prescrições médicas, além de recomendar a esterilização e impedir a reprodução destes indivíduos, questionavam o número de instituições que cuidavam dessas pessoas, como uma perda de tempo e de dinheiro público.

A ideologia contida nesta proposta era de que, com a eliminação progressiva dessas pessoas, poder-se-ia diminuir os custos para o Estado e para o povo brasileiro (Ibid., p. 63). A eugenia se misturava às ideias de degeneração da raça e à miséria social, com uma combinação de política, medicina e psicologia. Foi nesse contexto que deu-se início a educação especial com as primeiras ações e instituições especializadas brasileiras, cujo objetivo era de ordenamento e controle escolar. No Brasil, a figura do débil nasceu no interior desta operação clínica, social e política.

A entrada da psicanálise no Brasil ocorreu nesta época. Em 1927, foi fundada a primeira sociedade latino americana de psicanalistas em São Paulo e, segundo Oliveira, a psicanálise entrou no Brasil mais como um saber sobre as práticas sociais do que como um método clínico (Oliveira, 2005). O início da psicanálise no Brasil também não está dissociado da forma como as ideias freudianas foram recebidas pelo mundo. Em terras brasileiras, a teoria psicanalítica foi disseminada com dificuldades, marcada por resistências nos meios sociais, políticos e acadêmicos. E da mesma forma que em seu berço, aqui também aconteceram e ainda acontecem diversas disputas internas com relação aos saberes e interpretações da teoria freudiana.

No Brasil, o início da psicanálise foi concomitante à institucionalização do saber psiquiátrico e à medicina social com seu caráter higienista. Oliveira ressalta que

> [...] longe de inscrevê-lo num processo de ruptura com saberes e práticas higienistas, o movimento psicanalítico se institucionalizou articulando seu campo teórico ao da saúde mental e inscrevendo-se na continuidade dos dispositivos da medicina social na sua vertente preventiva e profilática (Ibid., p. 39).

As primeiras intervenções de psiquiatras higienistas foram realizadas no Rio de Janeiro pelos adeptos da psicanálise na Liga Brasileira de Hygiene Mental (LBHM). Em São Paulo, o fundador da psicanálise paulista, Durval Marcondes, também fez carreira inicialmente como médico higienista e, em 1938, fundou a Clínica de Orientação Infantil (percebe-se a mesma nomenclatura das clínicas americanas), inaugurada no Serviço de Higiene Mental de São Paulo. Torna-se importante trazer a pesquisa de Oliveira ao início da psicanálise em São Paulo, principalmente por causa da atuação desse médico, pois ilustra bem como a psicanálise participou da implantação das instituições especializadas brasileiras voltadas ao atendimento às crianças com deficiência.

Como Diretor da nova Seção Mental Escolar, na qual era responsável por organizar a assistência Médico-pedagógica dos débeis mentais, Durval Marcondes introduz a psicanálise e, ao mesmo tempo, defende a prevenção e correção das patologias que impediam a adaptação da criança ao ambiente social. Esta proposta continha uma mistura dos conceitos da psiquiatria clássica, "*caracterizada por um discurso aberto a três vertentes: organicista, psicológica e sociológica, completadas e misturadas aos pressupostos freudianos*"... (Ibid., p. 137). O seu trabalho na Clínica de Orientação Infantil tem visível influência da concepção higienista americana e cria a figura das "visitadoras sanitárias". A assistência psiquiátrica é encarregada de recolher dados para a análise do "modo de vida" da criança-problema, de seu universo familiar e das práticas sociais de cada indivíduo que participava de seu universo psíquico. Nessa proposta de Durval, o psicanalista funcionava como um educador das relações entre os pais e os filhos, disseminando as ideias freudianas para se alcançar uma "prophylaxia mental por excelência". Essa prática sustentava a hipótese de que se houvesse a interferência a tempo na educação dos filhos, poderia ocorrer a prevenção de alguma patologia. Dessa forma, como assinala Oliveira, os psicanalistas no início da prática social e institucional atuam como coadjuvantes das "*técnicas disciplinares de controle das práticas familiares*" de Foucault (Ibid., p. 142).

As primeiras instituições para crianças com deficiência intelectual no Brasil são constituídas em um processo semelhante a outros países da América Latina. Sob esse aspecto, Vega descreve de forma notável como foi este início de tratamento para a deficiência intelectual nos países da América Latina. Neste momento, a deficiência intelectual era considerada como:

> O corpo vegetal, sem voz, sem instintos nem desejos, que devia fortalecer-se e crescer desgarrado do tronco infértil de sua filiação. A escola da criança débil ofereceu à infância carente um espaço estéril e marginal no qual se operava um desconhecimento radical. Ali nos rituais purificantes, nutridos do higienismo escolar, alcançava um

> ponto extremo a degeneração da identidade das crianças que se constituíam como os primeiros destinatários da educação especial (Vega, 2010, p. 106, tradução nossa).

Em Minas Gerais, na década de 20, o então secretário de Saúde Pública e Instrução, Francisco Campos, instituiu uma reforma na educação no Estado com o intuito de aderir ao movimento nacional denominado Escola Nova. Além da construção de várias escolas, sua reforma pretendia difundir uma nova postura teórica e metodológica de ensino (Campos, 2003). Com este objetivo, em 1929, foi criada a Escola de Aperfeiçoamento de Professores do Estado de Minas Gerais, com a presença de vários professores estrangeiros encarregados de fazer a formação dos profissionais nessa nova proposta; dentre esses professores estavam Théodore Simon e Helena Antipoff (1892-1974).

A importância da educadora e psicóloga Helena Antipoff para a história da assistência das pessoas com deficiência nos leva a dedicar um estudo minucioso de seu legado. Helena Antipoff nasceu em Grodno, na Rússia, e era filha de um oficial militar do exército russo, em São Petersburgo. Ela se formou em curso normal, em 1909, e no ano seguinte transferiu-se para Paris, tornando-se bacharel em Ciências pela Universidade de Sorbonne. Ela foi estagiária no laboratório Binet-Simon, sendo orientada por Théodore Simon e convidada pelo neurologista e psicólogo do desenvolvimento infantil Édouard-Claparède a estudar no Instituto Jean-Jacques Rousseau, em Genebra, na Suíça, onde se formou em psicologia. Tanto o Laboratório Binet-Simon como o Instituto Jean-Jacques Rousseau, em Genebra, na época eram instituições profundamente envolvidas no movimento de renovação educacional em que atravessava a Europa, com a ampliação e universalização do sistema de ensino. Antipoff participou dos estudos com a preocupação de pensar uma escola para todos e trabalhar com as diferenças individuais nos ritmos de aprendizado (Campos, 2003).

Antipoff retornou à Rússia em 1918 e trabalhou na Estação Médico-Pedagógica de Petrogrado e Viatka com a reeducação de crianças que haviam perdido suas famílias durante a guerra. Em 1921, ela trabalhou como colaboradora científica no laboratório de Psicologia Experimental de Petrogrado, mas teve que se exilar em função da revolução Russa. As suas pesquisas avançadas incomodaram o atual sistema e ela volta a atuar com Claparède em Genebra (Campos, 2003).

Com este histórico, ela desenvolveu uma teoria própria que utilizava abordagens funcionalistas e interacionistas com influência da abordagem sócio-histórica russa e europeia. O Método da Experimentação Natural utilizado por ela na avaliação do desenvolvimento cognitivo foi amplamente divulgado em publicações ligadas à psicologia e à educação, não só no Brasil (Vega, 2010, p. 134).

Antipoff chega ao Brasil em 1929 convidada para ministrar por dois anos na Escola de Aperfeiçoamento a disciplina de Psicologia Educacional para a formação de educadores comprometidos com os novos métodos de educação pautados na psicologia (Campos, 2003). Ela permaneceu em Belo Horizonte e se tornou um marco na história da educação e da psicologia para crianças "problemas" em todo país, com repercussões na América latina, como descreve Vega (2010).

Antipoff foi uma contumaz pesquisadora que realizou seus estudos com um misto da influência europeia, russa, mas se preocupando e envolvendo com a condição das crianças brasileiras com problemas, incluindo aquelas abandonadas e delinquentes. Em seu laboratório, a educadora e psicóloga russa desenvolveu um programa de pesquisa sobre o desenvolvimento mental, os ideais e os interesses das crianças. Apesar de utilizar os parâmetros dos testes de inteligência, ela tornou-se inovadora por questionar a inteligência como um atributo natural e imutável. Ela difundiu uma "perspectiva interacionista" para a qual a capacidade intelectual é, em grande parte, construída no contato social e na cultural, questionando os próprios testes e seus resultados. Para ela, as medidas, por exemplo, os resultados dos testes como de Binet e Simon, seriam consideradas índices da "inteligência civilizada", isto é, da "*natureza mental do indivíduo polida pela ação da sociedade em que vive e desenvolvendo-se em função da experiência que adquire com o tempo*" (Antipoff, 1931, p. 131-132). Com essa conjectura, ela desenvolveu programas pautados na ideia de "educação compensatória" e ortopedia mental para a reeducação de crianças com deficiência intelectual.

Em 1932, Antipoff fundou a primeira sociedade Pestalozzi do Brasil, como associação civil beneficiente, e a nomenclatura das APAEs (Associação dos Pais e Amigos dos Excepcionais) contém o termo excepcional cunhado por ela em 1934. Excepcional designa "*aqueles classificados acima ou abaixo da norma de seu grupo, visto serem portadores de características mentais físicas ou sociais que façam de sua educação um problema especial*" (Cirino, 1992, p. 60). O termo foi criado para substituir o anormal na tentativa de instituir uma distância das antigas categorias psiquiátricas de forma a minimizar a discriminação.

Nas áreas da Sociedade Pestalozzi, os alunos com diagnóstico de desajustamento de conduta ou incapacidade de aprendizagem, além das atividades escolares, obtinham educação psicomotora, atividades manuais e agrícolas, oficinas variadas, hortas e serviços domésticos em regime de semi-internato. Nota-se nos registros dos primeiros 167 casos do primeiro ano de funcionamento que a clientela atendida apresentava uma "variedade de anomalias" e, segundo relatos de H. Antipoff:

> A grande maioria dos casos representava crianças, cujo estado não poderia se taxar de sadio, nem de doente, mas de um estado intermediário entre a saúde e a doença, para os educadores essas crianças não pareciam sadias, para os médicos elas não revelavam doença propriamente dita [...] Daí a dificuldade de tratá-las (Antipoff, 1953).

Neste relato, percebe-se tanto a dificuldade de diagnosticar, quanto a dificuldade de definir o tratamento adequado.

Entre os objetivos do Instituto Pestalozzi encontrava-se a definição do atendimento para "*toda criança suspeita de qualquer deficiência ou perturbação mental como debilidade e retardamento mental, nervosismo, perturbações de linguagem, da escrita, surdo-mudez, enurese, defeitos de caráter social e moral...*" (Cirino, 1992, p. 55). As classes eram divididas e constituídas conforme as patologias dos alunos; estes, por sua vez, inicialmente eram agrupados homogeneamente segundo seus comprometimentos, recebendo um tratamento que era denominado por ela de "*ginástica psicológica como uma forma de adestrá-las, tonificá-las e endireitá-las*". Antipoff defendia que "*se é realizado exercícios corretos repetidos e metódicos poderia melhorá-las*" (Ibid., p. 56), mas, em seguida, defende as classes heterogêneas e um método inovador na educação com o que denominou de "escola ativa".

No fim da década de 30, Helena Antipoff passa a se preocupar também com as crianças do campo e ela "*tinha em mente a fixação do homem no campo, em melhores condições de vida, através da escola*". Mas, para isso, seria necessário "*elevar as condições de preparo do professor rural sem que precisasse deslocá-lo de seu ambiente*" (Ibid.). Com este propósito, ela implantou uma escola rural no seu modelo de escola ativa. "*Ainda mais triste que ver meninos sem escolas, é vê-los imóveis em carteiras enfileiradas, em escolas sem ar, perdendo tempo em exercícios estéreis e sem valor para a formação do homem*" (Antipoff, 1992, p. 403).

A partir de 1946, esse local passou a ser a sede de todo um complexo, englobando a Sociedade Pestalozzi, a escola normal para formação de professores e o instituto de pesquisa, além da escola rural. Ao dirigir esta escola foi que a fundadora da APAE de Contagem, atualmente Centro de Atendimento e Inclusão Social (CAIS), Elza Kriemilda Abranches Batista, em 1962 iniciou sua carreira e trabalho com Helena Antipoff. Assim, Antipoff, com seu rigor teórico e de pesquisa, teve forte influência na criação do CAIS e na sua fundamentação.

Outra contribuição de Antipoff foi a elaboração de um plano para a criação de um serviço de internação psiquiátrica para crianças em Minas Gerais, o atual Centro Psíquico da Infância e Adolescência de Belo Horizonte (CEPAI). Cirino chama a atenção para a referência às noções psicanalíticas incorporadas por Antipoff na compreensão da etiologia das doenças mentais:

> [...] uma clínica médico-pedagógica para hospitalização e diagnóstico de casos mais complexos, que não podem ser feitos em condições ambulatoriais,... como são os casos de agitação nervosa, de condutas bizarras, de perversidade moral, originadas em perturbações endócrinas, moléstias infecciosas, nervosas ou complexos psíquicos recalcados (Cirino, 1992, p. 60).

Mesmo não tendo uma inserção na psicanálise, Helena Antipoff pressupôs uma etiologia psíquica para a doença mental, apesar de ainda não ter essa mesma compreensão para as crianças com deficiência intelectual, como chamamos atenção em todo o legado histórico e fatalista dessa deficiência. Ao mesmo tempo, introduz um inovador sistema de educação que permitiu o acesso de todos e de forma integral, incluindo a necessidade de uma ação para além do espaço ambulatorial, o que, na época, era definido como um sistema de internação. A internação, como salientou Vega, a separação das crianças de um ambiente considerado nocivo, são as características do início da assistência na década de 30 em toda América Latina (Vega, 2010).

Nesta mesma época, em Minas Gerais, Fernando de Magalhães Gomes, psiquiatra ligado ao grupo Pestalozzi e um dos principais adeptos do movimento da Higiene Mental, defende a educação como possibilidade para o fatalismo do aspecto hereditário e congênito na deficiência intelectual. Consideramos importante apresentar a longa citação sobre um discurso desse médico, pois exemplifica bem o início dos tratamentos dispensados a esse grupo de pessoas em Minas Gerais, que sofreram influência marcante do modelo europeu e americano:

> Não sei se será otimismo exagerado da nossa parte em esperar muito da Pedagogia, da Higiene Mental e da Eufrenia nas crianças acometidas de lesões orgânicas, congênitas ou adquiridas. Poderosa é a força da hereditariedade; mas indiscutível é o poder da educação e das ciências afins, criando novas atitudes, solicitando as boas tendências latentes do psiquismo.
>
> Mas, se nessas crianças em que é forte a carga de tétrica herança, aprofundamos nosso inquérito, veremos que, muitas vezes aos pais, aos antepassados cabe toda a responsabilidade dos males que elas sofrem. O álcool, a sífilis, as intoxicações crônicas, os traumatismos, o ambiente e a educação inadequados constituem os fatores determinantes mais freqüentes (sic) da infância excepcional.
>
> Se as causas da anormalidade mental são em grande parte removíveis, façamos uma imensa campanha de higiene mental e eufrenia (eugenia),[10] salientando o perigo do álcool e da sífilis, na sua ação degenerativa do indivíduo e desgenerizante da raça... (Cirino, 1992, p. 62)

Notadamente, este discurso contém toda a herança do histórico da assistência às pessoas com deficiência, como o caráter orgânico e irreversível, a higiene mental, a eugenia, a culpabilização dos pais pela deficiência com a suposição de uma vida pregressa, promíscua e apresentando-se a educação como saída.

Nesta época, a prevenção eugênica é adotada em todo o Brasil. As intervenções que se estendiam aos indivíduos e à população foram realizadas de forma mais sutil, por meio da disciplinarização do corpo, do comportamento das crianças e de suas famílias. Mais uma vez a teoria foucaultiana é comprovada no modelo brasileiro. As instâncias de controle social e sexual fizeram parte da política brasileira e, segundo Vega, também esteve presente nas políticas da América Latina (Vega, 2010). Neste modelo, houve uma verdadeira institucionalização com fundamentos para uma nova segregação.

[10] Correção nossa, pois tem mais sentido no discurso do médico a recomendação da prática da eugenia.

Oliveira (2005) ressalta que no período denominado de Estado Novo do governo Vargas (1937-1945) são estabelecidos novos dispositivos e controles mais eficazes das políticas sociais e, dentre outras ações, surgem as medidas de prevenção da maternidade, infância e adolescência. Em 1937, o Ministério da Educação e Saúde Pública recebe a responsabilidade de realizar atividades ligadas à Saúde Pública e à Assistência Médico-Social e, em 1941, implanta o Serviço Nacional de Doenças Mentais. Segundo Oswald de Andrade, a partir de então, pode-se falar de uma real assistência psiquiátrica brasileira propriamente dita (Cirino, 1992, p. 65).

A intenção do governo totalitário de Vargas era de formar uma "juventude sã, instruída e patriótica" e, sob essa égide, ampliou-se a discussão sobre o normal e patológico, o que acarretou o afastamento daquele que não seria considerado bom aluno, que possuía anomalias intelectuais, morais ou pedagógicas (Oliveira, 2005). Iniciou-se um processo de discriminação e de seleção escolar que tem reflexo na organização sociopolítica dos dias atuais, o que também se deu em vários países da América Latina: "*o tema da regeneração da raça foi um denominador comum de todo o discurso político e cultural latino americano*" (Vega, 2010, p. 44, tradução nossa). Os instrumentos psicológicos de medição eram extremamente oportunos para categorizar e sedimentar esse processo.

Nos anos 60, o sistema educacional introduziu modificações com a intenção de iniciar um processo de integração na escola dos alunos com deficiência. A Lei 4.020 de 20 de dezembro de 1961, no seu artigo 88, dispõe sobre a educação especial e determina que "*a educação de excepcionais deve, no que for possível, enquadrar-se no sistema geral de educação, a fim de integrá-los na rede comum de educação*" (BRASIL1/MEC, 1961). Para tal, o Estado aumentou o número de escolas especiais, classes especiais e ampliou convênios com as instituições especializadas da Organização da Sociedade Civil, por meio de órgãos federais como a Legião Brasileira de Assistência (LBA) ou pelo governo local. Nas décadas de 60 e 70, foram criadas várias dessas instituições com o apoio do Estado, através da LBA, mediante a formalização de um convênio estabelecido de forma centralizadora.

A integração dos alunos com deficiência nas escolas comuns era considerada uma ação posterior a passagem do aluno por uma adaptação e correção feita em uma escola especial. Este modelo de integração tem o mesmo propósito do modelo anterior com o fundamento da segregação, pois propõe uma ação separada anterior a sua entrada. Desta forma, a integração não passa de "*um recurso fracassado para justificar uma prática que condena a criança e a separa do meio social*" (Vega, 2010, p. 186, tradução nossa).

As associações de pais e amigos dos excepcionais (APAE) surgiram neste contexto, assim como as associações de pais na Europa, com o propósito de integração e adaptação. A primeira APAE foi fundada em 1954, no Rio de Janeiro. A Federação Nacional das APAEs foi criada em 1962, composta por 16 APAEs existentes no Brasil. Atualmente, o Movimento congrega a Fenapaes – Federação Nacional das APAEs –, com 23 Federações das APAEs nos Estados e mais de duas mil APAEs distribuídas em todo o País, que atendem cerca de 250.000 pessoas com deficiência. Trata-se do maior movimento social do Brasil e do mundo nessa área de atuação, segundo apresenta o *site* da Federação Nacional das APAEs. A APAE de Contagem foi fundada em 1971, mas com funcionamento efetivo em 1981. Em 2012, ela mudou sua razão social para CAIS, Centro de Atendimento e Inclusão Social.

Esta instituição de Contagem, sob a influência de Helena Antipoff, começou de forma inovadora para a época, favorecendo a profissionalização, resistindo à proposta assistencialista e privilegiando o trabalho técnico e científico. A minha entrada na instituição, em 1990, trouxe a psicanálise, sob a influência do estágio formativo feito com a psicanalista Maud Mannoni e instituições especializadas da Bélgica, com fundamentação na psicanálise lacaniana, como a instituição Courtil.

As décadas posteriores apresentaram grandes mudanças nas políticas sociais e de defesa de direitos, ocasionando influências diretas no modelo de assistência às pessoas com deficiência, com destaque para a Constituição Brasileira de 1988, que representa um marco na defesa dos direitos da pessoa com deficiência. A partir da última década do século XX, fortalece-se o movimento pela inclusão de pessoas com deficiência nas organizações sociais (Batista, 2002). A contemporaneidade traz mudanças significativas na forma que o sujeito organiza suas instituições, no atendimento e entendimento sobre a deficiência e sobre a própria subjetividade. Mas antes de fazermos uma análise desses aspectos da contemporaneidade, gostaríamos de debruçar sobre as contribuições da psicanálise a fim de esclarecer esta condição humana, classificada como deficiência intelectual, e sua proximidade com o diagnóstico de debilidade da psicanálise.

Capítulo 2

# DORES E CONFUSÕES

**O *escricista*[11]**

*Dor incomoda*
*E deixa a gente confuso.*
*Dor de cabeça*
*Me deixa de cabeça tonta.*
*Dor de ouvido*
*Me deixa ouvindo mal.*
*Dor de dente*
*Me deixa com a cara*
*quente.*
*Já as dores do coração*
*Me deixa(m) com cara de*
*bobo*
*E me fazem escrever*
*poema.*

Ah, as Dores do coração! Dores que incomodam e provocam confusões, dores do corpo e da alma. Com apenas 12 anos, o garoto, autor desse poema, "sabe" das mazelas que o afeta e de seus efeitos. Há algo que o deixa com "*cara de bobo*". Não é um bobo, está dito, mas se torna; a "*cara de bobo*" constitui uma imagem que surge como efeito das dores do coração.

11 Escricista: trata-se de um neologismo criado pelo autor do poema para se auto-denominar, significa ser um escritor e desenhista. O poema foi criado por um aluno do AEE do CAIS e registrado pela professora, com a correção da última conjugação que colocamos entre parênteses.

A imagem e a duplicidade estão presentes neste poema, naquilo que o sujeito se torna diante de algo que o incomoda, o confunde e afeta o coração de forma metafórica. A "cara de bobo" está para além de um déficit de funcionamento do intelecto, mas que afeta o corpo e lhe confere uma "cara", uma característica, um jeito de bobo. O corpo, o intelecto, a alma, o coração, as dores e a forma que o sujeito se apresenta afetado por todos esses elementos são uma condição intrínseca a qualquer ser humano. Fato que o "Escricista" conhece e está presente no seu corpo, na sua alma, no seu coração, no seu intelecto e revelado na sua escrita.

O corpo afetado pelas dores, como a cara quente, a cabeça tonta, o ouvido que ouve mal, são sintomas presentes na história dessa criança que foi encaminhada com sete anos para o CAIS pela rede de saúde pública do município de Contagem. Este garoto foi rechaçado pelas escolas comuns por apresentar episódios de agressividade, por não conseguir acompanhar as exigências da escola comum e nem, tampouco, apresentar um bom desempenho escolar para os padrões considerados normais. O garoto, encaminhado com várias hipóteses diagnósticas, iniciou seu tratamento nesta instituição no ano 2000.[12] O que nos chama a atenção é a variedade de hipóteses diagnósticas e os motivos apresentados para o encaminhamento do garoto a uma instituição especializada, como atraso no desenvolvimento motor; retardo mental; epilepsia; distúrbio de comportamento com atuações importantes; agressividade; dificuldade de aprendizagem e acompanhamento escolar. No decorrer de seu tratamento, entre o CAIS e a rede de saúde mental do Sistema Único de Saúde (SUS) da grande Belo Horizonte, outra série de hipóteses diagnósticas foi levantada por distintos profissionais pelos quais passou em diversas instituições, como[13]: atraso no desenvolvimento psicomotor, retardo mental leve, retardo mental moderado, transtorno de conduta antissocial, distúrbio de comportamento, transtorno de humor com

[12] Ano em que o CAIS, ainda com o codinome APAE de Contagem, iniciou a proposta de Atendimento Educacional Especializado e encaminhamento de todas as crianças em idade escolar para a escola comum. Esse garoto foi objeto de estudo de vários encontros no município com atores envolvidos no processo de inclusão escolar, inclusive com a presença do promotor da infância e adolescência.

[13] As hipóteses diagnósticas constam no prontuário arquivado na instituição. Essas hipóteses foram registradas em períodos diferentes e por profissionais distintos, tanto da rede de saúde do município, quanto do CAIS.

episódios de mania, hiperatividade, epilepsia, neurose histérica, psicose e esquizofrenia. Durante o período de seu tratamento no CAIS, foram relatados alguns episódios de auto e heteroagressividade (principalmente dirigidos à mãe), que o levaram a algumas internações hospitalares no Centro Psíquico da Infância e Adolescência de Belo Horizonte (CEPAI).

No Atendimento Educacional Especializado, o "Escricista" escolheu a construção de textos e desenhos diante de várias outras opções, e assim, em uma via singular, demonstrou que a saída pela poesia e pelo amor parece ser a chave para um mistério subjetivo. Trata-se de uma saída particular e única que aponta para a solução social, para uma condição que ficou fadada ao infortúnio durante décadas. Mesmo com cara de bobo, ele cria poemas, ainda que precise de outro para seu registro.[14] Não pretendemos aqui realizar um estudo de caso do "Escricista", com a pretensão de fechar o diagnóstico ou analisar a condução e efeito de seu tratamento. Utilizaremos sua produção e a análise desta, não apenas como uma forma de ilustração, mas como um testemunho de alguém que padeceu deste imbróglio do diagnóstico e do tratamento de crianças com deficiência intelectual. A partir desta produção e de aspectos de sua história, faremos um contraponto à teoria sobre a debilidade que analisaremos em seguida.

Afinal, o que caracteriza a deficiência mental/intelectual? Ao fazer o percurso pela história do desenvolvimento, tanto do conceito quanto do tratamento dessa condição humana, ficou evidente a dificuldade de distinção e delimitação do diagnóstico e nos deparamos com inúmeras abordagens que, muitas vezes, possuem concepções antagônicas. Se 50% dos casos não tem uma etiologia específica, tal fato já aponta para algo que está relacionado à outra hipótese, a qual não seja apenas orgânica, por isso apostamos em uma dimensão psíquica. Mas, mesmo para aqueles cuja etiologia já está definida, a maneira pela qual o sujeito inscreve esta patologia em sua estrutura psíquica estabelece toda uma forma de lidar com essa deficiência. Para melhor esclarecer tal condição, trataremos este conceito à luz da psicanálise. Com este propósito, queremos abordar o tema para além das teorias organicista e desenvolvimentista que, como demonstramos no capítulo anterior, foram contundentes em traçar um

[14] Quando este poema foi construído, o garoto estava com 12 anos e não estava alfabetizado. Assim, foi necessário que a professora registrasse o poema por ele.

prognóstico sombrio e um tratamento com viés adaptativo e funcional para as pessoas com este diagnóstico. Essa opção permitirá uma pesquisa mais aprofundada sobre o inconsciente e seus efeitos na maneira que o sujeito lida com o que chama de "mental", ou mesmo de "intelectual". Queremos delinear a experiência subjetiva nesta condição, como o sujeito na sua estruturação pode tropeçar e desenvolver o que chamaremos de uma "condição" débil.

Nosso estudo sobre a deficiência intelectual, com base na psicanálise, contempla sujeitos que tenham comprovadamente algum comprometimento orgânico, como uma síndrome estabelecida, ou uma lesão cerebral, considerando que aí também exista um sujeito do inconsciente. Com este propósito, não queremos considerar apenas o efeito biológico de determinada patologia, nem tão pouco desconsiderar completamente o biológico, ou mesmo o corpo como tal, mas desvendar os efeitos do psiquismo, nestes casos, caracterizados como deficiência intelectual.

Nosso propósito é comprovar que nessa deficiência existe também uma causalidade psíquica, fato que pode explicar porque existam 50% dos casos de DI sem uma etiologia específica. Constatar a proveniência da deficiência intelectual de uma etiologia complexa já foi percebido no capítulo anterior. No entanto, sustentamos que, mesmo com o diagnóstico orgânico definido, haja a existência de uma dinâmica psíquica que caracteriza a debilidade. A debilidade, como é entendida pela psicanálise, pode estar presente em sujeitos com uma etiologia orgânica definida. Além de esquadrinhar como essa deficiência pode se constituir psiquicamente e correlacioná-la ao conceito de debilidade, pretendemos analisar como essa condição pode afetar as relações com o saber, as construções dos laços sociais, bem como as relações com o próprio corpo.

Acreditamos que a debilidade se caracteriza como uma dimensão psíquica comum a todo ser humano, ou seja, ela não está presente apenas como signo patognomônico. Conforme salientamos, existem vários estudos que aproximam a debilidade da psicose, e percebemos que esta confusão entre debilidade e psicose faz parte de certa herança histórica e clínica. Defendemos também que a debilidade não se configura uma estrutura e nem tão pouco está ligada apenas a uma delas, isto é, ela pode estar presente tanto na neurose, quanto na psicose. A nossa intenção é diferenciar o que seria a debilidade natural ao sujeito daquilo que se transforma em algo impeditivo nas construções das relações e das funções.

Esta é uma questão polêmica e apresenta vários estudos, os quais demonstram que mesmo na psicanálise não houve um consenso, pois existem pontos de vista diferentes sobre a debilidade, com diversas interpretações das teorias freudianas e lacanianas. A questão mais polêmica no meio psicanalítico nos pareceu ser o fato de tentarem corresponder a debilidade a somente uma estrutura, principalmente à psicose. Mas, além desta, outra se percebe no meio: como definir uma diferenciação diagnóstica entre a debilidade e a inibição na aquisição do conhecimento escolar. Assim, alguns psicanalistas aproximam a inibição da neurose e a debilidade da psicose. Existe também um limiar entre a debilidade e as diferentes formas de lidar com a construção do conhecimento que, nestes casos, englobam e emaranham outras nosografias da área de saúde, como a dificuldade de aprendizagem.[15]

A teoria lacaniana é fundamental para entendermos esta condição humana, pois, como destacamos anteriormente, Lacan foi peremptório ao afirmar que a debilidade é natural ao ser humano. Ao mergulharmos em estudos de outros psicanalistas, seguidores de Lacan, os quais abordaram o tema da debilidade, constatamos novamente que mesmo estes psicanalistas diferem em algumas concepções e entendimentos da própria teoria lacaniana, com diversas leituras e interpretações de seus textos sobre a dinâmica da debilidade.

Para iniciarmos a pesquisa pela psicanálise, é necessário recorrer aos textos freudianos. O retorno aos conceitos freudianos é fundamental, apesar de o fundador da psicanálise não ter se detido sobre a questão da debilidade. Fato esse que não passou despercebido por Lacan que, em seu Seminário 16 *De um Outro a outro* (Lacan, 2008/1968-69), afirma que nenhum analista deveria se furtar de atender essas pessoas, e que mesmo Freud cometeu um grande engano em não aceitá-los em análise. Neste seminário, Lacan sustenta que a debilidade é uma questão a contribuir

[15] CID 10 – Classificação Internacional de Doenças e Problemas Relacionados à Saúde (conhecida como Classificação Internacional de Doenças – CID 10): é publicada pela Organização Mundial de Saúde (OMS) e visa padronizar a codificação de doenças e outros problemas relacionados à saúde. No CID 10, a dificuldade de aprendizagem é considerada como Transtornos Específicos do Desenvolvimento das Habilidades Escolares (F81). Neste documento, estabelece-se o diagnóstico diferencial daqueles casos em que houve um retardo mental ou uma escolarização inadequada. Destaca-se que este transtorno não contém uma etiologia específica.

muito para a psicanálise, e chega a afirmar que ter este paciente em análise é como ter um presente.

## 2.1 O retorno necessário a Freud

Freud abordou principalmente o conceito de inibição e, apesar de não ter explorado diretamente o conceito de debilidade, de forma indireta tocou o tema da deficiência em alguns de seus trabalhos. Pierre Bruno (1986) assinala ter encontrado o vocábulo "*denkschwache*" – que corresponde à debilidade – nos trabalhos de Freud sobre inibição, sendo que a palavra mais utilizada para inibição, em alemão, é "*hemmung*", fato que nos permite aproximar o binômio: inibição e debilidade.

Para trabalhar o tema inibição em Freud destacamos alguns de seus textos: *Leonardo da Vinci e uma lembrança de sua infância*, de 1910; *O Estranho*, de 1919, e *Dostoiévski e o parricídio*, de 1929. Em nossa análise, Freud já percebia que existia uma condição natural ao ser humano que lhe causava inibição em suas funções e, por isso emite considerações sobre as obras e alguns aspectos da vida de Leonardo da Vinci e de Dostoiévski, dois gênios da humanidade, para discorrer sobre este conceito. Achamos extremamente pertinente explorar esses textos freudianos, ressaltando o fato de realizarmos esta pesquisa sobre a debilidade por meio de considerações sobre dois gênios da humanidade. Também compartilhamos a leitura e análise do livro *O Idiota*, de Dostoiévski, para ilustrar alguns aspectos do conceito de debilidade. Vale ressaltar que esta obra literária foi citada por Lacan e outros psicanalistas, como veremos em seguida.

O conceito de inibição (*Hemmung*) em Freud surge na elaboração da Primeira Tópica.[16] Freud a define como uma parada ou bloqueio de uma ação motora, ou uma interrupção na cadeia de pensamento, o que afeta o processo de aprendizagem. No texto *Leonardo da Vinci e uma lembrança de sua infância*, encontramos uma das primeiras abordagens

[16] Freud utilizou a terminologia *tópica* (derivado do latim *topos)* para definir o aparelho psíquico em duas etapas essências de sua elaboração teórica. Na primeira concepção tópica, ele define o inconsciente, o pré-consciente e o consciente, no período que vai de 1900-1920. Na segunda tópica, ele distingue o isso, o eu e o supereu, compreendida no período de 1920-1939 (Roudinesco, 1998).

deste tema a partir da análise de Freud sobre a inibição em Leonardo da Vinci (Freud, 1910a/1980). Em sua pesquisa sobre Leonardo da Vinci (1452-1519), Freud constata que ele era conhecido por não terminar seus trabalhos e já percebe que existe aí "*uma inibição na execução definitiva para a qual não encontramos justificativa, mesmo considerando que o artista nunca consegue realizar seu ideal*" (Ibid., p. 63).

Neste texto, Freud correlaciona a inibição à tentativa frustrada do pequeno sujeito em satisfazer sua curiosidade sobre o nascimento dos bebês, e considera esta a pergunta crucial para todo ser humano. Para o autor, na infância há uma falta de maturidade orgânica para a elaboração de uma resposta a essa pergunta considerada essencial sobre os bebês e suas origens. Na falta da construção de uma resposta própria, pois mesmo sendo esclarecido por um adulto, isso não é o suficiente, a busca pela satisfação da curiosidade e pelo desenvolvimento de sua própria teoria leva a criança a fazer novas perguntas de forma intermitente e a realizar sua própria pesquisa sobre a sexualidade. A frustração e a inibição surgem no sujeito por ele não obter a resposta adequada a essa pergunta crucial: "*A impressão causada por esse fracasso em sua primeira tentativa de independência intelectual parece ser de caráter duradouro e profundamente depressivo*" (Ibid., p. 73).

Freud destaca que nem sempre a pesquisa sexual participa do destino da sexualidade, e quando não acontece pode trazer algumas consequências para o sujeito. A inibição é um dos destinos da sexualidade e, neste caso, "*a curiosidade permanecerá inibida e a liberdade da atividade intelectual poderá ficar limitada durante todo o decorrer de sua vida*" (Ibid., p. 73). Num segundo destino, o sujeito poderia desenvolver uma compulsão, um sintoma obsessivo, que mantém uma preocupação pesquisadora com características compulsivas, de modo que, sob uma forma distorcida e não-livre o "*sentimento que advém da intelectualização e explicação das coisas substitui a satisfação sexual*" (Ibid., p. 73). O terceiro tipo de destino seria a sublimação, que, diferente da inibição ou da obsessão intelectual, permite que a pulsão escape ao recalque e seja sublimada desde o começo. *Pulsão* (*trieb*), termo empregado por Freud a partir de 1905, designa a carga energética que se encontra na origem da atividade motora do organismo e do funcionamento psíquico inconsciente (Roudinesco, 1998). Ao considerar a economia psíquica, este termo utilizado pela psicanálise é diferenciado do instinto e correlacionado à sexualidade. Esta é uma noção primordial da teoria freudiana, mas, como nos diz Lacan, é também a mais enigmática (Lacan, 1960/2005).

É interessante notar que neste mesmo texto Freud afirma a necessidade de abandonar preconceitos estabelecidos para fazer um estudo da patologia humana, e afirma:

> Não mais consideramos que a saúde e a doença, ou que os normais e os neuróticos se diferenciem tanto uns dos outros e que traços neuróticos devam necessariamente ser tomados como prova de uma inferioridade geral (Ibid., p. 119).

Freud considera a inibição como um mecanismo psíquico que possui uma dinâmica[17] própria fazendo parte de uma neurose, à qual qualquer ser humano está susceptível e nem mesmo Leonardo da Vinci escapou. Destacamos que em Freud a inibição é compreendida como natural à condição humana.

Em *Inibição, sintoma e angústia*, texto de 1926, Freud aprofunda a reflexão sobre a definição da inibição, articulando com dois outros conceitos: sintoma e angústia. Trobas (2003) afirma que, a partir deste texto, a inibição adquire um valor conceitual para a psicanálise. Freud a define como uma ação do eu, realizando restrição a uma função, "é a expressão de uma restrição do ego [...] a fim de evitar um conflito com o id" (Ibid., p. 109-110). Neste texto, Freud, inicialmente, distinguiu a inibição do sintoma, afirmando que "*um sintoma, por outro lado, realmente denota a presença de algum processo patológico*" (Ibid., p. 97). O sintoma seria uma manifestação da modificação patológica destas mesmas funções, podendo estar ou não ligado a uma inibição.

Freud exemplifica esta distinção entre sintoma e inibição com o caso Hans (um caso analisado por Freud), considerado como sintoma a fobia de Hans por cavalos e como inibição o seu impedimento de sair às ruas. A inibição teria, então, uma forma parcial como as estratégias para se evitar um objeto fóbico e uma inibição global que "*paralisa o sujeito em sua relação com o mundo*" (Trobas, 2003, p. 26). Trobas demarca que, nessa definição, Freud delimita a inibição como sendo um processo do eu, enquanto o sintoma seria do Id, do inconsciente.

[17] *Dinâmica*, em psicanálise, qualifica uma perspectiva que considera os fenômenos psíquicos resultantes de conflitos e de composições de forças que exercem certa pressão, de ordem pulsional.

Ao associar a inibição a uma função, Freud (1926/1980) destacou algumas funções que estariam sujeitas a essa dinâmica, como: a função sexual, da nutrição, da locomoção, do trabalho, além de outras inibições específicas. Em um segundo momento, Freud aproxima a inibição de uma função ao sintoma, destacando que ambos os processos estão correlacionados à angústia. Na teoria freudiana, inibição e sintoma são processos distintos e, por vezes ligados, sendo que a inibição pode representar um sintoma, mas ambos possuem a mesma função para o sujeito: de apaziguar a angústia.

Trobas elucida essa teorização freudiana dizendo que ambos representam um mecanismo de defesa da angústia. O sintoma tem a função de realizar uma satisfação pulsional substituta e conveniente a fim de impedir o retorno do que foi recalcado. O sintoma obedece, assim, ao princípio do prazer na tentativa de manter a homeostase libidinal, evitando a todo custo a ruptura dessa homeostase. Do ponto de vista da dinâmica psíquica, tudo se passa na inibição como se houvesse um contra investimento:

> é dizer que a nível consciente e pré-consciente se investe de libido no eu, se investe de representações que vão velar obstaculizar, construir um dique contra a pressão das representações inconscientes, precisamente as não tratadas pela repressão, não tratadas pela formação do sintoma, que ameaçam emergir no eu (Trobas, 2003, p. 26, tradução nossa).

Neste sentido, Trobas afirma que a inibição pode ser acompanhada ou não de um sintoma, e, neste caso, pode ocorrer uma forma de suplência do sintoma na inibição, principalmente nas inibições globais.

É no texto *O Inquietante* ("*Das Unheimliche*"),[18], de 1919, que o tema da deficiência aparece em Freud. Freud assinala que quando nos deparamos com uma cena de ataque epiléptico, ou mesmo com alguma deficiência,

[18] *Das Unheimliche*, título do artigo de Freud em alemão. A palavra alemã Unheimliche apresenta certa ambiguidade, oscilando entre o familiar e o desconhecido (Hanns, 1996), significando algo que é inquietante, sinistro, secreto e oculto. A primeira tradução dos escritos de Freud realizada por Salomão, a partir da tradução do inglês, considerou o vocábulo "estranho" em português; mas, em 2010, a tradução de Paulo César de Souza da obra em alemão adota o termo "inquietante".

temos a sensação de estranheza ou inquietação por nos remeter a algo familiar. Essa estranheza se origina da proximidade que tais experiências têm com o complexo de castração, como algo recalcado e oculto, o qual não queremos saber; ele afirma que o temor de toda a deficiência é, na verdade, o temor da castração. A deficiência intelectual, portanto, remete a algo que é conhecido do sujeito e lhe causa estranhamento exatamente por remeter a uma situação familiar. Mas Freud vai além, afirmando que esse fenômeno também está presente diante da visão inesperada da própria imagem refletida no espelho, de um outro que remete a si mesmo, assim como a visão do duplo. Esse "estranhamento" evoca a questão da alteridade, o que causa desconforto, e mesmo, angústia. Este trabalho de Freud nos auxilia a entender o processo de segregação das pessoas com deficiência, o que exploraremos no próximo capítulo, e traz pontos importantes sobre a própria questão da debilidade, que veremos mais adiante com Lacan.

Além de Leonardo da Vinci, Freud analisou algumas obras e aspectos da vida de Dostoiévski no texto de 1928, *Dostoiévski e o parricídio.* Este é mais um texto freudiano que permite explorar o tema da debilidade usando outro gênio da história da humanidade. O autor russo era acometido por crises epilépticas e Freud abordou o tema da epilepsia[19] e dos fenômenos de crise, além de ter feito uma análise do caráter de Dostoiévski. Neste texto, Freud afirmou que a epilepsia surge em alguns casos de debilidade e pode trazer lesões cerebrais, "*as pessoas vítimas da epilepsia podem dar uma impressão de obtusidade e desenvolvimento interrompido, tal como a enfermidade frequentemente acompanha a idiotia mais palpável e os mais grosseiros defeitos cerebrais...*" (Freud, 1928, p. 208). Freud ressaltou que essas crises contêm toda uma variação, em circunstâncias completamente diferentes e, portanto, não considerava toda forma de epilepsia como uma deficiência. Não queremos nos aprofundar na questão da epilepsia, apesar de haver uma correlação histórica sobre a epilepsia a uma afecção neurológica e a deficiência intelectual.

O que destacamos neste texto é o fato de Freud afirmar que existem aspectos da vida psíquica do sujeito que podem desencadear uma

[19] Segundo o CID 10 (OMS), a epilepsia está categorizada como um transtorno episódico e paroxístico G40 e 41. Trata-se de uma alteração na atividade elétrica do cérebro, temporária e reversível, que produz manifestações motoras, sensitivas, sensoriais, psíquicas ou neurovegetativas.

crise epiléptica. O psicanalista distinguiu uma epilepsia orgânica de uma epilepsia "afetiva" para estes casos. Se, por um lado, com esta diferenciação existia a intenção de dissociar todo tipo de epilepsia à deficiência, por outro, essa diferença estrutural entre o que seja orgânico e afetivo para caracterizar a deficiência, sustentou a celeuma que já havia sobre o conceito da deficiência intelectual durante séculos. De qualquer forma, neste argumento de Freud fica evidente a questão do desejo e de uma causa psíquica desencadeando uma ação tipicamente orgânica, como uma crise epiléptica.

Para o psicanalista, a crise e a ausência contêm um significado de morte que pode significar tanto a morte de alguém querido quanto o desejo de morte de alguém, que viria como uma forma de punição. "*A crise teria um valor de punição*", uma autopunição contra um desejo de morte de um pai odiado, por exemplo (Ibid., p. 211). Freud não deixa de constatar e assinalar que as crises de Dostoiévski foram caracterizadas como as crises de grande mal após o assassinato de seu pai, a partir de seus 18 anos, pois antes, na sua infância, essas crises tinham característica de apenas um sono letárgico. Passaremos à teoria Lacaniana para depois explorar outras questões referentes à obra de Dostoiévski e a debilidade.

## 2.2 Lacan e seu início – O Estádio do Espelho e a Constituição do Sujeito

Lacan traz para sua teoria a noção de tempo lógico e uma correlação com algo que se passa *a posteriori*. Com isso, dissolveu tanto a ideia de determinismo, de uma possível previsão anterior na dimensão do inconsciente, quanto à noção de um desenvolvimento cronológico para o sujeito. Para Lacan, o sujeito não se desenvolve, ele se constitui. Seguindo os passos de Lacan, começaremos pelo *estádio do espelho*, o qual foi seu início (1936), para elaborar a constituição do sujeito, pois esse é um conceito fundamental para trabalhar a questão da inibição e da debilidade em Lacan. A noção de estádio do espelho foi elaborada inicialmente por Henri Wallon (Roudinesco, 2008). Henri Paul Hyacinthe Wallon (1879-1962) foi filósofo, médico, psicólogo e político marxista francês e desenvolveu estudos sobre a psicologia do desenvolvimento, dedicados principalmente à infância, afirmando que o aprendizado não envolve apenas uma ação intelectual, mas também corpo e emoções.

Para desenvolver sua teoria sobre a constituição do sujeito, Lacan levou em consideração a condição do ser humano de nascer pré-maturo organicamente, uma "*prematuração específica do nascimento no homem*" (Lacan, 1949/1998, p. 100). Essa condição, apesar de ser uma característica eminentemente biológica, acarreta consequências para além do aspecto orgânico e comportamental. Vale ressaltar que o *estádio do espelho* não tem necessariamente a ver com uma experiência concreta e nem tão pouco significa um verdadeiro espelho, como bem alertou Roudinesco (2008). Trata-se de uma experiência psíquica, ou mesmo ontológica, pela qual se constitui o ser humano em uma identificação com o semelhante, e, mesmo quando a pessoa se vê no espelho quando ainda criança.

Devido a uma prematuridade orgânica, o ser humano não nasce pronto em condições mínimas de lutar pela sua sobrevivência, como outros animais; e esta condição cria para o sujeito humano uma condição de dependência, uma necessidade de outro ser para garantir a própria sobrevivência. No entanto, a função de um outro ser para o sujeito vai além da questão da sobrevivência e de simplesmente suprir suas necessidades fisiológicas. Tão importante quanto suprir tais necessidades básicas, o outro tem a função de introduzir o sujeito na condição humana. Esse primeiro momento é essencial, pois, devido ao estado de prematuridade, a criança vivencia seu corpo como algo despedaçado, e é através de um processo identificatório à imagem do outro que pode perceber a unidade de seu corpo. O sujeito estará, em um primeiro momento da sua constituição, completamente alienado à imagem e dependente desse outro sujeito; momento marcado por uma relação dual e pelo duplo. Lacan, em 1949, qualifica o *estádio do espelho* como um drama,

> [...] cujo impulso interno precipita-se da insuficiência para a antecipação – e que fabrica para o sujeito, apanhado no engodo da identificação espacial, as fantasias que se sucedem desde uma imagem despedaçada do corpo até uma forma de sua totalidade que chamaremos ortopédica – e para a armadura enfim assumida de uma identidade alienante, que marcará com sua estrutura rígida todo o seu desenvolvimento mental (Lacan, 1949/1998, p. 100).

A partir dessa relação primária, a criança constrói sua própria imagem i(a) e forma uma imagem virtual i'(a). Essa imagem é constituída a partir do que ele percebe e vê e se vê em um outro de forma especular considerado para ele como ideal. Ali, acontece um jogo identificatório em que o sujeito "se vê" captado por uma imagem estranha e, ao mesmo tempo, sua. Estabelece-se uma relação dual e especular que é representada por Lacan como i(a) -- i'(a).

Essa experiência especular se inscreve no inconsciente e "*a posição de alienação da criança em relação à sua imagem dará lugar ao imago do duplo como representação de um modelo ideal*" (Kaufmann, 1996, p. 158). O estádio do espelho permite uma primeira identificação, uma identificação a essa imagem. Acontece uma captação pela imagem, onde se esboça o "*primeiro momento da dialética das identificações*" (Lacan, 1948/1998, p. 115). Existe uma "*transformação produzida no sujeito quando ele assume uma imagem*" (Ibid., p. 97). No entanto, essa identificação imaginária contém um duplo engodo: perceber a imagem como um todo e uma noção de unidade de si a partir da própria imagem. Lacan, em 1960, afirma que:

> nas identificações imaginárias o homem julga reconhecer o princípio de sua unidade sob a aparência de um domínio de si mesmo da qual ele é todo necessário, seja ou não ela ilusória, pois essa imagem de si mesmo não o contém em nada (Lacan, 1960/2005, p. 39-40).

A partir desta experiência do estádio do espelho, Lacan (1946/1998) elabora o conceito de "*conhecimento paranoico*" como consequência desse processo, e o assemelha ao conceito de "*transitivismo*", utilizado na psicologia como uma captação da imagem do outro. Esse conceito se traduz no fato de a linguagem da criança inicialmente se manifestar na terceira pessoa antes de se fazer na primeira.

Na concepção teórica do estádio do espelho existe uma passagem do *eu especular* para o *eu social*. O sujeito capturado por essa imagem que lhe é estranha, e ao mesmo tempo familiar, vai construindo sentimentos dúbios de agressividade a esse outro, como uma espécie de "intrusão narcísica" (Kaufmann, 1996). Por meio desse processo, a instância do eu está situada em uma linha de ficção imaginária e, desde então, e para sempre, em discordância da realidade, mesmo antes de sua determinação social.

Entretanto, para além da imagem, é necessário que por meio da linguagem um Outro transmita ao sujeito, desde seu nascimento, uma história composta de passado e futuro; o que articula a dimensão simbólica. Lacan denomina este primeiro Outro, o Outro primordial que assume importância fundamental para o sujeito, como grande Outro, outro grafado com o maiúsculo. Inicialmente, a mãe ou aquela que ocupará este lugar da função materna corresponderá a esse Outro primordial. O conceito de Outro, desenvolvido por Lacan desde 1955, tem correspondência com várias instâncias, como com a figura de Deus e até mesmo com a rede de significantes da dimensão simbólica, ou com o próprio inconsciente. Alguém que representa para a criança um lugar de Outro será também a referência no esquema ótico, no estádio do espelho.

Vale ressaltar que essa passagem tanto pela linguagem, quanto pelo estádio do espelho não configuram dois momentos distintos como sendo pertinentes a um desenvolvimento. Eles correspondem a dois modos presentes em uma mesma experiência, passando pela imagem e pela linguagem. A formulação de Lacan do inconsciente estruturado como linguagem toma força durante a elaboração e o desenvolvimento de sua teoria, e para estruturá-la utiliza tanto os fundamentos freudianos, quanto a linguística e a teoria de Lévi-Strauss sobre a função simbólica. Essa teoria enfatiza que a história do sujeito está para além do advento genético e neurológico, sendo atravessado pela cultura e condicionado pela presença do Outro, de tal forma que, para o ser humano advir como sujeito falante e atravessado pela cultura, é necessário ser mediado por outro ser.

Nesta experiência psíquica, o par imaginário cede lugar a uma relação triangular, surge um terceiro que opera um corte na relação dual inicial. "*O par imaginário do estádio do espelho, pelo que se manifesta de contranatureza (...) mostra-se apropriado para dar ao triângulo imaginário uma base que a relação simbólica possa de alguma forma abarcar*" (Lacan, 1957-58/1998, p. 558). Lacan, no texto de 1957-58, introduz o esquema L e, em seguida, o R para ilustrar a introdução do simbólico elaborado pela própria imaturação do ser humano a partir de um hiato presente no imaginário. Esse corte, esse furo, possibilita o estabelecimento da identificação com uma função simbólica, capaz de organizar o conjunto das relações do sujeito com outrem. É nessa outra identificação que se forma o ideal do eu desenvolvido por Lacan (1953-54/1983). Assim, neste momento da elaboração lacaniana, a identificação imaginária constitui-se o eu-ideal e no registro simbólico, o ideal do eu. O conceito de ideal do eu é introduzido por Lacan de forma diferente do conceito freudiano e pode ser representado pela letra I em maiúsculo. No entanto, abandonar a identificação imaginária e dar lugar a identificação simbólica não é fácil para o sujeito e "*ser-lhe-á necessário ainda muito tempo para que abandone a idéia (sic) de que o mundo foi talhado à sua imagem*" (Lacan, 1960/2005, p. 40) e reconheça que a essência encontrada nessa imagem era proveniente dos significantes.

Na teoria lacaniana existe uma nítida correlação entre a experiência edípica e a passagem do sujeito à cultura. "É neste sistema que Lacan introduz a clivagem *lévi-straussiana da universalidade do incesto como passagem da natureza à cultura*" (Roudinesco, 2008, p. 388). Para Lacan, "*a identificação edipiana é aquela através da qual o sujeito transcende a agressividade constitutiva da primeira individuação subjetiva*" (Lacan, 1948/1998, p. 120). A entrada de um agente da figura paterna surge como esse terceiro que estabelece uma espécie de separação da relação dual e imaginária com a mãe e é responsável por essa passagem para a cultura. A figura paterna torna-se o representante da cultura e a reencarnação da lei, operando como um corte na primeira relação alienante, um impedimento do incesto.

No decorrer de sua elaboração teórica, Lacan define esse processo em um primeiro momento de sua teoria, como *função do pai*, e, em seguida, como *função do pai simbólico*, posteriormente aparece como *metáfora paterna, Nome-do-pai* e, por fim, *Nomes-do-pai*. O conceito Nome-do-pai surge na teoria Lacaniana desde 1953, e em seu texto de 1957-58 afirma: "*[...] a atribuição da procriação ao nome do pai, só pode ser feito de um significante puro, não do pai real, mas daquilo que a religião nos ensinou a invocar como Nome-do-Pai*" (Lacan, 1957-58/1998, p. 562). Desde 1953, o psicanalista adota como definitivo o matema[20] A (A, de autre em francês) para representar o *grande Outro*, em oposição ao *pequeno a*, introduzindo a dualidade entre A/a. Lacan passa a utilizar matemas para ilustrar sua teoria, como

[20] Matema é um termo cunhado por Lacan em 1971, a partir de "mitema" de C. Levi Strauss e do termo grego mathema que significa conhecimento, para designar uma escrita algébrica capaz de expor cientificamente os conceitos da psicanálise. Pela escrita, o matema se assemelha às fórmulas algébricas e formais existentes na matemática, na Lógica e nas ciências matematizadas (Dias, 2010). O matema é a escrita do que não é dito, mas pode ser transmitido (Roudinesco & Plon, 1998, p. 502).

os seguintes: o "$" (S barrado) representando o sujeito barrado e cindido; o "A", representando o grande Outro; "*a*" para o pequeno outro, ou o objeto; "$S^1$" como significante mestre e "$S^2$" como saber.

Lacan afirma que o sujeito falante é constituído no campo do Outro e que existe, a partir dessa constituição, uma dependência radical da cadeia significante. O sujeito recebe do Outro não apenas a imagem invertida, mas sua própria mensagem de forma invertida. A imagem i(a) construída na imagem especular é autenticada para o sujeito pelo grande Outro (A). Com a entrada do Terceiro, ingressa no registro simbólico e torna-se um sujeito que será para sempre cindido, com a formação do *eu (moi)* preso nas redes do imaginário e o *je* (sujeito do inconsciente), como veículo de uma fala e sempre em função deste Outro. Se no registro do imaginário instituiu-se a relação entre i(a)–i'(a), no simbólico surge a relação entre S-A. O imaginário representa o reflexo de semelhante, e os fenômenos ligados ao eu como a captação, antecipação e ilusão. A linguagem representa a cadeia significante, e, desta forma, o Outro de Lacan é referência do simbólico e da Lei que opera o corte.

Em seu seminário *A Angústia* (2005, p. 62-63), Lacan elabora o conceito de resto que é produzido na identificação imaginária, no nível de i'(a) que é a imagem virtual, como algo que escapa ao sujeito nessa especularização, a qual jamais será completa, terá sempre uma falta. Lacan representa esta falta estrutural pelo símbolo *phi* (-φ phi minúsculo), ou o falo imaginário. O terceiro termo do ternário imaginário nada mais é do que a imagem fálica, afirma Lacan em seu texto de 1957-58. O sujeito buscará no objeto (a) a tentativa de preencher essa falta estrutural.

No decorrer de sua obra, Lacan realiza um Seminário sobre a Identificação em 1961/1962 e, a partir deste Seminário, ele avança sobre esse conceito. Lacan define três formas de identificação, reagrupando as identificações de Freud sob três modos: a primeira seria a identificação amorosa ao pai, ocorrendo uma incorporação deste, está ligada ao conceito edipiano de Freud, como o sujeito querer ser o pai, incorporar o pai para ser como ele, neste caso ocorre uma identificação ao Real do Outro real. A segunda seria a identificação unária, neste caso, acontece a identificação de um traço, de um traço unário, um significante puro e assim sendo uma identificação ligada ao simbólico. A terceira identificação se refere à identificação histérica de Freud, a qual é a identificação em que o sujeito se coloca em participação, uma identificação ao outro por intermédio do desejo e, neste caso, Lacan a define como uma identificação ao imaginário do Outro real (Morais, 2010).

Lacan (2005) designa como terceiro tempo do estádio do espelho o fato do objeto adquirir o status de um objeto de desejo. O desejo nasce de uma inversão da falta no objeto, que se torna causa de desejo. Com a entrada no mundo simbólico, por meio da falta estruturante, constitui-se também o desejo e o sujeito desejante. Algo que marca a condição humana e o próprio desejo, que nesta operação será sempre incompleto.

Ao elaborar a teoria sobre a busca do prazer, Freud percebeu que existe algo que leva o sujeito a buscar algo mais para além do prazer, um algo mais que traz sofrimento e ultrapassa a ordem do prazer. Essa busca da satisfação, que não está vinculada ao prazer, e é por vezes articulada ao desprazer, é definida na teoria lacaniana como "gozo". Apesar desse termo já ter surgido em Freud, definido como algo que se desvia de sua função, o conceito de gozo foi de fato desenvolvido por Lacan, em 1962, ao afirmar que o gozo é algo que conduz o sujeito a se destruir na submissão ao Outro, abandonando seu desejo. O gozo é algo distinto da lei e o objetivo do interdito é, em última análise, impedir o gozo, presente na primeira relação entre o sujeito e a mãe.

A estrutura[21] psíquica, seja ela neurose, psicose ou perversão, será definida conforme cada sujeito se posiciona diante do momento de separação, como o sujeito responde à castração, ou de como a sua constituição se desenrola no campo do Outro. A neurose corresponde à estrutura psíquica que passa por este processo de alienação e separação; na psicose não acontece essa passagem pela separação, e a perversão se caracteriza por uma negação da separação. Freud utiliza o termo perversão para caracterizar a sexualidade infantil, como perversa e polimorfa (Freud, 1905a). Desta forma, Freud subverte a noção de perversão de sua época deixando de considerar a perversão como algo anormal ao sujeito e entendendo que ela faz parte da constituição do sujeito humano; com insto a psicanálise se afasta do paradigma do instinto (Fuks & Rudge, 2011).

21 O conceito de estrutura já aparece em Freud desde "A interpretação dos sonhos" (1900) para "*recobrir diversos aspectos de uma configuração de elementos distribuídos segundo relações de ordem*" (Kaufmann, 1996, p. 175). Lacan manteve este conceito associado à influência da linguística de Troubetzkoy e de Lévi-Strauss ao demonstrar as relações estruturais entre a linguagem e as leis sociais, mas atribuindo ao inconsciente o seu estatuto (Ibid., p. 176).

O neurótico é aquele que percebe a falta no Outro; aquele que, ao passar pela separação, pelo recalque e pela castração realiza a metáfora paterna e identifica-se a um significante (Nome-do-Pai) que o representa no universo simbólico. A partir desta operação, o sujeito se constitui como dividido, insatisfeito, em busca do objeto perdido (a). O psicótico é aquele que não percebe esse Outro como faltoso, ocorre uma falha da função paterna, na qual o terceiro não opera o corte e, dessa forma, o psicótico percebe o Outro como completo, absoluto e invasivo. O processo na psicose, fora da castração, é denominado de *foraclusão* do Nome-do-pai. Foraclusão ou forclusão é um conceito explorado por Lacan a partir de 1955-56 para designar um mecanismo específico da psicose, como algo que é incluído de fora. Lacan buscou este conceito na obra freudiana, o qual aparece desde 1915, em seu artigo sobre Recalcamento. Freud utiliza o *verwerfung* para designar a expulsão de um conteúdo de experiência para fora do eu em função do princípio do prazer, como uma forma de denegação. Algo que é reconhecido de maneira negativa pelo sujeito (Roudinesco, 2008).

Neste caso, os significantes que representam o sujeito não serão integrados ao seu inconsciente e não sendo recalcados, eles retornam ao real em forma de alucinação ou delírio. Não passado pela castração na constituição do sujeito, o psicótico permanecerá na posição de objeto deste Outro, presente na alienação, diferente da posição assumida pelo sujeito dividido na neurose.

Lacan denomina de báscula o processo no qual o sujeito reconhece seu corpo e seu desejo a partir de um Outro (Lacan, 1953-54/1983). É com essa conjectura, na qual o sujeito existe em função do Outro e de um Outro marcado pela falta, que Lacan afirma *não existir a relação sexual*, como tal, visto que o homem sempre constrói suas relações a partir deste Outro e de sua incompletude. Em 2009, Lebrun assinala que a palavra "*rapport*" utilizada por Lacan, pode ser entendida no sentido matemático de proporção. Desta forma, essa frase de Lacan pode ter o significado de que não existe simetria e paridade entre os sexos (Lebrun, 2009, p. 93). Como é a partir de uma negatividade, de uma falta deste Outro que se funda o sujeito desejante, Lebrun afirma que "é a inscrição dessa negatividade constituinte que permite que um indivíduo exista como sujeito" (Lebrun, 2008, p. 51). Lacan, em seu ensinamento último, a partir dos anos 70, pressupõe a inexistência do Outro, mas este conceito não anula o Outro simbólico, "*apenas modifica a concepção do Outro como ideal, como universal*" (Cohen, 2006). Esta teoria lacaniana remete à condição do Outro vivido na pós-modernidade, o que exploraremos adiante.

Dufour assinala que devido à neotenia[22] humana existe um prolongamento considerável da maternagem[23] e que a necessidade da entrada na cultura pode substituir este déficit, esta falta natural do ser humano (Dufour, 2008, p. 80). O autor acrescenta em sua pesquisa a etimologia do termo Sujeito, que provém do latim "*subjectum*", e literalmente quer dizer submetido; o sujeito é, antes de tudo, o submisso. Dufour estabelece que como consequência dessa operação advenha a necessidade não só da cultura, mas também da devoção a Deus como algo que vai ocupar o lugar de Outro para o sujeito, "*o homem, inacabado em sua primeira natureza, não pode, com efeito, viver sem uma segunda natureza, sem esses relatos que se mantêm por instituírem em seu centro uma figura divina, auto-suficiente (sic), que requer sua devoção*" (Ibid., p. 81). O pequeno sujeito procede, portanto, de seres contingentes, mantendo uma forma de existência que é de *ab alio*, isto é, por outrem. Outro sujeito (grafado com O maiúsculo) tem a ver com seres necessários, existindo *a se*, em si (Ibid., p. 80). Segundo este autor, um ser autofundado que é por si, é o que qualifica o grande Sujeito.

## 2.3 Debilidade, Estádio do Espelho e Constituição do Sujeito

A debilidade subjetiva surge como efeito de uma forma particular de passagem pela constituição subjetiva. A psicanalista francesa Mannoni (1988) foi a primeira a se aventurar nesta elucubração, defendendo que na debilidade ocorre uma fusão dos corpos entre mãe-filho, não havendo a separação entre a mãe e o filho, ou a constatação da falha no Outro. Com essa teoria, Mannoni traz, ao mesmo tempo, a questão do corpo presente na debilidade e a hipótese de a debilidade estar próxima da psicose, por não operar a separação. Para a psicanalista, não havendo a separação, os corpos da mãe e do filho estão fundados em um só.

22 Neotenia: um inacabamento biológico, caracterizando uma prematuridade que é própria da espécie humana.

23 Maternagem: uma ação própria da função materna nos cuidados com o filho. Pode também ser considerada uma técnica de psicoterapia que procura estabelecer entre o terapeuta e o paciente uma relação análoga à que existiria entre mãe e filho (Laplanche & Pontalis, 1983).

A tese de Mannoni, com base na teoria psicanalítica, apesar de sustentar uma fusão de corpos, demonstra que esta não se trata de uma questão orgânica, mas algo relativo ao corpo pulsional e construído no "*dizer parental*" (expressão Lacaniana). Lacan, em seu texto sobre a infância, especificamente em uma nota a Jenny Aubry (Lacan, 1969/1998), define e distingue os casos em que o sintoma na criança pode revelar o que existe de sintomático na estrutura familiar. O sintoma é o representante da verdade do sujeito, é o que parece para o sujeito em seu encontro com a realidade sexual e com a impossibilidade da completude desta relação; e uma de suas versões surge na criança como representante da verdade do casal familiar. Na debilidade, a criança está implicada na fantasia materna e fixada como objeto nesta fantasia, sem mediação do desejo.

Mannoni não se esquiva de incluir em seu estudo tanto crianças que tenham algum comprometimento orgânico, como uma síndrome estabelecida, quanto aquelas que não tenham um diagnóstico clínico definido e atrelado a uma etiologia orgânica. Para elaborar sua tese, a psicanalista enfatiza a questão materna e o lugar do filho para esta mulher e não exatamente a questão orgânica. Mannoni revela que mesmo nos casos em que a criança tenha um comprometimento físico, como uma síndrome, o que caracteriza e a coloca na posição de debilidade é a maneira que ela se posiciona no fantasma maternal.

Como o sujeito se constitui e como se posiciona diante do Outro determina sua debilidade e não simplesmente a condição estabelecida por uma patologia orgânica. O fato de não haver necessariamente a correlação com o comprometimento físico explica porque, em nossas clínicas, percebemos tantas crianças com o diagnóstico de debilidade ou deficiência intelectual sem uma causa orgânica específica. Se a psicanálise considera o corpo como ponto de partida para pensar a debilidade, é um corpo pulsional atravessado pela constituição do sujeito e pelos três registros (real, simbólico e imaginário) que é levado em consideração.

Diante desta premissa, constatamos que o fato de a criança ter uma patologia orgânica diagnosticada desde seu nascimento colabora para a incidência da debilidade, muito mais pela relação parental estabelecida com o filho com algum déficit orgânico do que propriamente pela condição orgânica, ou mesmo pelo nível de comprometimento desta. Lacan, em sua lição de 21 de fevereiro de 1968, corrobora com a tese de que a debilidade se deve a uma ação do par parental ao afirmar que nas "*crianças incide a debilidade mental por ação dos adultos*" (Lacan, 1968/2005, p. 58). Aqui, ele coloca duas questões importantes: uma que confirma a tese nas definições clássicas de que a debilidade aparece na infância e a segunda questão se refere ao fato de que ela surge como efeito de uma ação humana.

O filho geralmente ocupa o lugar vazio da falta para a mãe, como representante do falo, numa relação em que a própria história materna se repete e se mistura à história do filho. O filho vem, portanto, preencher "*uma imagem fantasmática que se sobrepõe à pessoa real do filho*" (Mannoni, 1988, p. 4). No entanto, a irrupção de uma realidade na imagem do corpo enfermo produz um choque na mãe e surge no real uma criança que pela sua enfermidade, não só renova os traumatismos e as insatisfações anteriores, como também impede, no plano simbólico, as resoluções para a mãe de seu próprio problema com a castração. Isso é algo que pode acontecer diante de qualquer experiência de maternidade, mas, no caso do nascimento de um filho com uma patologia orgânica, o processo de constituição do sujeito é invadido pelo real que essa patologia representa, o que pode afetar a relação mãe-filho. "*A mãe viverá assim, no seu estilo próprio, um drama real que é sempre o eco de uma experiência vivida anteriormente no plano fantasmático e de que saiu marcada de um modo determinado*" (Ibid., p. 5). Entretanto, a psicanalista afirma que mesmo não existindo uma causa orgânica que já estabeleça o destino precocemente, pode se instalar na relação mãe-filho uma perturbação em nível de linguagem que igualmente se remete ao estádio do espelho com incidência da debilidade.

Mannoni sustenta que a permanência da criança em uma posição débil vem mascarar a depressão materna, e assim coloca a criança como um objeto no plano fantasmático materno. Santiago afirma que, nestes casos, para a mãe, "*converge sobre o objeto criança e não sobre o parceiro sexual, o desejo e o amor*" (Santiago, 2005 p. 160). Nesta fundamentação teórica de Mannoni, pelo fato de a mãe e a criança se colarem em um só corpo, a criança não teria acesso a um corpo seu subjetivo. A fusão de corpos vem da frustração tanto da criança em realizar seu desejo, como da mãe em não conseguir suportar a falta e manter a criança em uma relação dual, na qual o terceiro não intervém. A partir desta constatação, Mannoni afirma que todo o estudo sobre a debilidade é incompleto se não se buscar na mãe o seu sentido (Mannoni, 1987). Nesse caso, a criança encarna para a mãe algo que não pode ser simbolizado, não pode ser traduzido em palavras e, portanto, não desenvolve uma imagem própria para o corpo, pois não se vê a partir do outro, mas mantém apenas uma imagem dupla; o que explicaremos adiante.

Outros psicanalistas seguiram essa tese de Mannoni, como Françoise Dolto (importante psicanalista francesa, lacaniana que se dedicou ao tratamento de crianças), levando a crer que a doença da criança protegia a mãe de seus próprios sintomas, de sua própria angústia (Santiago, 2005). A partir desses fundamentos, o atendimento inicial desenvolvido com esses sujeitos continha o objetivo de buscar libertá-los da história materna.

Concordamos com a tese de Mannoni sobre o fato de a debilidade estar vinculada à constituição do sujeito, com uma sobreposição do imaginário, trazendo também a questão do duplo, apesar de discordarmos das considerações referentes à fusão de corpos e em situar a debilidade na estrutura psicótica. Lacan (1964/1985) ratifica essa tese de Mannoni, da relação particular entre mãe e filho presente na debilidade, em seu seminário *Os Quatro Conceitos Fundamentais da Psicanálise*, na lição de 10 de Junho de 1964, ao falar sobre a transferência e sua relação com o Sujeito Suposto Saber. Nesta lição, ele afirma que na debilidade a mãe mantém seu filho como um objeto imaginário; o filho fica "*reduzido a ser apenas o suporte do seu desejo em um termo obscuro*" (Lacan, 1964/1985, p. 225). Em vez de o desejo da mãe significar uma incógnita, algo que faz o sujeito se interrogar, ele aparece na debilidade apoiado em um termo obscuro.

Mas, por outro lado, Lacan diverge da proposição de Mannoni de haver uma fusão de corpos na debilidade, apesar de consentir que exista sim um tipo de fusão, contudo de forma diferente desta elaborada por Mannoni. Voltaremos a esta lição de Lacan e à sua elucubração sobre o tipo de fusão que ocorre na debilidade, porém, antes, gostaríamos de explorar um pouco mais a questão do duplo e da relação da debilidade com o registro do imaginário.

## 2.4 O sentido na debilidade

A noção de debilidade e sua correlação com o registro do imaginário estão presentes na lição de 10 de dezembro de 1974, no Seminário sobre o RSI (Real, Simbólico e Imaginário)[24] de Lacan de 1974-75. Lacan afirmou que:

> Há algo que faz com que o ser falante demonstra estar consagrado à debilidade mental. Isto resulta tão somente da noção de Imaginário, naquilo em que não tenha outro ponto de partida que não seja a referência do corpo, e ao fato, de que sua representação, digo, tudo aquilo que por ele se representa, nada mais é do que o reflexo de seu organismo (Lacan, 1975, p.15).

O corpo e a debilidade têm correlação na teoria lacaniana, mas trata-se não de um corpo que padece de uma afecção orgânica, e sim, do corpo pulsional, do corpo humano que passa pela constituição do sujeito inconsciente.

Para Lacan, um corpo só terá a característica de um ser vivo se for incluído o "mens",[25] o qual o autor destaca que o introduziu pela via da debilidade humana. Esta afirmação aparentemente paradoxal nos leva a prosseguir na cogitação lacaniana. Esse "mens" é certamente algo difícil de precisar, por não sabermos exatamente onde ele está, afirma Lacan, qualificando este fato como uma experiência de ex-sistir, "sistir" em outro lugar, algo diferente do habitual, "*talvez siste, mas não se sabe onde*" (Lacan, 1975, p. 16). O psicanalista salienta que esse "mens" é algo que nos dá testemunho de estar vivo, como se desse sentido à vida. Desta forma, ele postula que o sentido se inscreve no imaginário, já o equívoco, por ser próprio ao inconsciente, é inscrito no simbólico. "O *sentido é o outro que não o equívoco*", se o equívoco é próprio do simbólico, o sentido é, portanto, algo do imaginário (Ibid.). Mas Lacan acrescenta que, para o sentido existir, é preciso que o imaginário tenha eixo no simbólico, estando o imaginário e o simbólico assim interligados. Para

24 Na elaboração teórica lacaniana também encontramos duas tópicas como em Freud. Em Lacan, as tópicas se referem à sua teoria com relação aos três registros: imaginário, simbólico e real. Na primeira tópica, compreendida no período de 1953 a 1970, Lacan considerou uma primazia do simbólico sobre as outras duas instâncias e era denominada de Simbólico, Imaginário e Real (S.I.R.). A segunda tópica inicia-se em 1970 e compreende até 1978, na qual o real passa a ocupar uma posição dominante e a trilogia passa a ser denominada Real, Simbólico e Imaginário (R.S.I.), (Roudinesco & Plon, 1998).

25 *Mens*, termo do latim que significa mente, intelecto, alma, espírito (Cunha, 2007), e em francês é a forma do verbo mentir (Lacan, 1975).

o sujeito advir, é preciso estar fora, em outro lugar, ex-sistir, o que se dá por uma renúncia à consistência da imagem, processo realizado pela inscrição no simbólico. Portanto, sem o simbólico, diz Lacan, não se haveria suspeita desta imbecilidade.

Dessa forma, Lacan equipara a debilidade ao sentido e, ao mesmo tempo, afirma que é preciso utilizar o simbólico e seu efeito de escritura para sustentar o sentido, ou dar testemunho aos sistemas da natureza. O ser humano só se percebe como sendo ser da natureza porque utiliza recursos do simbólico, e apenas se afastando percebe a existência do "Mens". A debilidade é, assim, uma condição estritamente humana. Lacan lembra que "Mens" também significa mentira, algo que demonstra a impossibilidade do ser de dizer a verdade e, por isso, o ser humano sempre se mete em confusões na sua fala. "Se meter em confusão" é outra característica intrínseca ao ser humano ou ao *parlêtre* (falasser), uma condição que lhe permite ler nas entrelinhas e na qual se produz o equívoco. Deixaremos para explorar essa questão da debilidade com o equívoco mais adiante.

Por hora, queremos nos deter na prevalência do sentido do imaginário na debilidade: manter-se no sentido do imaginário representa uma forma de manter no eixo imaginário a falta simbólica. Lacan (1975) nos orienta que, neste caso, ocorre uma operação como se o significante, que significa a essência pura, não pudesse perder sua con-sistência imaginária (mais uma vez Lacan utiliza os efeitos da linguagem diferenciando o ex-sistente do con-sistente e, ainda, associa o prefixo con- com a palavra *con* em francês, que significa idiota ou imbecil).

No Seminário de 1974-75, Lacan aborda os conceitos de inibição, sintoma e angústia elaborados por Freud e os articula com os três registros: localizando a angústia no real, o sintoma no simbólico e a inibição no imaginário. A inibição é situada por Lacan e, seguindo Freud, no campo do corpo e da função. Existe uma intrusão do imaginário no simbólico, fazendo um buraco no simbólico. Na inibição ocorre uma exterioridade do sentido; é exterior no corpo, algo que está na superfície do corpo, entre imaginário e simbólico. A angústia parte do Real, dando seu sentido à natureza do gozo, que se produz pelo recorte do Real e Simbólico; uma invasão do Real no Imaginário. O Sintoma permite identificar o que se produz no campo do Real, sendo efeito do Simbólico no Real. O registro do imaginário sustenta o nó borromeano e é preciso liga-lo com o Simbólico e com o Real para que ele não se reduza a um máximo imposto pelo saco do corpo. Lacan alerta que é preciso que este seja mínimo para haver o nó borromeano.

Lacan iniciou o seminário usando o vocábulo debilidade para fazer referência a esta prevalência do imaginário e da relação com o corpo para, em seguida, utilizar o codinome inibição em suas distinções com o sintoma e a angústia. Enquanto o sintoma possibilita um tratamento simbólico ao que vem do real, como defesa da angústia, a inibição o faz pelo viés do imaginário, também para evitar a angústia.

No texto freudiano, já havíamos demarcado como a inibição se trata de uma formação do eu, uma limitação funcional do eu, portanto, no campo do imaginário, enquanto o sintoma for uma formação do inconsciente, estará no campo do simbólico. A inibição, ao fazer com que o eu renuncie a certas funções que são fontes de angústia para o sujeito, estabelece um "*laço com o gozo pulsional, ao impor contra-investimentos para lutar contra a emergência dos afetos ou fantasias geradoras de sinal de angústia*" (Trobas, 2003, p. 26, tradução nossa). Dessa forma, a inibição tem a mesma função do sintoma quanto à defesa contra a angústia; mas, neste caso, se busca "*tratar a satisfação pulsional, o gozo, de tal modo que se elabore e se supere a angústia de castração*" (Ibid.). Referente a esta relação de proximidades e diferenças entre inibição e sintoma, Lacan, no seminário *A Angústia*, defende a concepção de que "*ser inibido é um sintoma posto no museu*" (Lacan, 1962/2005, p. 19).

Trobas (2003) assinala que no sintoma existe um tratamento simbólico dos transtornos provenientes da articulação entre a castração e o gozo, o que não priva o sujeito dos objetos da realidade e de seus investimentos libidinais. Já na inibição, pressupõe-se um tratamento imaginário das representações do eu que traz consequências danosas para os objetos da realidade (Trobas, 2003, p. 27). Na inibição pode acontecer um estancamento completo de investimento do sujeito no mundo de seus objetos, como uma inibição global. Neste caso, Freud a aproximou dos estados depressivos. Nesta conceituação existe uma necessidade de diferenciar a tristeza na inibição da tristeza na depressão. Trobas nos auxilia, assinalando que a tristeza vinculada à inibição acontece por "*um fortalecimento da alienação do sujeito mediante o investimento da instância imaginária no eu*", e, por seu lado, a tristeza "*no luto acompanha um processo de separação do sujeito com um objeto idealizado mediante uma elaboração simbólica*" (Ibid.).

A inibição na tristeza depressiva leva a uma impotência em atuar com relação ao afastamento do desejo, como se houvesse uma "*hipertrofia da defesa frente ao desejo*" (Ibid.). A inibição global testemunha certo fracasso do tratamento simbólico do gozo, e assim, tem uma relação estreita com o saber, saber do inconsciente. Vamos nos deter nesta relação do saber com a debilidade mais adiante; contudo, no momento, vamos explorar a conceituação sobre a inibição e sua relação estreita com o imaginário para avançar em nossos estudos sobre a debilidade.

A correlação do duplo e do imaginário com a debilidade está presente em várias obras sobre a debilidade, o que é amplamente explorado pelos autores Rosine e Robert Lefort (1991). Os autores tomaram como base o texto freudiano sobre Dostoiévski, o qual descrevemos anteriormente, principalmente a tese freudiana de que as crises do famoso escritor se agravaram após o assassinato do pai. Seguindo Freud, os Lefort consideram a debilidade como uma dificuldade do ser humano em lidar com a morte (simbólica) do pai, com o processo de castração, com a falta do grande Outro. Eles elaboram a prevalência do imaginário sobre o simbólico na debilidade a partir da questão com a morte do pai. Denominam de *imaginarização do simbólico* (Lefort & Lefort, 1991, p. 48), pelo qual considera a própria morte do pai no lugar da castração. Não exatamente a morte real, mas uma metaforização, substituição desta morte em um processo simbólico; o que acontece é uma operação apenas em nível imaginário.

A castração é o caminho que o simbolismo assume normalmente pelo significante do espelho, diante da falta através da visão especular, como já descrito. No imaginário, "*resta então ao sujeito para ter um corpo vivo, a via do duplo, que é também a via da debilidade mental*" (Ibid.). O sujeito, não conseguindo simbolizar a castração, mantém a imagem dupla no registro do imaginário. Os Lefort salientam que se Dostoiévski não tomou a via da debilidade ou do duplo foi por encontrar a saída pela sublimação. Já *o idiota*, criado por ele, nos fornece a chave para se entender essa falha na questão especular.

Em Dostoiévski, a questão com a figura paterna está muito presente e os Lefort citam uma passagem da vida de Dostoiévski, diante do quadro de Holbein sobre Cristo morto, também presente em seu romance, para ilustrar essa questão com o pai. Os psicanalistas sustentam que Dostoiévski, diante da imagem de Cristo solto da cruz após sua morte, afirma que o quadro era de uma natureza de "*fazer perder a fé*" (Ibid.). Para os Lefort, essa perda da fé é a perda da fé no Pai devido à imagem da morte do filho, "*onde se vê o Cristo que veio suportar um martírio inumano, já solto da cruz e abandonado a decomposição*" (Ibid.), associando a figura de Cristo como "vítima expiatória do Pai". A mulher de Dostoiévski, Anna Grigorievna, descreveu uma reação forte do próprio autor diante desta obra: "*Meu marido diante deste quadro parecia acorrentado, e havia esta expressão de pavor que precediam suas crises de epilepsia*" (Ibid.). A reação de Dostoiévski é um exemplo desta captura imaginária que o abala diante do quadro, afirmam os autores. Os Lefort argumentam que o fato de Dostoiévski não desenvolver uma crise diante do quadro se dá porque o quadro lhe fornece imediatamente o lugar do filho morto, sem necessitar fazer a passagem pela aura do ataque.

As crises do príncipe Míchkin tinham um momento de "exaltação", ele deseja a fase que precedem seus ataques de epilepsia.

> [...] no limiar do próprio ataque [...] chegar a um grau em que subitamente em meio à tristeza, à escuridão da alma, à pressão, seu cérebro pareceu inflamar-se por instantes e todas as suas forças vitais retesaram-se ao mesmo tempo com um ímpeto incomum [...] A mente, o coração foram iluminados por uma luz extraordinária; todas as inquietações, todas suas dúvidas, todas as aflições apareceram apaziguadas de uma só vez, redundaram em alguma paz superior, plena de alegria serena harmoniosa e de esperança, plena de razão e de causa definitiva. Mas este momento radioso nada mais era do que o prelúdio ao segundo decisivo que precedia imediatamente o acesso (Dostoiévski, 2002, p. 263).

Os Lefort assinalam que na fulguração da consciência e suprema exaltação da emotividade, este momento valia o efeito de toda uma vida, como descreve Dostoiévski. Para o escritor, a cegueira mental e a idiotia lhe pareciam claramente uma consequência deste minuto sublime. O personagem central, o príncipe Míchkin, possui uma beleza pura, que se relaciona ao esmagamento de todo desejo, como ao Cristo como vítima expiatória do Pai.

Ao escrever o romance *O Idiota*, Dostoiévski inicialmente descreveu o herói de seu romance como um homem "completamente bom", como Cristo; mas, desde o fim de 1867, destruiu todos os seus rascunhos e seus planos, e o personagem central passou a ser dividido: o príncipe Míchkin será a bela alma e Rogójin, seu duplo, o portador de todas as tendências violentas e mortíferas (Cf. Lefort & Lefort, 1991). Esta figura do duplo atravessa a obra de Dostoiévski, que culmina no personagem central de *O Idiota*.

O fenômeno do duplo pode estar tanto na debilidade, quanto na psicose, assim, é preciso distinguir os dois casos. O próprio Dostoiévski nos auxilia neste percurso. Em sua outra obra *O Duplo*, Dostoiévski descreve perfeitamente a presença deste fenômeno na psicose. Neste caso, o sujeito tem a experiência de se ver fora de si, em uma situação de estrangeiridade absoluta, no gêmeo real, com o mesmo nome e a diferença reduzida simplesmente a nominação de Goliadkine primogênito e Goliadkine caçula (Ibid., p. 48). Aqui, o duplo é uma criação alucinatória real, que confisca a vida do sujeito e torna-se seu perseguidor. Os Lefort lembram que esse é um quadro impressionante e angustiante e que ilustra uma relação imaginária, a qual se mantém em continuidade com o real, sem nenhuma interposição do simbólico, caracterizando assim a estrutura psicótica. O romance *O Idiota* permite uma análise da debilidade que coloca o sujeito em uma dimensão menos radical e fora da psicose, com uma relação de supremacia do imaginário (Ibid.).

Distinguir o duplo na debilidade, e para qualquer sujeito, também se torna necessário, pois este fenômeno surge no estádio do espelho. Mas é preciso haver a interposição do simbólico para ocorrer a divisão do sujeito. O que se passa na debilidade é a supremacia do imaginário, uma imaginarização do simbólico, repetindo os Lefort.

Outra hipótese defendida pelos Lefort sobre a debilidade é o fato de haver uma prevalência da pulsão escópica,[26] marcando mais um desvio no momento especular da estruturação do sujeito. Como ilustração, os psicanalistas citam o fato de o príncipe de Dostoiévski se sentir constantemente sob o domínio de um par de olhos, tanto quando se encontra no meio de uma multidão quanto na escuridão. Os Lefort

[26] A pulsão escópica se refere ao olhar, e o olhar como ato foi descrito por Freud no texto sobre "*as pulsões suas vicissitudes*", que atentou para como um ato configura uma ação pulsional. Para Lacan, o olhar é considerado como um dos objetos pulsionais e dessa forma tem uma relação estreita com o gozo (Cf. Nasio, 1995).

enfatizam que, neste caso, o olhar representa os órgãos do duplo e não o olhar do Outro no *Estádio do Espelho*. No *Estádio do Espelho*, o olhar do Outro causa a queda do objeto, que passa a se presentificar minimamente como objeto a. Para o príncipe ocorre ao contrário, pois são os órgãos isolados que revelam o olhar como real. O real está aqui em continuidade com o imaginário, pelo duplo, e isto traz consequências, pois é justamente a captura imaginária pelo semelhante que faz com que o sujeito não perceba que o olhar que lhe persegue é também o seu. A alteridade significa também uma alteridade interna.

Na debilidade, o espelho do Outro do esquema ótico não se interpõe entre i(a) e i'(a) e a passagem se faz diretamente entre as duas i(a). Essa passagem direta sem a interposição do A leva a construção de uma imagem sem a falta (-φ). A partir desse pressuposto, e por considerarem que na neurose obsessiva a função escópica está presente de forma robusta, os Lefort situam a debilidade nesta neurose. Com tal constatação, os autores confirmam que a debilidade não se trata de uma estrutura psíquica distinta, "*ela não é mais que um avatar, ou talvez um tropeço*", afirmam os psicanalistas (Ibid., 1991, p. 49).

Eles situam este tropeço em um momento que caracterizam como pré-especular. Na debilidade, como resultado deste "desvio" da operação, o sujeito fica capturado mais pela imagem de uma mulher – quer dizer A mulher com a letra **a** grafado em maiúsculo por representar uma mulher total, que não contém a falta – do que pela imagem de um homem, responsável pela lei. Os Lefort sustentam que este é o caso do príncipe Míchkin e, mais uma vez, recorrem ao romance de Dostoiévski para ilustrar sua tese. Em *O Idiota*, logo no início, o príncipe fica fascinado por uma imagem: note-se que o fascínio de Míchkin é pelo retrato de Nastácia Filippovna e não pela mulher em si. Essa mulher será o pivô de todo o romance, portadora de duas imagens distintas que exercem sobre o príncipe, ao mesmo tempo, uma atração fascinante e um sentimento de horror. Os Lefort afirmam que, neste romance, a morte do pai cedeu lugar à morte da mulher. Esta morte será a ocasião para Míchkin reencontrar seu duplo masculino fisicamente, tanto em uma dimensão do corpo real, quanto no imaginário. Isto acontece antes que ele naufrague em um estado esquizofrênico, no qual ele perde a palavra e não pode mais reconhecer ninguém, um estado que ele havia conhecido no início de sua vida, lembram os Lefort (Cf. Ibid).

Segundo esses psicanalistas, se houvesse a passagem pelo espelho do grande **A**, o objeto **a** seria tratado e, dessa forma, minimizaria seu peso de real, determinando que a relação do sujeito com o objeto fosse intermediada pelo grande **A**. Na debilidade, se esta operação não acontece, o duplo vem confundir o ideal do eu simbólico com o eu ideal imaginário, representando um corpo sem falta. Para o débil, esse corpo sem falta permite a ele percebê-lo como único, como Um corpo completo, não dividido.

Portanto, para os Lefort, na debilidade existe uma morte do pai imaginário no lugar da castração. Assim como Mannoni, estes autores abordaram a debilidade e sua relação com o imaginário. Mannoni focou a questão da relação entre mãe e filho, como se a criança ficasse presa a essa relação e como um suporte ao desejo obscuro da mãe. Os Lefort contribuíram para a discussão trazendo a relação com a entrada da figura paterna e a falta de simbolização da morte do pai, o que aconteceria no processo de castração, restando à criança a elaboração de uma morte imaginária do pai. Percebemos essa dinâmica psíquica nas crianças débeis que, ficando presas nessa dinâmica, não formam uma imagem própria, mantendo o duplo na imagem com o semelhante e o duplo por não significantizar a morte do pai simbolicamente.

O "escricista", em sua poesia, demonstra como a questão do duplo e do imaginário estão presentes na condição humana. Além disso, ele destaca os olhos em seu desenho. Não podemos deixar de ressaltar também que na poesia *Olho Aberto!*, presente na introdução, existe essa condição do duplo, da importância do olhar e da instância imaginária, do duplo em se fazer ver e ser visto.

Outros analistas exploram essa condição do débil por meio do processo de separação, como Pierre Bruno, que situa a debilidade como um fracasso reiterado da separação (Bruno, 1986, p. 59). A psicanalista brasileira Ilana Fragelli, em sua tese sobre a escrita, faz um longo estudo sobre a inibição e afirma que esta se apresenta como "*um mecanismo de suplência que o sujeito faz uso quando o recalque não opera, e que também tem como finalidade o tratamento da angústia*" (Fragelli, 2011, p. 160).

É fato que a debilidade tem uma relação estreita com a forma que o sujeito lida com o Outro e com a falta na constituição do sujeito, surgindo como uma resposta do sujeito a um modo de atravessamento na separação. Para continuar a explorar a dinâmica psíquica da debilidade, abordaremos as relações desta condição com o simbólico.

## 2.5 Debilidade sem equívoco

Como ressaltamos, a constituição do sujeito é um processo psíquico que funda o sujeito desejante e, ao mesmo tempo, sua condição de ser falante. E para haver esta constituição, depende-se de um Outro. Nesta passagem, o sujeito ao perceber que o Outro deseja, questiona seu próprio desejo e, ao mesmo tempo, percebe este Outro igualmente faltoso, exatamente por desejar. Esta operação de separação do Outro percebido como faltoso constitui o sujeito desejante e dividido. Em resposta à separação, com a entrada do terceiro, sendo esse a figura paterna, e com a formação do sujeito do inconsciente, advém a fantasia.[27]

É neste processo que o sujeito tem acesso à fala. Assim, para a psicanálise falar significa suportar o vazio, se distanciar do Outro. Como diz Lebrun, implica em "*não estar mais em simbiose com as coisas, poder distanciar-se e não estar mais no imediato, na urgência*" (Lebrun, 2008, p. 49). No registro do simbólico, o sujeito tenta captar o falo de forma simbólica e não mais no imaginário. Lacan representa o falo simbólico pelo seguinte matema: [Φ] o diferenciando do matema do falo imaginário [-φ]. É interessante ressaltar que o símbolo Φ é o símbolo da matemática para representar o vazio. Lebrun destaca que Lacan, ao representar o Falo pelo símbolo do vazio, "*indica o todo, ao mesmo tempo em que atesta a presença no vazio*" (Ibid., p.69).

A identificação simbólica permite a identificação a um significante inicial, o que Lacan chama de $S^1$, o primeiro significante que passa a representar o sujeito. Nesta identificação, ocorre uma operação de substituição, uma metáfora que Lacan denomina de metáfora paterna.[28] Esse $S^1$ que representa o sujeito só terá sentido quando for introduzido no campo do Outro, quando houver um $S^2$, ou seja, o significante só fará sentido para outro significante e por sucessão formará uma cadeia de significantes. Nesta representação por um significante, o próprio sujeito desaparece ao ser representado, o que marca um intervalo, uma falta entre

27 O termo *fantasia* foi descrito por Freud em 1897 como uma maneira que o sujeito representa para si mesmo sua história ou a história de suas origens (Roudinesco & Plon, 1998). Lacan retoma este conceito freudiano para elaborar um matema sobre a lógica da fantasia, uma forma de explicar a sujeição originária do sujeito ao Outro. O mito individual do neurótico se refere a essa história original que cada sujeito se enreda.

28 A metáfora paterna é uma ação simbólica necessária para a constituição do sujeito, significando uma substituição do desejo da mãe pelo Nome-do-pai.

estes dois significantes. Lacan nos diz que é neste intervalo que acontece a entrada do desejo do Outro. Assim, a própria cadeia de significantes seria também uma denominação do A. Com essa conjectura, Lacan afirma que o inconsciente, a partir de Freud, "é uma cadeia de significantes que em algum lugar (numa outra cena, escreve ele) *se repete e insiste, para interferir nos cortes que lhe oferece o discurso efetivo e na cogitação a que ele dá forma*" (Lacan, 1960/1998, p. 813). Neste ponto de sua teoria, Lacan caracteriza o inconsciente estruturado como linguagem, utilizando os mesmos elementos da linguagem como a metáfora – substituição, sincrônica e a metonímia –, combinação, diacrônica. Se o inconsciente é estruturado como linguagem, o sujeito é o significante, afirma Lacan, em 1960, e ainda ele acrescenta que o significante designa o sujeito, mas não o significa.

O significante primeiro, $S^1$, representa o sujeito para outro significante, $S^2$, e o sujeito irá desaparecer (ex-sistir) para surgir uma rede de significantes. Neste processo de representação simbólica entre dois significantes, mais uma vez Lacan retoma o termo alienação. Em 1964, ele afirma que a ordenação de dois significantes está presente apenas no momento da alienação e, desde que haja três, o significante se torna circular, voltando ao significante primeiro como possibilidade de identificação e não ao segundo. Entre $S^1$ e $S^2$ existe um significante primeiro para o sujeito que está sempre presente no deslizamento, e uma relação de incompletude, um intervalo. É neste deslizamento e no vazio do intervalo que se produz os equívocos do sujeito; neste ponto encontra-se o equívoco do simbólico na teoria lacaniana.

Esta formulação lacaniana é um contraponto ao cogito cartesiano, pois o sujeito precisa desaparecer, ou ex-sistir diante do significante que o representa. Neste pressuposto, o sujeito está presente exatamente onde não pensa. Assim, a disjunção da teoria lacaniana com a cartesiana é total. Para a psicanálise, a frase é invertida: *ou não penso, ou não sou*. Kaufmann (1996) lembra que é a alienação inicial que já impõe a negação do cogito cartesiano, pois é o Outro quem pensa.

Neste sentido, ao mesmo tempo em que a teoria lacaniana se aproxima, ela também se difere da linguística. O psicanalista afirma que houve um engano na consideração sobre o que seria esse $S^2$, devido a um erro na tradução do "*Vorstellungsrepräsentanz*"[29] (Lacan, 1964, p.

[29] A tradução literal do alemão seria uma ideia de representante da representação.

223). O engano estaria em considerar que o significante teria a função de apenas nomear ou etiquetar alguma coisa, preso ao seu significado, sendo que, para Lacan, o significante tem primazia. Lacan utiliza a experiência de Pavlov para ilustrar seu argumento, lembrando que para o animal a coisa (a carne) está atrelada ao significante (o estímulo), e, o animal, além de solidificar a coisa ao significante, não se interroga sobre o desejo do experimentador.

Esta é uma diferenciação fundamental das duas teorias: para a psicanálise, a linguagem é a marca da condição humana; um ser que faz uso da essência da linguagem é um ser de desejo. Manter-se em um nível que consideraria uma solidez entre significante e significado seria estar apenas no nível da necessidade. Mas como o ser humano tem ascensão a outro nível, ou seja, ao desejo inconsciente, opera-se um corte nesta sedimentação. Aqui, Lacan denuncia a inutilidade desses tipos de ações para o ser humano, como as ações efetuadas pelas teorias comportamentais e behavioristas.

Ao postular que o significante remete a outro significante e não está solidificado ao significado, Lacan diferencia do pensamento de Saussure. A partir desta referência teórica na qual Lacan defende o deslize dos significantes para se estabelecer um discurso, ele definiu o conceito de holófrase.[30] O psicanalista destacou alguns casos em que não ocorre esse deslize, ao afirmar que "*não há intervalo entre $S^1$ e $S^2$, quando a primeira dupla de significantes se solidifica, se holofraseia, temos o modelo de toda uma série de casos – ainda que, em cada um, o sujeito não ocupe o mesmo lugar*" (Lacan, 1964/1985, p. 225). Os casos que Lacan destaca como havendo a holófrase são: psicose, debilidade e psicossomática. Neste ponto, referindo-se à tese de Mannoni sobre a debilidade, Lacan afirma que o sujeito na debilidade fica "*obscurecido*" por uma identificação ao desejo maternal, um desejo obscuro que ele não consegue *significantizar*, construindo, por consequência, uma holófrase.

Portanto, existe sim, em relação à debilidade, um tipo de fusão na teoria lacaniana, mas de significantes e não de corpos como havia

30 Bruno (1986) lembra que Lacan, em 1958, na lição de 3 de dezembro, já havia se referido à holófrase, e a exemplificou com a mensagem: *Socorro*! Uma mensagem, uma palavra que contém toda a frase na qual o sujeito está implícito. Na holófrase, uma palavra forma uma unidade de frase.

considerado Mannoni. Lacan assegura que é nesse tipo de relação entre mãe e filho que se introduz a educação do débil na dimensão do psicótico. Nesta afirmação de Lacan fica evidente que não se trata de uma estrutura na debilidade e nem tão pouco que esteja vinculado à estrutura psicótica. A fusão de $S^1$ e $S^2$, a holófrase, é uma forma encontrada em outras estruturas e quadros clínicos como a psicose e a psicossomática. Com essa consideração, notamos que Lacan aproxima a debilidade da psicose, mas ao mesmo tempo as diferencia. Aqui, é preciso distinguir a holófrase na debilidade daquela que ocorre na psicose.

Para o sujeito existe um significante que o representa, ligado ao Nome do Pai e, portanto, a partir desta identificação, este significante se remete a outro e, por consequência, a uma série, com o sujeito, nesta operação, desaparecendo e se tornando desde então um ser cindido. Nos casos em que não ocorre esse deslize acontece a holófrase. Na psicose dá-se a forclusão do Nome do pai com os significantes solidificados, não existindo o intervalo entre eles, a falta não é instalada no campo simbólico por não existir a possibilidade da metáfora paterna para o desejo da mãe. Como a falta não está metaforizada por meio do simbólico, ela aparece no real. Na psicose é o sujeito que se coloca como a própria falta e como objeto de desejo da mãe. A holófrase foi trabalhada por vários psicanalistas principalmente para caracterizar a psicose, mas foram poucos os que se aventuraram no tema da debilidade, como já ressaltamos. Encontramos alguns estudos com interpretações diferentes e consideramos que este é o ponto delicado para situar a debilidade na estrutura neurótica.

Vorcaro (1999), psicanalista brasileira, explorou esse conceito da holófrase e traz uma importante contribuição ao ressaltar que Lacan não considera que o ser humano faz uma passagem do imaginário para o simbólico, como se houvesse uma continuidade, como se fosse uma passagem do grito animal para a fala humana. No entanto, o plano imaginário é também sustentado pelo simbólico. Vorcaro lembra que em Lacan "*essa impossibilidade lógica de um salto entre o imaginário e o simbólico sustém a passagem sobre a holófrase*" (Vorcaro 1999, p. 31). A holófrase aparece no simbólico em situações limite em que o sujeito está suspenso a uma relação imaginária de inter-subjetividade, como se fosse uma zona intermediária entre o imaginário e o simbólico (Ibid., p. 32). A frase monolítica da holófrase leva a uma ausência de metáfora, na qual um significante poderia vir em lugar de outro.

Eidelsztein (2008) é um psicanalista argentino que define a holófrase na debilidade não como a produção de um único S, na solidificação, mas como uma operação circular entre $S^1$ e $S^2$. Ele defende sua hipótese considerando que se houvesse a solidificação em apenas um dos S, não se consideraria qualquer possibilidade de articular os significantes, o que seria "*ridículo de se sustentar*" (Eidelsztein, 2008, p. 74, tradução nossa). Neste deslizamento circular não existe um limite, um ponto de basta, ocorrendo mudanças em todos os elementos. Com a entrada do termo obscuro do desejo da mãe, o $S^2$ volta ao $S^1$, contudo sem saber qual é o primeiro e qual é o segundo, não existindo uma lei para colocar limite na metonímia. "*Esta relação por não estar submetida ao limite impede que o significante opere normalmente na representação do sujeito*" (Ibid., p. 75, tradução nossa). Neste caso, o deslize sem limite é diferente do deslize da metáfora que voltaria ao $S^1$ e retomaria o discurso, ela se vê impedida de aparecer nesta operação circular, prevalecendo a metonímia. Na holófrase não existiria o intervalo, o vazio entre os significantes como o lugar de localização do sujeito dividido. Para este psicanalista, é o próprio sujeito que fica holofraseado na cadeia significante, não existindo intervalo entre ele mesmo e a cadeia significante e, em especial, entre ele e o Outro (Ibid., p. 338). Não cabe para este sujeito o intervalo, ou seja, as entrelinhas. Desta forma, ele não vai além do dito literalmente. A ausência de funcionamento do $S^2$ na debilidade se posiciona como uma ausência de saber para Eidelsztein.

Eric Laurent (1995), outro psicanalista francês lacaniano, correlaciona o fenômeno da holófrase como a formação de um tipo de Um. Para Laurent, se existe a holófrase no débil é porque existe o Um no débil, assim como na psicose, e ele distingue os dois tipos de Um nestes casos. Laurent argumenta que em determinados momentos de sua elaboração teórica, Lacan considerou a holófrase como o conjunto da língua e, no final de sua obra, a considerou como o próprio significante primeiro, o $S^1$. Existe uma diferença crucial entre este significante primeiro ($S^1$) e o Um (grafado com maiúsculo, a representar o $S^1$ ligado a outro significante) descrito por Laurent. Para Laurent, o sujeito na posição débil, diante da operação de constituição do sujeito e de formações das identificações, não consegue se identificar ao significante $S^1$ e se apropriar deste significante, mantendo-se preso ao significante do Outro, ao $S^2$. Esse é o ponto no qual o psicanalista distingue a holófrase no débil da holófrase na psicose.

O Um na psicose significa que os dois significantes ficam completamente colados, não havendo a identificação com o $S^1$, assim, ocorrendo uma "infinitização" deste primeiro significante, não se referindo, portanto, ao $S^2$. No débil seria a solidificação do segundo no $S^2$. O autor afirma que, desta forma, existe o dois no débil, o que pode ser feita uma alusão ao duplo e à relação imaginária entre dois, sem a entrada do terceiro. Percebe-se, portanto, as interpretações distintas entre Laurent (1995) e Eidelsztein (2008): para o primeiro a solidificação se dá no $S^2$, enquanto que, para o segundo, ocorre uma circulação entre os dois significantes sem distinção entre o $S^1$ e o $S^2$.

Para Bruno (1983), na debilidade a holófrase também se solidifica no $S^2$, ou a série de sentidos que possa representar a falta do Outro encarna essa seriação. Santiago também corrobora para essa hipótese e afirma que "*para o débil existe uma identificação compacta, que reduz a série e se encarna na criança, enquanto suporte único do desejo da mãe*" (Santiago, 2005, p. 166). O verbo "encarnar" utilizado pelos autores nos parece extremamente pertinente para enfatizar essa relação da debilidade com o corpo. É importante ressaltar que mesmo a debilidade tendo uma correlação com o corpo, tem igualmente uma relação estreita com o significante, e essa condição não está apenas materializada na coisa.

Já para os psicanalistas franceses Gabriel Balbo e Jean Bergès não há uma fusão, mas uma equivalência dos significantes, e assim, "*a fusão opera com um deslocamento: o significante mestre $S^1$ se confunde com o saber $S^2$ da mãe, saber que assim substitui o de seu filho, e o reduz, fazendo-o dever ser apenas um falhado cognitivo*" (Balbo & Bergès, 2003, p. 198). Quando um significante se equivale ao outro não há o deslizamento e eles ficam em um mesmo nível.

Anny Cordié (1996), outra psicanalista francesa, defende uma suspensão na função simbólica, com a ausência de intervalo entre os significantes que leva a uma ausência de dialética e de mobilidade. Neste caso,

> o sujeito fixa em uma significação dada, e, não pode entender nada além daquilo que ele definitivamente construiu para si. Ele repete suas convicções sem que o sentido possa liberar-se e a reflexão se enriquecer (Cordié, 1996, p. 140).

Esta psicanalista distingue a debilidade do fenômeno psicossomático, no qual a parada da simbolização atinge o corpo ou uma de suas partes.

Estas considerações dos psicanalistas e suas possíveis interpretações e entendimentos de uma tese lacaniana nos dão a dimensão da dificuldade de entender o funcionamento desta condição humana. Se considerarmos a metáfora como completamente inexistente, nestes casos, não encontraríamos poemas como estes utilizados na presente tese, ou ainda, duvidaríamos dos diagnósticos dos autores dos poemas. Concordamos e optamos pelo termo utilizado por Cordié, como se houvesse uma "suspensão" do simbólico, entendendo que possa levar a um empobrecimento e a uma dificuldade de utilizar os recursos da metáfora. No entanto, este termo define principalmente um modo de operação particular do sujeito determinado pela holófrase do pai primordial. A holófrase pode ocorrer por falta de recursos para a metáfora.

Desta forma, percebe-se que o sujeito na posição débil evita o equívoco entre os significantes, tentando recheá-lo de sentidos e, como definiu Lacan, o sentido está no nível do imaginário. Percebemos que aquilo que o débil tanto busca é se solidificar no sentido entre os pares de significantes a evitar o equívoco do simbólico. O débil cria uma certeza para o simbólico, apegando-se ao sentido no lugar do equívoco; ele não percebe um duplo sentido no $S^2$, mas o equivale ao $S^1$. A equivalência defendida por Bergès e Balbo nos permite pensar nestes significantes em um mesmo nível, como um duplo se equivalendo, e mais uma vez presenciamos o imaginário se sobrepondo ao simbólico na debilidade.

Portanto, defendemos que, nestes casos, a utilização da metáfora na língua falada ou escrita é mais difícil, mas não totalmente ausente. Ao mesmo tempo, alertamos que tomar esta formulação de Lacan como um impedimento definitivo e total para a debilidade significa permanecer na lógica que considerava a debilidade como sendo irreversível. Ou ainda, seria considerar a inexistência da metáfora apenas em nível da linguagem e não sobre os significantes do sujeito, do pai primordial. A metáfora suspensa na debilidade é aquela do Nome do Pai que substitui o desejo da mãe, é esta metáfora que permite a representação do sujeito por um significante. Nestes casos, a utilização da linguagem e de seus recursos, como a metáfora, ficará comprometida, mas a linguagem e o simbólico já estão presentes para o sujeito do inconsciente. Na debilidade, as dificuldades em lidar com a metáfora paterna podem ser transpostas para as dificuldades com a linguagem falada, às vezes chegando ao mutismo, à ecolalia, ou aparecem na linguagem escrita, com as dificuldades para se lidar com este campo.

Percebemos que, para o "escricista", o uso das metáforas está presente na construção poética, no jogo de palavras, tal como a posição débil também nos parece presente através da dificuldade em lidar com a escrita. Ele se permite utilizar a imagem, ele consegue desenhar, mas se vê impedido de escrever. Ora, desenho e escrita são formas diferentes de lidar com as representações. No desenho, com a presença da imagem, existe uma conjunção do imaginário com o simbólico; já na escrita, o simbólico se articula com o real, algo que para ele se torna impossível.

O desenho é também uma forma de escritura, pois tenta abarcar algo incompreensível para o sujeito. O ato de desenhar é algo que o "escricista" consegue fazer muito bem. Já as poesias são construídas verbalmente; com sua voz ele consegue aparecer e desaparecer. Aqui, destacamos mais um objeto de Lacan: a voz. Esse é um objeto possível de ser articulado pelo "escricista". Lembramos também que Lacan descreve a voz como sendo outro objeto ligado à mãe. Mas quando o "escricista" pede ao Outro para escrever, este ato nos parece uma forma de materializar sua voz e, ao mesmo tempo, não entrar no domínio da escrita. É o outro que escreve para ele, é o outro que sabe escrever.

No ato da escrita formal, a dificuldade do "escricista" lidar com a metáfora e com o simbólico se apresenta de forma contundente. Para analisar o impedimento de escrever deste garoto, precisamos diferenciar o significante do signo e da letra para a psicanálise. O signo, a palavra é diferente do significante que, como já descrevemos, é algo que representa o sujeito, podendo remeter a uma palavra. Jeanne D'Arc Carvalho (psicanalista lacaniana mineira) nos lembra de que, para a psicanálise, a letra não corresponde apenas "*a uma estrutura fonemática do significante, mas [...] aquilo que convoca a escritura do que não pode ser escrito*", a letra é assim o próprio inconsciente (Carvalho, 2005, p. 113). O inconsciente faz uso de metáforas e de metonímia e se escreve a todo instante, mas a escritura do inconsciente entre percepção e consciência se refere a um "*ponto irredutível, que não se pensa, não se diz e não se escreve*" (Ibid.). A autora, em sua pesquisa para o mestrado sobre a psicanálise e a educação, situa a dificuldade na escrita como "*apelo a uma operação de separação da relação narcísica e dual entre o sujeito e o Outro*" (Ibid., p. 122). A dificuldade com a operação da separação e a relação dual são processos semelhantes ao que se apresenta na debilidade. Talvez no débil não se apresente como apelo, mas como mais uma forma de alienação.

Recusar-se a entrar nas regras da escrita pode significar para o "escricista" recusar-se a perceber o deslizamento do significante e, ao mesmo tempo, não se desprender da imagem. Desta forma, existe também uma recusa ao real imposto pelo texto. Em sua pesquisa, Fragelli constata que a escrita desestabiliza algo do semblante (presente na fala) e "*conduz o sujeito que ali tenta se instituir o furo no saber, e assim, é mais um meio de se tocar uma outra dimensão que a linguagem põe em jogo, o gozo*" (Fragelli, 2011, p. 131). Um furo no saber é algo insustentável para o "escricista". Aliás, colar os significantes escritor e desenhista para formar uma só palavra com a qual ele se autodenomina já diz desta posição assumida pelo "escricista": um escritor que não se permite o ato de escrever, mas apenas desenha. Traçar um desenho, verbalizar um poema, definitivamente não é o mesmo que traçar uma escrita.

## 2.6 A redução na debilidade

Bruno (1983) correlaciona a holófrase com a redução, um fenômeno que também está presente no "chiste" desenvolvido por Freud, em 1905. Voltemos ao conceito freudiano sobre o chiste, o qual nos auxilia a compreender esta intricada condição humana e a maneira com a qual ela lida com a linguagem. Para Freud, no chiste acontece a formação de um substituto pela utilização do procedimento de redução, em processos de condensação, de duplo sentido, com jogo metafórico e de representação indireta. Condensação é um termo empregado por Freud para designar um dos principais mecanismos de funcionamento do inconsciente. A condensação efetua a fusão de diversas ideias do pensamento inconsciente para desembocar em uma única imagem do conteúdo manifesto (Roudinesco, 1998). Um mecanismo utilizado pelo inconsciente nas suas formações, como o sintoma, o sonho, os lapsos e o chiste. Neste texto sobre *Os Chistes*, Freud aponta a condensação como uma formação em que o sentido surge no não sentido. O termo metáfora consiste em retirar uma palavra de seu contexto convencional e transportá-la para um novo campo de significação, por meio de uma comparação implícita, de uma similaridade existente entre as duas. Lacan se apropria desses conceitos utilizados por Freud e eleva a noção de metáfora a um conceito fundamental de sua teoria, "*para designar a relação do sujeito castrado e sexuado da linguagem*" (Kaufmann, 1996, p. 332).

Freud salienta que todas as técnicas analisadas por ele no chiste "*são dominadas por uma economia. Tudo parece ser uma questão de economia*", diz Freud (Freud, 1905b/1980, p. 58). Ocorre também no chiste a representação pelo oposto, assim como o *nonsense*, ou a representação de algo muito pequeno, uma redução que também foi explorada na neurose obsessiva (Ibid., p. 99). Bruno (1983) ressalta que Freud destacou o fenômeno da redução também no *Homem dos Ratos* e a relacionou a algo que torna a mensagem mais inteligível e, por vezes, mais prolixa. Mais um ponto que aproxima a debilidade da neurose obsessiva, apesar de Bruno não realizar claramente esta aproximação como os Lefort o fizeram.

Para Freud, o chiste necessita sempre de três pessoas, pois ele é dirigido a alguém sobre alguém, e serve para aliviar a agressividade sobre outra pessoa. Percebemos, muitas vezes, o débil se coloca como o próprio chiste, na imagem do bobo, eliminando o terceiro e incorporando o chiste para o outro, assim excluindo a possibilidade de agressividade. Freud buscou analisar não só a técnica, mas também o propósito do chiste e considerou que, por vezes, ele é utilizado pelas crianças para se "*evadir da pressão da razão crítica*", como uma rebelião da compulsão da lógica existente na escola (Freud, 1905b/1980, p. 148). O prazer no *nonsense* mantido nos adolescentes foi percebido por Freud como algo que desempenhou "*parte menor em sua deficiência que a sua real ignorância*" (Ibid., p.149), como se no *nonsense* fosse conservada uma liberdade de pensar que é tolhida no âmbito da escola.

Bruno ressalta que o chiste consiste em anular um efeito de sentido, modificando o significante e conservando o significado; no débil a redução acontece de outra forma, pois existe o intuito de conservar e repetir o significante, ele não é substituído (Bruno, 1983, p. 16). Neste caso, acontece uma redução com uma repetição, diferente do que acontece no chiste; o sujeito na debilidade se aproxima mais do que é cômico (da "cara de bobo") do que do chiste.

Bruno alerta que isto gera um grande perigo, pois esta redução pode estar nas tarefas reduzidas e repetitivas utilizadas na educação da criança com quadro de debilidade. Durante séculos, esta tem sido mais uma ação que impede a possibilidade dessas pessoas de entrarem no simbólico a se manterem meramente em um nível imaginário. O aluno débil se torna um simples "copista" na sala de aula, uma cópia sem apropriação do saber, uma cópia do que o Outro sabe. Da mesma forma, pode ser percebido em situações em que o sujeito ritualiza o seu cotidiano em ações repetitivas, como se nada pudesse lhe escapar. Nesta operação, o sujeito na posição débil visa encobrir todo o traço do sujeito do inconsciente, resultando em uma incoordenação entre os termos do discurso que marcam os significantes $S^1$, $S^2$, como afirma Bruno (Ibid.). Este processo de redução pela repetição nos leva a manter a hipótese dos dois significantes se repetindo, ao invés de haver a substituição.

## 2.7 O Saber e a Verdade na Debilidade

Diante da operação de separação, o débil assume uma posição de não querer saber sobre essa operação, principalmente por não admitir que haja uma falta no Outro. A operação que o débil faz é de tentar de todas as maneiras encobrir esta falta. Bruno (1986) considera que o débil é aquele que encarna o saber do Outro, por este não poder faltar. O sujeito tomado pela debilidade precisa conservar o Outro intacto como verdade, não podendo permitir que a falta apareça e em função disso se coloca como servil deste Outro (Bruno, 1986). O débil assume uma posição como se auto interditasse, como se não pudesse saber da falta diante do momento especular, ele se *auto interdita* de saber, afirma Bruno (1986). Essa escolha de se autointerditar, o mantém em uma posição que reconhece apenas a "*vertente imaginária do significante mestre e desconhecendo a vertente simbólica desse significante*" (Santiago, 2005, p. 177). Ele reconhece apenas o sentido e desconhece o equívoco.

Nesta posição, o débil não lê nas entrelinhas o que aconteceria no deslize dos significantes, pois ele fica impedido de perceber o que está por trás do enunciado. Vale lembrar que uma das definições etimológicas para a inteligência vem do latim *intellectum,* supino de *intelligére,* ler entre (inter-lire) (Cunha, 2007). Lacan, em 10 de dezembro de 1974, afirmou que ler entre as linhas é saber de outra forma como o simbólico se escreve.

O $S^2$ não teria exatamente a característica de um segundo tempo, mas de um duplo sentido (Vorcaro & Lucero, 2010). É esta duplicidade de sentido no significante que leva todo sujeito tanto à debilidade, quanto ao equívoco na busca de sentidos. Sobre o sentido, Lacan afirma que "é *neste efeito de escrita do simbólico que se sustenta o efeito de sentido, dito de outra forma de imbecilidade*" (Lacan, 1974, p. 4). Aqui, percebemos novamente a correlação da debilidade com o sentido e o imaginário, e, ao mesmo tempo, como uma condição humana, natural a todo sujeito. Vorcaro e Lucero sustentam que a diferença da debilidade comum e da criança, a qual permanece na posição débil, está neste ponto, considerando que a criança débil não reconhece a duplicidade de sentido para buscar outros sentidos, pois ela está colada no significante seguinte.

Podemos também explorar esta relação da debilidade com a verdade na teoria de Lacan em seu Seminário *De um Outro a outro*. Neste seminário, ao trabalhar a relação do sujeito com o Outro e o saber, Lacan afirma que o saber é um preço na renúncia ao gozo, e nesta operação, o próprio saber se torna uma mercadoria (Miller, 2007). Na lição de 12 de fevereiro de 1969, denominada *Debilidade da verdade, administração do saber*, Lacan questiona se não existe certa astúcia no débil. Ele afirma que um paciente seu, em análise, diz verdades que saem em estado de pérolas, fazendo alusão a uma frase célebre: *"a pérola da mentira é a secreção da verdade*" (Lacan, 1968-69/2008, p. 170). Lacan afirma: "... é forçoso, afinal, que nem tudo seja tão débil assim no débil mental. E se ele fosse um pouquinho ardiloso, o débil *mental?* " (Ibid., p. 172). Mais uma frase lacaniana que nos leva a outra série de interpretações e entendimentos sobre a debilidade. Podemos também voltar à questão que levantamos sobre a holófrase, como uma impossibilidade de a metáfora na linguagem oral e escrita ocorrer em determinados momentos e não de forma compacta para o sujeito.

Destacamos outro aspecto importante extraído desta lição de Lacan: ele afirma que estes sujeitos são providos de certa astúcia (no dicionário Aurélio, astúcia é sinônimo de inteligência). Isto coloca em cheque a crença construída durante séculos sobre a definição da debilidade e mesmo da deficiência intelectual e toda a busca da psicologia para defini-los, a partir do déficit, ou a tentativa de mensurar o grau de inteligência ou de seu déficit.

Logo em seguida, nesta mesma lição, Lacan afirma que no romance *O Idiota*, de Dostoiévski demonstra como em determinados momentos essas pessoas se comportam da "*maneira mais maravilhosa*", seja qual for o campo social ou a situação de embaraço que tenham de enfrentar. Existem várias citações no romance *O Idiota* que ilustram este aspecto. Destacamos duas descritas no momento em que o Idiota conhece a família de Aglaia.

A primeira, quando Adelaida, uma das irmãs de Aglaia, refere-se a uma narração realizada pelo príncipe Míchkin, afirmando: "*Mais uma vez não consigo entender como se pode narrar de forma tão direta, eu não me arranjaria de maneira nenhuma*" (Dostoiévski, 2002 p. 80). A segunda aparece na frase da mãe, quando alerta as filhas depois de um deboche sobre Míchkin feita por elas: "*Não galhofem, queridas, é possível que ele ainda seja mais astuto do que vocês três juntas*" (Ibid., p. 102). A astúcia pode aparecer de várias maneiras em algo que é dito de forma inadvertida ou inesperada e, nas possibilidades de realizar as substituições e metáforas, fazendo uso de recursos que lhes seriam a priori considerados impossíveis.

Lacan (1969), em sua afirmação sobre a possibilidade de uma astúcia no débil, faz também um contraponto à "*astúcia da razão*" em Hegel. Lacan afirma que nunca teve oportunidade de ver este tipo de astúcia e também sempre desconfiou de sua existência. O que Lacan sustenta é que todo ser humano, ser que ele nomeia de "*parlêtre*" ("falasser"), ao tentar dizer a verdade é obrigatoriamente mentiroso. A verdade à qual Lacan se refere é a verdade do sujeito do inconsciente. Vale ressaltar que a verdade para a psicanálise é distinta da verdade hegeliana. Não queremos nos deter ou aprofundar no pensamento hegeliano, apenas delimitar algumas diferenças entre seus conceitos e os da psicanálise para situar a debilidade neste campo.

A premissa da psicanálise, de que o sujeito é dividido com o advento do inconsciente, diferencia radicalmente a teoria psicanalítica da fenomenologia de Hegel, visto que, para o filósofo, "*a astúcia da razão significa que o sujeito desde a origem até o fim, sabe o que quer*" (Lacan, 1960/1998, p. 817). Em contrapartida, o sujeito freudiano nem sempre sabe o que diz e, muitas vezes, "*nem sequer que está falando*" (Ibid., p. 815). O saber que comporta algo do inconsciente não se refere a qualquer tipo de conhecimento instintivo ou mesmo cognitivo, por estar inscrito em um discurso que o sujeito não sabe nem o sentido e nem o texto. O saber do inconsciente traz a verdade do sujeito, algo que foi construído na forma de um mito, o mito individual de cada sujeito. Para a psicanálise, nem tampouco existe uma possibilidade para um saber total ou completo pelo simples fato de o sujeito ser dividido e se constituir a partir de uma falta no Outro, algo que é completamente distinto da verdade hegeliana. Na teoria psicanalítica, o saber e a verdade são, portanto, incompletos, considerando ser impossível dizer toda a verdade, o que leva Lacan a afirmar que a verdade é mentirosa. A psicanálise opera em outra lógica, a qual considera a impossibilidade da completude.

Além desse fato, de haver uma impossibilidade para se atingir o saber e a verdade absoluta, a questão do desejo na psicanálise também se diferencia da teoria hegeliana. Para a psicanálise, o homem não sabe exatamente o que quer, pois o desejo do sujeito se vincula ao desejo do Outro e é neste circuito que reside também o desejo de saber. Em 1960, Lacan salienta em seu texto *A subversão do sujeito e o desejo inconsciente* que esta preposição "do" em "desejo do Outro" deve ser entendida como o "de" latino, significando que o sujeito deseja como o Outro. O sujeito não sabe exatamente o que quer, uma vez que é do Outro que o sujeito recebe sua mensagem invertida e é como o Outro que ele deseja. Portanto, a verdade para o sujeito está no Outro. Com esses fundamentos, a psicanálise subverte a questão do sujeito e se distancia definitivamente da teoria hegeliana, bem como de teorias cognitivas e comportamentais, como a psicologia que considera apenas o sujeito do conhecimento e "des-conhece" o sujeito inconsciente.

A frase célebre de Freud ilustra essa teoria: *Wos Es war, soll Ich werden.* Lá onde isso era, (no instante que tropeça), o eu pode vir a sê-lo (por desaparecer do próprio dito). O eu incide como sujeito de um duplo paradoxo: primeiro se abole por seu saber e isso acontece em um discurso que é furo (pois é a morte, a falta que sustenta sua existência), e este furo é preciso ser percebido no Outro. Para a psicanálise, o sujeito aparece assim no inter-dito no intra-dito entre dois sujeitos. Ao mesmo tempo é o Outro que deseja, mas é a partir da interrogação sobre este desejo, da falta do um, ou seja, do -1, que o sujeito pode surgir e começar a contar. Mas, como lembra-nos Lacan em sua matemática, jamais seria o começo da conta por Um (como gostaria Hegel e a psicologia); é a partir do furo, do zero, da falta do -1, que o sujeito pode começar a contar. Percebe-se aqui a grande diferença entre essas teorias, pois a astúcia da razão em Hegel, quando tem êxito, impetra uma consistência do Outro para chegar a um ideal de espírito absoluto, argumenta Lacan. Sob este aspecto, Bruno afirma que o "*prodigioso sistema hegeliano é o tópico da debilidade*" (Bruno, 1986 p. 44, tradução nossa), uma vez que é na debilidade que o homem crê profundamente nesta verdade absoluta do Outro e que personifica e acredita no Um.

Com relação à verdade, o sujeito na debilidade tenta preservar o Outro como completo e ser o próprio portador desta verdade; ele resiste a tudo que demonstre uma inconsistência no Outro. Bruno (1986) sustenta que o débil está no lugar da verdade do dizer parental, como assinalou Mannoni, em 1964, e acrescenta que a "*essência da debilidade é tanto uma doença do falasser, quanto do saber*" (Ibid., p. 58, tradução nossa).

Mas, à medida que qualquer sujeito se dedica a dizer a verdade, o sujeito mente, e, assumindo a posição débil, estando a serviço da verdade, o sujeito se coloca em uma condição terrível. Percebemos que, muitas vezes, a saída para não ser cometido pela mentira é adotar uma total mudez, ou construir uma inibição da fala. Bruno (1986) afirma que o débil fica impotente ao mal-dizer a verdade, ele tampouco pode "meio dizer". Bruno faz aqui um jogo de palavras no francês entre o mal-dizer (*médire*) e o meio dizer (*mi-dire*) – mais uma vez, o sujeito não se coloca nas entrelinhas e não permite o equívoco.

O sujeito na posição débil é aquele que não questiona e que se posiciona perfeitamente no "logo existo", sem se perceber de fora do sujeito que se abole no discurso. O sujeito na debilidade não permite ser percebido distanciado e estabelece a barra que separa o sujeito do enunciado do sujeito da enunciação. Bruno sugere que para o débil esta barra torna-se transparente e não inexistente. O sujeito débil, para não correr o risco de mentir, simplesmente repete o enunciado do Outro e não coloca o enigma do saber – mais um processo que o leva a se posicionar como mero copista do Outro. O saber que ele guarda é um saber mortal e finito, por não comportar o saber da castração do A. O sujeito nessa situação crê no Outro consistente e, além disso, crê que esse Outro é crédulo (Cf. Bruno, 1986, p. 53). A existência para esse sujeito se dá pela consistência. É nessa credibilidade que ele imputa ao Outro que ele pensa ali onde ele poderia dizer que está, e, não "*onde eu posso dizer que não estou*" de fora (Ibid.).

Bruno nos lembra sobre a condição do sujeito na posição débil que:

> [...] ele personifica a razão ao se enganar na derrota da razão que ele acredita [...] Pode-se dizer que o débil é o que se recusa a ser particular, se faz de servo de uma verdade na qual ele espera que lhe gratifique de uma universalidade, na qual, no final das contas ele paga o preço de se interditar todas as paixões, para se colocar como uma mercadoria fantasma (Ibid., p. 44, tradução nossa).

Eidelsztein (2008) interpreta a astúcia na debilidade, destacada por Lacan, como sendo uma capacidade prodigiosa do sujeito nessa condição de evitar o encontro com a falta que lhe é angustiante. Ele percebe esta astúcia em situações com alguns sujeitos que decoram todo um catálogo telefônico ou realizam cálculos matemáticos surpreendentes, atos que seriam impossíveis para a grande maioria de sujeitos humanos (Eidelsztein, 2008, p. 339). Mas ele ressalta que, nestes casos, a memorização e cálculos matemáticos estão desprovidos de saber. O saber no sujeito débil é destituído de todo desejo, inclusive do desejo de saber.

Para Vorcaro e Lucero (2010), a astúcia do débil está no fato de colocar o semelhante a trabalhar para ele. Como ele não sabe nada escraviza o outro (alguém que represente o Outro) para trabalhar por ele, pois é o Outro que sabe e que é consistente em um saber totalizante.

Quanto ao "escricista", ele se recusa a escrever e a ler o texto, é o Outro que escreve, ou lê para ele. Se existe alguma astúcia em colocar o outro a trabalhar, é notável nesta forma encontrada pelo "escricista".

## 2.8 Permanecer "por fora" na debilidade

Para definir as diferentes maneiras dos sujeitos estabelecerem as relações, Lacan desenvolveu algumas formas de discurso e, a partir de sua teoria, podemos analisar como o sujeito na posição débil constrói seus laços sociais e estabelece suas relações.

A teoria dos discursos foi desenvolvida por Lacan no Seminário *O Avesso da Psicanálise*, de 1969-70, utilizando de matemas para definir as formas de discurso. Essa produção foi justificada por Lacan a considerar que o discurso pode ser entendido como uma estrutura,

> [...] que ultrapassa em muito a palavra, sempre mais ou menos ocasional [...] Mediante o instrumento da linguagem instaura-se um certo número de relações estáveis, no interior das quais certamente pode inscrever-se algo bem mais amplo, que vai bem mais longe das enunciações efetivas (Lacan, 1969-70/1992, p. 11).

Com esta proposição, Lacan apresenta um objeto matemático nomeado de quadrípodes[31] (Ibid., p. 15). O termo quadrípodes refere-se ao

[31] O tradutor esclarece que não existe uma referência dicionarizada do termo e pela etimologia alude ao que tem quatro pés.

fato de serem quatro discursos, com quatro elementos que circulam por quatro lugares distintos. No discurso, trata-se de estabelecer um lugar de agente que transmite o discurso a outro, contendo a verdade desse agente, que é a verdade inconsciente, e obtendo uma produção como efeito desse discurso, uma produção como o mais-gozar (termo elaborado por Lacan proveniente do termo mais-valia de Marx).

$$\frac{\text{Agente}}{\text{Verdade}} \longrightarrow \frac{\text{outro}}{\text{produto}}$$

No discurso, o produto o mais-gozar aparece como resultado de uma perda presente no discurso. O discurso sempre terá um resto e uma relação de disjunção entre verdade e produção. O nível de cima estabelece uma relação manifesta e da ordem do impossível, o de baixo, uma relação latente e do possível ou da impotência. Nesta representação esquemática, a barra tem uma função de corte, uma mediação entre a verdade e sua representação (contendo algo do necessário), e entre a mensagem e sua produção, que contém algo do contigente. O discurso mantém uma relação dual entre o agente e o outro, mas em uma estrutura quaternária.

Para ocupar os lugares de agente, verdade, outro e produto, Lacan utilizou termos móveis: $S^1$, $S^2$, $ (sujeito barrado) e a (objeto), que circulam de forma anti-horária em um processo de análise. O sujeito pode ocupar posições diferentes em momentos distintos e em lugares diversos. Conforme a posição que esses elementos ocupam, o discurso assume determinadas características, o primeiro foi nomeado como discurso do Mestre, com a seguinte formatação:

Discurso do Mestre $$\frac{S^1}{\$} \longrightarrow \frac{S^2}{a}$$

No discurso do Mestre, o $S^1$, ou significante primordial, está na posição de agente; o $S^2$, ou o saber inconsciente, assume a posição do outro; o $ sujeito barrado ocupa a posição de verdade; enquanto o objeto ocupa o lugar da produção, de resto da operação. Este é o discurso que permite um tipo de laço social em que o sujeito se submete à enunciação de um comando. É o discurso que organiza a sujeição política (Lebrun, 2008), o discurso da relação do senhor e escravo. A direção manifesta do $S^1$ ao $S^2$ é marcada pela vontade, pelo domínio, pela lei e pela sugestão e, neste caso, se exclui o sujeito e sua divisão, eliminando a subjetividade. No entanto, este discurso é também o próprio discurso do inconsciente, por ter a mesma estrutura do sujeito dividido que representa uma verdade inconsciente. O $S^1$ está no lugar do agente pela suposta identidade entre o sujeito e o significante que o representa, o qual se dirige a um outro em uma operação que produz um resto, um objeto perdido, causa de desejo.

O segundo discurso é o discurso da Histérica, com a seguinte configuração:

$$\frac{\$}{a} \longrightarrow \frac{S^1}{S^2}$$

No discurso da histérica, as posições se deslocam a partir de um quarto de rotação, na qual o sujeito dividido assume a posição de agente que se dirige a um Outro supostamente detentor do saber. O discurso da histérica é também o discurso do analisante. A relação manifesta está entre $ e $S^1$, provocando a produção de um saber, estando $S^2$ em um lugar impotente para dizer a verdade. Neste discurso, o objeto que ocupa o lugar da verdade é o objeto do qual o sujeito padece e sofre. O sujeito, ocupando o lugar do agente do discurso, apresenta-se com o seu sintoma, um sujeito dividido e que pergunta por essa divisão. O sintoma aparece como dominante e se dirige ao Significante mestre, o qual ocupa o lugar do outro. A busca do sujeito é por esse significante que o represente.

O terceiro discurso é o discurso do Analista:

$$\frac{a}{S^2} \longrightarrow \frac{\$}{S^1}$$

O discurso do analista surge com mais um quarto de volta, como efeito de uma análise. É o revés do discurso do mestre. Existe uma renúncia à educação e ao governo. Nele, ocorre a produção de $S^1$ que será a chave da divisão do sujeito. O analista assume o lugar de resto da produção subjetiva e o objeto a está no lugar do agente. O saber da estrutura e do inconsciente é colocado no lugar da verdade.

O quarto discurso é o discurso Universitário:

$$\frac{S^2}{S^1} \longrightarrow \frac{a}{\$}$$

Esse discurso se produz em uma volta no sentido inverso do discurso do mestre. Neste caso, o saber ($S^2$) está no lugar de agente, sendo caracterizado pelo discurso da ciência, da universidade, e tem como produção o sujeito que ocupa o lugar do mais-gozar. Neste caso, a relação manifesta está entre o saber e o objeto de desejo.

Para Lacan, para se encontrar solidamente instalado como sujeito é preciso ater-se a um discurso, ter algum saber sobre o que se faz com este discurso. Existe um saber partilhado com certa coerência dos enunciados que estabelece o discurso e os laços sociais.

Na debilidade existe uma forma peculiar de lidar com os discursos. Lacan, na lição de 15 de março de 1972, no Seminário *Ou pire...*, situa a debilidade na teoria dos discursos:

> Chamo de debilidade mental o fato de que um ser, um ser falante, não esteja solidamente instalado em um discurso. É isso que dá um caráter especial ao débil. Não existe nenhuma outra definição que se pode dar a não ser a de ser aquilo a que se chama de estar um pouco "por fora". Quer dizer, que entre dois discursos ele flutua (Lacan, 1971-72, p. 32).

Esta é mais uma afirmação lacaniana na qual se pode diferenciar a debilidade da psicose, pois o psicótico é aquele que está fora, que é exterior ao discurso. Bruno, a partir dessa afirmação de Lacan, caracteriza o sujeito na posição débil como alguém que está ao lado, que erra o alvo, à margem do que funda o sujeito do desejo. Este sujeito é, portanto, alguém que fica meio de lado, suspenso, mas não completamente fora como na psicose. "*Na debilidade, o sujeito se recusa a colocar qualquer um dos quatro termos do discurso no lugar da verdade*" (Santiago, 2005, p. 176).

Estar entre dois discursos pode significar não assumir uma posição de agente do discurso por recusar desvendar a falta do Outro, pois assumir uma forma de discurso significaria algo que poderia contestar a verdade do Outro ou se dirigir a um Outro. O sujeito na debilidade repete o que o outro diz, mas não se autoriza como agente do discurso. Ele recusa a posição de sujeito dividido e não pode se situar no discurso no qual um significante se dirige a outro significante; de forma circular ele se dirige sempre ao mesmo.

Sob este aspecto, Cordié afirma: "*o débil inclui seus significantes principais em discursos que eles não têm nada a fazer*" (Cordié, 1996, p. 141). Estar à margem dos fatos, para Cordié, significa ter um discurso sem sentido, "*como se não conseguisse saber onde ele quer chegar, um mal encadeamento das ideias* (sic) *e uma derrapagem no que se quer dizer*" (Ibid.). Percebe-se que muitos destes sujeitos reproduzem tudo ao pé da letra por não assumirem o direcionamento de um discurso a outro.

Para Laurent (1995), o sujeito débil entre os dois discursos ocupa o lugar da verdade e não se modifica, não faz o giro, assumindo o lugar da verdade do discurso que está em baixo e à esquerda do discurso. Mas não é por ocupar o lugar da verdade que ele diz a verdade, nos lembra Laurent (Laurent, 1995, p. 172). O fato de flutuar entre dois discursos permite a Laurent ratificar sua digressão entre os dois e a debilidade. Como já salientamos, ele coloca o débil fixado no $S^2$, o significante do saber.

O flutuar entre os dois discursos, não tendo uma entrada e apropriação do discurso ou ocupação do lugar de agente, leva o sujeito que está na posição de débil a desenvolver uma série de particularidades como: ter facilidade para cantar e guardar determinadas músicas ou lidar com cálculos, como já citamos. Estas são ações realizadas sem precisão de uma decifração, o que seria necessário para a entrada do discurso. "*Elas conhecem a canção como a tabuada de multiplicação, mas não conhecem nem as palavras nem as notas*" (Balbo & Bergès, 2003, p. 187).

Não havendo o deslizamento e um discurso, ocorre a imitação, uma ação que os mantêm no registro do imaginário. Mais uma vez, denunciamos os tratamentos pautados nas repetições e no "copismo" para esses sujeitos, assim como representações musicais ou teatrais, onde se colocam simplesmente como marionetes e não como atores ou autores das peças. Nestas propostas está implícita a manutenção do sujeito na posição débil e fora do discurso, por vezes ocupando o lugar do escravo no discurso do mestre, ou o lugar do objeto no qual coloca o Outro para trabalhar para ele, sem um saber-fazer.

## 2.9 Real e Impossível na debilidade

A dificuldade do sujeito na posição débil em lidar com o simbólico e sua prevalência no imaginário causa também uma forma particular em lidar com o registro do real. O fracasso da debilidade no dizer leva o sujeito à busca por uma demonstração no real (no próprio corpo), o que falta no dizer. Antes de descrever essa maneira de lidar com o real e com o corpo, vamos esclarecer a questão desse registro em Lacan.

Para elaborar o conceito de real, Lacan se utiliza das reflexões de Bataille (Roudinesco, 2008). O real está ligado a algo que resta na operação de separação, algo que tenha uma conotação de morbidez, uma sombra, ou fantasma que escapa à razão, e ocupe o estatuto de impossível. O real representa o impossível da completude, o impossível da relação sexual. Žižek ressalta que o real, na verdade, é o próprio impossível; ele sempre nos falta, é um vazio básico e representa a negatividade (Žižek, 2006).

Apesar de este ser o último registro elaborado por Lacan, ele reconhece o imaginário como o terceiro registro, pois é ele que permite a ligação dos outros dois. Para haver o nó borromeano dos três registros, é preciso haver uma redução ao imaginário, afirma Lacan:

> [...] é pelo eixo de estar contíguo ao simbólico e ao real, pelo que o imaginário se reduz ao que não é um máximo, imposto pelo saco do corpo, senão que ao contrário é um mínimo que faz com que tenha somente um nó borromeano a partir de 3 (Lacan, 1975, p. 20).

O nó borromeano se apresenta sob a forma de, no mínimo, três elos distintos, que se sustentam, cada um pela suposta consistência real de corda. Há a necessidade de certa matéria para que haja consistência. O suporte material dado por Lacan à consistência dos elos é a corda. Os elos são ligados e mantidos juntos apenas pela materialidade real de seu enlace. Cortando-se um dos elos, não importa qual deles, todos imediatamente se soltam e o nó se desfaz. Os três registros estão assim entrelaçados, ou melhor, enodados.

Laurent ressalta que o real impossível de suportar, para o sujeito na posição débil, é o fato de que para se ler entre as linhas é "*preciso poder suportar, suspender a suposição do reflexo do corpo*" (Laurent, 1989, p. 147, tradução nossa). Esse fato o sujeito recusa a fazer. Ele mantém essa suposição, e assim diz sempre a verdade nua e crua, pois "*não suporta ler nas entrelinhas o fingimento do outro*". A mentira que "*o débil sustenta é a mentira do Um do corpo como referência única*", afirma Laurent (Laurent, 1989). Para Laurent, a fusão nos corpos acontece para o débil como uma fusão de Um corpo, apenas seu próprio corpo, no qual a relação sexual existe como uniana.[32] Sob esse aspecto, Bruno afirma que "*a debilidade cristaliza a imaginarização última, esta que representa a relação sexual como copulação, dando consistência ao que não existe*" (Bruno, 1983, p. 15, tradução nossa), fato que representa a relação com a supremacia do imaginário na subjetividade do débil.

Laurent considera essa a razão para haver certa obscenidade no débil. Não existem objetos para o débil se relacionar com seu gozo, como na neurose que dispõe de uma série de objetos (Laurent, 2008). Na falta de objetos, o débil faz com seu corpo nu, o único gozo que lhe é possível. É nesta correlação que Laurent situa a facilidade de alguns débeis para realizar cálculos, como se tivessem uma forma própria de contar o gozo, diferente da neurose ou da psicose.

A relação com o real do corpo para o sujeito nessa posição débil está situada para tamponar, ou melhor, está no lugar do buraco entre os significantes $S^1$ e $S^2$. Como o sujeito na debilidade não se pergunta sobre o que o Outro quer, diante desta falha, ele responde com o próprio corpo a essa demanda. Ele é confrontado com uma exclamação, afirmam Balbo e Bergès. "*Essa exclamação: 'O que você quer!' é carregada de fatalidade, de impossível e, então de real. E propriamente um sem-dito*" (Balbo e Bergès, 2003, p. 198). Eles não questionam, eles afirmam.

## 2.10 A ação na debilidade

Lacan, no seminário *A Angústia*, articulou a debilidade com a noção de movimento, no sentido mais amplo do termo, pois se refere a uma parada, a um impedimento (Lacan, 1962/2005, p. 19). O movimento oposto

[32] Expressão que representa uma relação sexual completa.

a esta parada seria a ação; mas, por outro lado, existe uma correlação entre a debilidade e o ato.

Lacan propõe o *Eu não penso*, como a opção que pode ter vários desdobramentos, como a passagem ao ato, *eu não penso, portanto eu ajo*. Existe uma exclusão do saber na raiz da passagem ao ato (Trobas, 2003). A passagem ao ato se caracteriza por mais uma forma de fuga do saber sobre a castração, ou a falha estrutural, como um retorno do próprio corpo no registro do real.

Com a descoloração do simbólico, o sujeito na posição débil busca uma imaginarização do simbólico e o recobrimento do sintoma, ou uma atuação como fuga. Lacan afirma que o sujeito débil é aquele que *L'ame à tiers* (o psicanalista associa e realiza uma substituição da expressão "amar a três" pela "*matière*", em francês; a substituição é realizada pela semelhança dos fonemas na língua francesa, uma operação típica do inconsciente); ele ama a matéria. O débil está, portanto, associado à coisa, ou ao ato, por não encontrar resposta na linguagem. Mas esta falta de resposta é natural a todo ser *parlêtre*, e a análise tem a proposta de permitr a construção de uma resposta (o saber que socorre, diz Lacan, neste caso, o saber do inconsciente e da análise). Caso contrário, o ser humano está fadado a escolher uma entre duas possibilidades para se posicionar diante da incerteza do Outro: a debilidade ou a loucura, afirma Lacan.

A debilidade e o *acting out*[33] podem participar da produção do sintoma como uma maneira de questionar o Outro, de eliminar a consistência do Outro, já que não utiliza o discurso e seus equívocos. Bruno afirma que, em casos como o da debilidade, quando o impossível alcança aquilo em que não pode se apoiar sobre o saber inconsciente, somente o ato pode surgir. O sujeito na posição débil atua nesta "certeza" de que ele habita e a preserva pela falta de segurança da incerteza no simbólico. A atuação é algo que encontramos com frequência no "escricista", fato que o fez perambular por várias escolas e instituições especializadas com inúmeras internações no momento de suas crises e atuações.

Para Bruno (1986), a sublimação poderá se apresentar como uma saída para esses sujeitos, o que no débil seria uma espécie de

[33] *Acting-out* significa uma repetição em ato de algo que foi recalcado. Este termo foi cunhado por Freud quando introduziu o conceito de repetição (Kaufmann, 1996).

"*moterialização*",[34] considerando que tanto no *acting-out*, quanto na sublimação existe uma eleição forçosa do objeto **a**, justifica o psicanalista. Na sublimação, em Lacan (1959-60/ 1986), o objeto **a** é elevado à dignidade de coisa e, ao acontecer dessa forma, provoca um esvaziamento do grande Outro. Assim, a sublimação permite uma operação sem demandar nada do Outro, rebaixando-o a uma causa perdida, em pura vontade de gozo, afirma Bruno (1986). Para Bruno, pela sublimação o sujeito na posição débil pode fazer a passagem do *eu não penso*, para o *eu penso*, de um *eu não sou* para um *logo sou*. Freud já salientava que a saída de Dostoiévski foi pela literatura, ou pela sublimação, ao afirmar que a obra genial e inspirada de Dostoiévski testemunhou "*a intensidade extraordinária de sua afetividade, o fundo pulsional perverso que devia lhe predispor a ser um sado-masoquista ou um criminoso*" desencadeou sobre "*isto que é in-analisável*", diz Freud, "*o dom artístico*" (Freud, 1928, p. 207).

## 2.11 A debilidade de cada um

No decorrer de sua teoria, Lacan torna a debilidade uma condição natural de todo ser humano, e no Seminário *Lo no sabido que sabe de la una-equivocación se ampara en la morra*, do ano de 76-77, ele afirma que:

> O homem não sabe o que fazer com o seu saber, isto é a debilidade, da qual não sou exceção, – porque sou feito do mesmo material que todo mundo, este material que nos habita. Com este material não se sabe o que fazer [...] Saber e fazer é diferente de saber fazer, quer dizer se virar, mas sem perder o sentido da coisa. (Lacan, 1976-77, p. 11).

Este material que nos habita é o próprio corpo e o "Mens", o que nos qualifica como ser humano e como ser vivo. Na *Carta de Dissolução de 05 de janeiro de 1980*, Lacan afirma: "*Porque, no intervalo da fala que ele desconhece por crer produzir pensamento, o homem se enrola, o que o desencoraja. De sorte que o homem pensa débil, ainda mais débil quando se enraivece...*

[34] Outro neologismo de Lacan, com a construção metonímica da palavra em francês *mot* (palavra) e *matérialisation* (materialização). Talvez *palavrealização*, em português; e em espanhol, foi sugerido por Margarita Mercedes o termo *palabrerización* (Bruno, 1989).

*justamente por se enrolar*" (Lacan, 1980/2003, p. 317). O homem se enrola na questão crucial do ser humano, que é sua própria falta e a necessidade de se desvanecer para seu surgimento. "*Todo o sistema de pensamento fundamenta-se na metáfora da relação sexual elevada à debilidade mental*" (Bruno, 1983 p. 16, tradução nossa). A debilidade se anuncia pela abertura do inconsciente, entre enunciação e enunciado, algo que é tendencialmente ocluído no ser falante. Essa busca inexorável de sentido no equívoco é uma ação de todo ser falante, na sua condição de debilidade. A debilidade aparece no próprio pensamento e na verdade do sujeito, por tentar reduzir a palavra àquilo que o homem crê produzir pensamento.

Dessa forma, Lacan constrói uma relação estreita entre a debilidade e o momento da passagem de analisante a analista, que caracteriza o processo de final de uma análise. Para Bruno, escapar à debilidade não será mais que um instante luminoso, ou pode também ser colocada como questão de toda cura analítica. Com essa elucubração, Lacan afirma que o próprio inconsciente é débil, e o outro nome para o inconsciente seria debilidade.

Por fim, a partir da conceituação lacaniana, constatamos que a debilidade é uma dimensão humana, mas não se trata de uma estrutura. No entanto, ainda encontramos estudos teóricos entre os psicanalistas sustentando que a debilidade só se encontraria em uma determinada estrutura, como a estrutura psicótica. Ou ainda, uma crença de que o tratamento adequado deveria ser apenas de ordem comportamental, o que circula no meio psicológico, mas com efeitos em psicanalistas pelo fato de estes não apostarem no tratamento destes sujeitos, ou crer que eles estariam limitados a uma condição orgânica do sujeito.

Nas estruturas neurótica ou psicótica, o sujeito assume posições distintas em sua constituição e frente ao desejo do Outro. Na debilidade, se a criança se coloca como objeto do desejo da mãe, é uma criança que está "psicotizada" diz Bruno (Bruno, 1986, p. 42). Bruno esclarece que o termo psicotizado significa que o sujeito encontra-se diante de uma significante opaco que causa opacidade, "*mas o lugar do pai não é assinalado como de impostura*", o que o distingue da psicose (Bruno, 1986). Por sua vez, Laurent diferencia uma debilidade neurótica de outra debilidade que condiciona o funcionamento do sujeito. Para ele, na neurose, o sujeito se interroga sobre o que é o verdadeiro e quer justificá-lo, interroga sobre o Outro, e na debilidade ele se identifica com este lugar da verdade de forma apaixonada, esquivando-se de qualquer questionamento.

Sustentamos a hipótese de que a condição débil pode estar presente na estrutura neurótica, como uma suspensão e defesa da angústia de castração; ou na psicose, e, neste caso, surge como uma defesa ao delírio. Vorcaro e Lucero (2010) afirmam que aquilo que é constatado na debilidade cotidiana é exacerbado na posição subjetiva do débil.

Não desconhecemos que exista um processo pelo qual o sujeito pode se interrogar sobre sua verdade, sobre a completude do Outro e pode questionar esta completude, assumindo uma posição de resistência ao saber. Neste processo, ele utiliza a aprendizagem escolar e sua forma de lidar com o conhecimento para resistir ao saber do Outro, para provocá-lo; existe uma suspensão do saber. Neste caso, resistir ao saber acadêmico e escolar é uma forma que o sujeito encontra para demonstrar a incompletude do Outro. Esta seria uma condição que também apresentaria uma forma de inibição, bem condizente com a estrutura neurótica. No entanto, no processo da debilidade, ao contrário da interrogação e da resistência, o sujeito recusa o saber e passa a encarnar a verdade. Desta forma, o Outro não é questionado, mas preservado como completo. Neste quadro, também acontece uma inibição, porém uma inibição mais radical e cristalizada, a qual atinge outras áreas além do conhecimento, com uma forma específica de enodamento dos três registros.

O que demonstramos nesta extensa análise sobre a debilidade é que a relação com o conhecimento e o saber se refere muito mais a uma relação do sujeito com o Outro do que a uma questão orgânica ou de déficit intelectual. A tese de Fragelli nos permite manter esta proposição. Citamos sua pressuposição para a questão da aprendizagem em determinadas crianças:

> Não se trata de ser ou não inteligente para aprender, senão de usar toda sua potência subjetiva, incluindo a inteligência, para dialetizar minimamente o que vem do Outro, a fim de encontrar um lugar no laço que permita a criança extrair um pouco de gozo (Fragelli, 2011, p. 55).

Existe algo que passa na questão do conhecimento, com a maneira que o sujeito lida com seu corpo e com seu gozo. A criança recusa o objeto de conhecimento e esta recusa demonstraria uma posição de defesa, a fim de ela não ser reduzida à condição de objeto para o Outro. Neste caso, nos diz Fragelli: "*o circuito da demanda opera, mas a ordem do desejo fica truncada, definindo modelo curto-circuitados na relação da criança com o conhecimento*" (Ibid.).

A debilidade na psicose, na qual esse Outro completo se torna temido e invasivo, surge também para recusar a falta no Outro, pois, caso contrário, a falta surgirá no real ou no delírio. Mariage (1991, psicanalista belga que atende em uma instituição para crianças psicóticas), ao analisar um caso clínico, revelou como a debilidade surgiu para escamotear um delírio. Para Balbo e Bergés, pode haver uma passagem do buraco entre os significantes, da debilidade para a psicose, com a eclosão de "*funções psicóticas defensivas*" (Balbo & Bergès, 2003, p. 195). Para resgatar a história destes sujeitos, o tratamento pode muitas vezes esbarrar em questões éticas e necessitar de fortes manejos, pois haverá situações em que a atuação ou o delírio serão desencadeados como resposta ao próprio tratamento.

A debilidade é, portanto, uma condição, um tropeço na constituição do sujeito, o qual define toda forma de lidar com os três registros e a forma de estabelecer relações com o saber, com seu corpo e também na construção de laços sociais. Uma posição subjetiva para lidar com o mal-estar fundamental do sujeito em relação ao saber, não está definitivamente atrelada a uma função orgânica ou a uma única estrutura psíquica.

A saída por buscar o furo no simbólico e seus equívocos é também a saída para o débil, para além da certeza do Um. O débil pode, assim, sair do sentido e entrar no não sentido. A escolha por uma saída da condição de debilidade será sempre do sujeito e, para considerar e permitir essa escolha, é necessário sustentar uma posição ética e de escuta desse sujeito, dentro ou fora das instituições.

Capítulo 3

# OS OUTROS

## 3.1 Alteridade

Este poema foi escrito por um garoto de 12 anos, durante uma atividade desenvolvida no Atendimento Educacional Especializado (AEE) no CAIS (Centro de Atendimento e Inclusão Social), cujo propósito era dissertar sobre o tema da inclusão. O que nos chama a atenção é o fato de que, neste singelo poema, esteja implícito que a inclusão refere à questão da alteridade e da subjetividade. Além disso, o autor deste poema demonstra saber muito bem que a inclusão não significa tornar as pessoas iguais ou mesmo homogeneizar o convívio entre os indivíduos. Notamos que, em sua ilustração, ele se coloca fora do ambiente escolar, com sua marca em destaque – este garoto possui uma patologia que faz com que os lábios cresçam atingindo um volume para além do considerado normal. Ele traz a conotação do espaço como divisa para a inclusão, por um lado, sustentando o pertencer a um espaço como representação da inclusão e, por outro, a noção dicotômica e estritamente humana de co-exisitr, o estar dentro e fora, ao mesmo tempo. No momento do desenvolvimento desta atividade, ele estava fora de um contexto social considerado normal, estigmatizado por conter uma marca, uma diferença muito aparente. O fato de seus lábios serem maiores que o normal e a discriminação decorrente de sua marca patognomônica lhe acarretaram uma forte inibição na aquisição do conhecimento e na construção de suas relações interpessoais.

Neste poema de um garoto de 12 anos, destacamos que ele coaduna com nossa defesa, que ao almejar a inclusão de pessoas com deficiência pretende-se manter a diferença e não consentir com uma forma de homogeneização. Desta forma, o que ele pretende é que nessa inclusão "dê para saber quem é a pessoa e qual o jeito dela".

O movimento da inclusão escolar de alunos com deficiência teve maior apelo a partir da Declaração de Salamanca, de 1994, que determina que toda criança ou adolescente tenha direito ao acesso à escola regular. A partir de então, esta resolução se tornou uma obrigação de todos os Governos que pertenciam à Organização das Nações Unidas (ONU). Essa Declaração foi resultado do Congresso *Educação para Todos*, realizado pela UNESCO (divisão das Nações Unidas encarregada da Educação), em junho de 1994, em Salamanca, na Espanha (ONU, 1994). Após este evento, se sucederam outros inúmeros encontros de órgãos ligados à ONU para tratar deste tema. Ressaltamos a *Convenção sobre os Direitos das Pessoas com Deficiência*, realizada em março de 2007, em Nova York (ONU, 2007), pelo fato desta Convenção ter sido incorporada à legislação brasileira neste mesmo ano de 2007. Com esta incorporação, a resolução assumiu a equivalência de uma emenda constitucional, assegurando, em seu Art. 24, que o governo deve assumir um sistema educacional inclusivo em todos os níveis e que todos os apoios necessários sejam dirigidos à inclusão plena dos indivíduos na sociedade.

No entanto, mesmo com todas as recomendações e exigências da ONU e a incorporação da Convenção de 2007, a inclusão de todos os alunos com deficiência nas escolas comuns tem sido um grande desafio e continua enfrentando forte resistência por parte dos corpos docentes e discentes das escolas.

Mas como alertamos não só as escolas comuns resistem à entrada de todos os alunos, as escolas especiais têm demonstrado ser contrárias à proposta da inclusão. Neste contexto de recusa dos dois lados, as iniciativas para implantação de políticas públicas em prol da inclusão são rechaçadas tanto por parte das escolas comuns, quanto por parte das escolas especiais e organizações sociais de pessoas com deficiência. A escola comum alega não estar preparada para receber esses alunos e as escolas especiais se recusam a adotar um programa complementar ao da escola comum. Existe, com certeza, uma justificativa de ordem econômica para essa postura, pois pode haver perda de recursos por parte das organizações especiais, considerando o corte de recursos que eram direcionados à manutenção das escolas especiais, como substitutivas, e a outras ações de cunho assistencialista.

Por outro lado, tanto a entrada de alunos com deficiência nas escolas comuns, quanto a adoção de uma prática complementar exigem adaptações destas organizações. Para atender a exigência do modelo inclusivo há a necessidade de um desmonte de toda uma estrutura estabelecida, o que também implica em perda de poder político e econômico. Poderíamos assim dizer que a recusa à inclusão seja uma ação movida por interesses financeiros e políticos, ou ainda por comodismo, como uma espécie de recusa ao novo, mas ainda sustentamos que existe algo a mais por trás destas resistências.

Percebemos que esta resistência à inclusão não está somente no âmbito das escolas, mas encontram-se também no convívio social e em outros ambientes que não sejam escolares, como em empresas e organizações públicas. Nestas organizações e empresas são inúmeras as dificuldades para se adotar uma prática inclusiva, fato que impõe a necessidade da criação de legislações específicas voltadas à obrigatoriedade de contratação desse grupo de pessoas, bem como com relação à garantia de acessibilidade universal a todos os ambientes e à utilização de todos os produtos e serviços. O desenho universal, um projeto que inclui desenhos e produtos que possam ser utilizados por todos, característica implícita de uma sociedade inclusiva, ainda é considerado um desafio e desconhecido pela maioria da população.

Uma das definições da inclusão pressupõe que a inclusão corresponde ao "*processo de um movimento dinâmico e permanente que reconhece a diversidade humana e tem como fundamento a igualdade na participação e na construção do espaço social, compreendida como um direito*" (Kauchakje, 2000, p. 204). Permitir direitos iguais para os desiguais é o princípio da inclusão e um mote democrático. Ora, garantir direitos que são de ordem universal preservando o que existe de particular exige um equilíbrio entre o público e o particular, entre as exigências do grupo e as individuais, o que representa o grande desafio da democracia e de uma sociedade considerada inclusiva.

É fato que a igualdade defendida pelo movimento da inclusão não pretende ser a equiparação de sujeitos ou da sociedade, mas a igualdade de direitos para sujeitos desiguais. Portanto, ao defender o convívio dos desiguais de maneira igualitária, o conceito de inclusão não nega o conceito de desigualdade. Mesmo porque a desigualdade é a própria condição humana; um ser humano é um ser marcado pela linguagem e suas diferenças. No entanto, isto se torna contraditório na sociedade moderna, pois o discurso da ciência tem defendido o contrário. O que presenciamos é a tentativa de se efetivar algo em nome da inclusão, buscando mais a homogeneização dos indivíduos em detrimento do respeito às diferenças.

Existe uma universalização do princípio da igualdade. Lebrun chama a atenção para um tipo de democracia na qual se busca de forma prioritária a igualdade real e não apenas a igualdade formal dos indivíduos-cidadãos (Lebrun, 2008, p. 41). A contradição está implícita no próprio mote da democracia e em como a construímos.

Apesar de a inclusão de pessoas com deficiência ser um movimento relativamente recente, a busca pela defesa de direitos de pessoas em situação de desigualdade, e mesmo o respeito e reconhecimento das diferenças, fazem parte de um velho dilema humano e do convívio social. Existe algo que nitidamente não perpassa apenas esse movimento das pessoas com deficiência. Gostaríamos de analisar alguns aspectos que são pertinentes a essa questão específica da deficiência, ou ao fato de ser tão notadamente "desigual".

O que torna-se evidente é que exatamente esta parcela de pessoas da sociedade, as pessoas com deficiência – com destaque para a deficiência intelectual e, principalmente, para a debilidade – são aquelas que demonstram que o ser humano não é passível de algum tipo de homogeneização, como se resistissem à homogeneização presumida pelo discurso da ciência. Salientamos que uma suposta igualdade entre os sujeitos, independentemente da deficiência, apenas por serem sujeitos da linguagem, de desejo, seria insuportável e alienante por não consentir espaço para o particular e para o singular. A diferença pode ser correspondida à marca constitutiva de cada sujeito; como nos demonstra o poema do garoto do poema que abre este capítulo. É exatamente a diferença que nos define e nos torna únicos, diferentes uns dos outros e, desta forma, separados, segregados um dos outros. O que nos constitui nos separa por nos colocar dentro de uma constituição subjetiva que distingue cada um. Defendemos essa inclusão, um convívio que permita esta distinção, uma inclusão em uma sociedade que suporte a segregação de cada um.

Essa singularidade se estabelece apenas no reconhecimento de um todo incompleto, do Outro com sua falha, como demonstramos no capítulo anterior. A primeira alteridade é interna e está ligada à figura do Outro. Esse Outro representa tudo que é exterior ao sujeito. É através de uma exceção que se pode perceber a singularidade e ao mesmo tempo um conjunto de outros e de todos, ao qual se pertence. Como salienta Lebrun "é apenas ao reconhecer esta existência dessa articulação entre a exceção e o conjunto que posso, junto e ao mesmo tempo, ser membro de um grupo social e poder ser reconhecido naquilo que tenho de singular" (Lebrun, 2008, p. 37). Pode-se dizer que o convívio se constrói pelo laço social dessas diferenças e a inclusão social se estabelece na construção destes laços.

No entanto, a sociedade contemporânea persiste no caminho para a produção da igualdade e mesmo diante das mudanças que vivenciamos na atualidade, lidar com as diferenças constitutivas e com a alteridade continua sendo o grande desafio da humanidade. Não desconhecemos que o ser humano tem grande dificuldade em conviver com as diferenças. Por isso, torna-se necessária uma legislação específica e uma atuação constante de órgãos de defesa de direitos para que se garanta o convívio social entre os homens. Percebe-se que a aceitação e o convívio com o diferente é algo que não acontece naturalmente em um nível simbólico e a ação política surge, assim, para realizar algo que não se deu de forma natural.

Freud, em *Mal Estar na Civilização*,[35] texto de 1930, no qual ele trabalha as questões pertinentes ao convívio social, destaca três fontes de sofrimento da humanidade: "*a prepotência da natureza, a fragilidade de nosso corpo e a insuficiência das normas que regulam os vínculos humanos na família, no Estado e na sociedade*" (Freud, 2010/1930, p. 43). É evidente como a questão da inclusão social de pessoas com deficiência toca nestes três pontos que são notadamente difíceis e possuem aspectos insolúveis para a humanidade. Portugal (2011) define estes três pontos destacados por Freud como: o corpo condenado à decadência, a força de destruição do mundo externo e o doloroso relacionamento com os outros.

Ao analisar a questão das relações e o convívio social, Freud (1930) afirma que o homem não é um ser desprovido de agressividade e que o amor universal é o que existe de mais difícil a ser alcançado pela humanidade. Ao ingressar na cultura e no convívio social, o sujeito enfrenta obstáculos para satisfazer sua pulsão e precisa recalcá-la, um processo que traz sofrimento e frustração ao ser humano. Portugal (2011) salienta que esta "frustração cultural" ("*kulturversagung*") é a causa da hostilidade pelo outro e domina as relações entre os homens. Toda esta dificuldade em estabelecer relações sociais harmoniosas está intrínseca à natureza humana, configurando um ser psíquico e dividido.

Freud desenvolve também o conceito de "*narcisismo da pequena diferença*",[36] no qual ele salienta que são as pequenas diferenças que formam a base dos sentimentos de estranheza e de hostilidade entre as pessoas. Nesta pequena diferença é que se estabelecem grandes dificuldades para o convívio social e harmonioso entre os sujeitos.

Posteriormente, Lacan afirma que a agressividade é intrínseca ao ser humano e surge no primeiro momento de relação do sujeito com o outro, no estádio do espelho, como descrito no capítulo anterior. É na formação do ideal do eu pelo registro do imaginário que se desenvolve a

[35] O tradutor Paulo César de Souza mantém a palavra "civilização" como tradução do termo "*Kultur*" utilizado por Freud em alemão, significando "*uma cultura onde há enorme desenvolvimento das instituições, técnicas e artes, e algumas vezes para designar "cultura" num sentido mais antropológico; sendo em que vários momentos os termos são intercambiáveis*". Ao citarmos o texto freudiano com essa tradução, seguiremos o entendimento do tradutor desse termo freudiano. Em *Futuro de uma Ilusão*, Freud afirma que se recusaria a distinguir os termos cultura e civilização (Freud, 2010/1932, p. 433).

[36] Tema elaborado em 1918, no texto *O tabu da virgindade*.

agressividade pelo outro. Tanto em Freud como em Lacan, a questão da agressividade passa pelo processo de identificação e por aquilo que não reconheço como semelhante, ou que de alguma forma possa trazer ameaça ao eu, o que Kaufmann (1996) chamou de *"intrusão narcísica"*. Lebrun (2008) ressalta que o ódio surge como um sentimento ao primeiro vazio que habita o sujeito, esse vazio em que o sujeito é forçado a dar lugar à fala.

Existe, portanto, um sentimento agressivo natural ao ser humano que atua não somente em sua defesa, mas com relação a tudo que surge como diferente e lhe pareça "estranho". Freud afirma que, com a passagem pela cultura e com a impossibilidade de satisfazer esse instinto agressivo, o sujeito internaliza essa agressividade. Dessa forma, a agressividade, que seria dirigida ao outro, volta para si mesmo como sentimento de culpa. É o superego que se constitui como responsável por impedir que esta agressividade se manifeste de forma livre. Assim, se em um primeiro momento essa agressividade dirigida ao outro é reprimida por medo da autoridade (o pai), em um segundo momento ela passa a ser rechaçada pelo super-eu.

Para Freud, o sentimento de culpa também é resultado da eterna ambivalência entre a luta da pulsão de vida e de morte. Desta forma, o sentimento de culpa está presente na constituição do sujeito e na formação da coletividade. Após o assassinato do pai primevo os filhos puderam se organizar coletivamente para formar a cultura devido ao sentimento de culpa pelo tempo que perdurou o assassinato do pai. Precisamos ressaltar que o sentimento de culpa é desenvolvido não apenas pela ação, mas também pela intenção da ação.

Freud cita Goethe para ilustrar a culpa como algo inerente à condição humana e independente de um determinado ato:

> Vocês nos trazem a existência,
> Deixando que o pobre se torne culpado,
> Depois o abandonam ao sofrimento,
> Pois toda culpa na terra se paga.
> (Goethe, *Canções do harpista*, apud Freud, 2010/1930, p. 105)

Freud, ao elucubrar sobre a formação da cultura e o convívio dos homens em comunidade, percebe existir uma similitude entre os dois processos: o subjetivo e o cultural. Para Freud, a civilização também constrói seu super-eu que, assim como o super-eu individual, é formado a partir de uma figura que os homens admiram e da mesma forma impõe severas exigências e ideais. Uma das exigências desenvolvidas pelo super-eu cultural é a própria ética. É devido a esta exigência que a civilização, submetida à influência deste super-eu, alcança uma evolução cultural (Freud, 2010/1930, p. 116-117). Mas Freud alerta que a ética não conseguirá impedir o espírito destrutivo do homem e assegura que este é o motivo de grande parte da "*inquietação, das angústias e da infelicidade dos homens*" (Ibid.). O psicanalista ressalta que o sentimento de culpa é o problema mais importante na evolução cultural e que, ao mesmo tempo, o progresso cultural significa a perda de felicidade por causa do acréscimo do sentimento de culpa. Ao tentar se adaptar à vida social, o homem precisa desenvolver um sentimento altruísta que, segundo Freud, é o contrário daquele que corresponderia à busca de sua felicidade individual, bem mais egoísta.

A construção de uma vida cultural teria então uma carga de restrição à realização dos desejos e ao alcance da felicidade humana. Como disse Freud, a ela "*devemos o melhor daquilo que nos tornamos e uma boa parte daquilo que sofremos*" (Freud, 2010/1932, p. 433). Ele não nega que a agressividade humana pode ser internalizada, mas afirma que esta jamais será exterminada. Assim, o mal-estar estará sempre presente na civilização, marcando de maneira decisiva as relações entre os homens, as quais jamais serão inteiramente harmoniosas. Almejar, portanto, a inclusão de pessoas com deficiência como o resultado de um convívio harmonioso entre os homens seria uma grande ilusão, representaria um desconhecimento da condição humana em uma atitude ingênua.

Esta teoria nos conduz a perceber que a inclusão não parece ser de fato um processo natural ao ser humano e necessita de uma intervenção política para que ela de fato exista. Na verdade, a convivência nas instituições criadas para regular o convívio social, por si só, causa o mal-estar e, por isso, elas necessitam de intervenções políticas e de legislações específicas. Entretanto, chamamos a atenção para o fato de que diante da convivência com a deficiência do outro, tal dificuldade parece ser ampliada e se torna mais explícita.

## 3.2 Os outros com deficiência e o Outro com sua falha

O outro com a marca da deficiência não é qualquer outro, é alguém que possui uma marca "estranha", desconcertante, um estigma, algo que provoca um misto de repulsa e comiseração, por remeter a esse mesmo sentimento de estranhamento singular. As pessoas que possuem alguma deficiência não possuem uma imagem ideal de completude; pelo contrário, elas representam algo que parece "estranho" ao sujeito, algo que é impossível de subjetivar na demanda parental. Como descrevemos, esta inquietação diante do "*unheimlich*", do inquietante, corresponde ao que existe de mais íntimo para o sujeito. O sentimento de estranhamento é, portanto, relacionado a própria fragilidade vivida no primeiro momento da constituição do sujeito. Essa questão psíquica leva à rejeição da deficiência, e tem a ver com a maneira que o sujeito lida com sua própria castração e com a falha que lhe é natural, tanto com a própria incompletude quanto com a incompletude do A. Nesse processo subjetivo, a pessoa com deficiência pode representar para o sujeito a encarnação ameaçadora do Outro, responsável pela castração.

A deficiência também faz alusão aos outros pontos que trazem sofrimento ao homem, sublinhados por Freud em 1930, como a preponderância da natureza e a fragilidade do corpo humano. Ter alguma deficiência ou déficit nas funções orgânicas é natural a qualquer ser vivo e, se não acontecer no decorrer da existência, inevitavelmente em uma idade avançada advém a falha natural pelo desgaste dos órgãos e de suas funções. Não querer envelhecer ou não querer aceitar ser deficitário corresponde tanto a uma ameaça de retorno a um estado de desamparo infantil, quanto à impossibilidade de atingir o ideal humano de ser um super-homem. Corresponde, ainda, à impossibilidade de alcançar o ideal do eu formado na constituição do sujeito, ou também, o ideal de homem cunhado pela sociedade moderna que prega com severidade o ideal de não envelhecimento. O encontro com alguém que tenha alguma deficiência causa sofrimento por não se querer conhecer a própria fragilidade e finitude humana. Em um processo de negação, essa pessoa é afastada do convívio comum. Esta atitude de distanciamento remete à falha da constituição do sujeito e a toda forma de negatividade absoluta do sujeito, o que tem consequências sociais.

A questão da alteridade, que se coloca diante da deficiência, se aproxima daquela considerada mais radical, definida por Baudrillard e Guillaume (apud Quessada, 2007, p. 50). A alteridade radical é aquela que corresponde ao Outro, a tudo aquilo que é exterior ao sujeito e que não tem referência com algo que significa o ser para o sujeito, como o si.

Uma diferença que é irredutível ao sujeito. A alteridade radical configura uma alteridade absoluta, a qual se torna incompreensível, inassimilável e até mesmo impensável.

A deficiência tem relação com o próprio conceito de real lacaniano, como algo que designa uma realidade fenomênica imanente à representação, mas impossível de simbolizar ou de difícil simbolização. A discriminação e o afastamento destas pessoas podem corresponder a uma tentativa de afastamento do próprio real com o qual se quer evitar o confronto. Žižek elaborou uma releitura do conceito de real de Lacan propondo três noções para o Real (grafado por ele com R maiúsculo) que podem se referir à forma com a qual o sujeito lida com a deficiência. Para Žižek, existe um Real real, que estaria correlacionado à Coisa: a cabeça da medusa, o abismo, o Monstro; um Real simbólico, que seria um Real sem sentido, por não se conseguir integrá-las em uma forma de significação, ou científico, que corresponde às fórmulas científicas (Žižek, 2006. p. 87); e um Real imaginário, que designa o Real da própria ilusão, representando um traço elusivo no outro que incomoda, segundo o autor, é o ponto do Real no Outro. Para ele, o Real imaginário é frágil e elusivo. A rejeição à deficiência e, consequentemente, às pessoas que a possuem, tem correlação com essas categorias do Real de Žižek, desde o real imaginário, com a deficiência representando um traço elusivo no outro que incomoda, até o real simbólico, com as descobertas científicas e novas síndromes e patologias consideradas raras e de diagnósticos complexos, passando pelo Real real, que remete à conceituação de monstro desenvolvido por Foucault. Diante desta experiência de evitamento do confronto com o real, o relacionamento com pessoas com algum tipo de deficiência teria como condição a discriminação e o afastamento destas pessoas em lugares diferenciados dos demais, com a finalidade de evitar o convívio próximo.

Por outro lado, está contido nos princípios democráticos que se deve garantir oportunidades iguais para todos os cidadãos, e quanto àqueles mais necessitados ou com necessidades especiais, deve-se criar condições especiais para atendê-los. Castel define este dispositivo criado para manter as oportunidades iguais, como as ações "especiais", configurando também uma forma de discriminação, o que ele cunhou como uma "discriminação positiva", diferenciando-a do que seria uma discriminação negativa (Castel, 2008).

Para esse autor, na discriminação positiva, disponibilizam-se recursos suplementares a fim de que o indivíduo possa desenvolver suas capacidades e, assim, possa se integrar ao regime comum. Mas o que significa se integrar ao regime comum? Na modernidade, veremos que muitas vezes significa exatamente o esvaziameno da particularidade e da diferença. Gardou (2005) também utiliza do conceito sobre o real para abordar o tema da inclusão e afirmar que o respeito à singularidade do outro, seja ela radical,[37] supõe uma aceitação da complexidade irredutível do real e não uma simplificação precipitada. Essa simplificação leva a categorizar e a ignorar o real humano com um tipo de classificação determinada pelo olhar e pela ação (Gardou, 2003, p. 25).

Žižek (2003) contribui para essa discussão ao lembrar que sempre que se usa a nomenclatura para nomear algo considerado "especial" há conotação de um excesso. Como exemplo, ele ilustra o fato de quando um parceiro sexual pergunta ao outro se quer algo especial ou ainda quando se define uma técnica especial de interrogatório, são fatos que fazem alusão a uma prática pervertida. Podemos notar que muitas práticas adotadas como necessidade especial e em nome de uma discriminação considerada positiva tiveram, em muitos casos, um cunho perverso, o que analisaremos mais adiante.

Quanto à discriminação negativa, Castel é enfático em afirmar que

> [...] a discriminação é escandalosa por se constituir em uma negação de direitos, e ainda que a igualdade dos cidadãos diante da lei não é uma palavra vazia, já que é a condição de entrada na modernidade democrática e fixa os contornos de uma sociedade na qual, os cidadãos podem ser por eles mesmos responsáveis pelo próprio destino (Castel, 2008, p. 12).

Castel descreve a discriminação negativa como algo que estigmatiza o indivíduo com um "*defeito quase indelével*", condição própria da pessoa com deficiência. O que é perceptível é que apesar de se criar dispositivos próprios de uma discriminação positiva, a discriminação negativa é mantida e as duas condições coexistem. A inclusão escolar, bem como as reservas de cotas como uma ação em favor da igualdade de oportunidade,

[37] Gardou utilizou o termo *singularité d'autrui.*

reservando vagas para alunos e ou trabalhadores com deficiência, não eliminam esta discriminação negativa no âmbito das salas de aula ou das organizações empresariais. Nessas condições, as pessoas com deficiência estariam dentro, mas completamente fora; não seriam mais expulsos, mas suportados, tolerados sem reais condições de pertencimento.

O conceito de *Homo sacer* de Agamben é mais um conceito que ilustra bem essa condição das pessoas com deficiência: *Homo sacer* é uma figura obscura da lei romana, uma pessoa que é excluída de todos os direitos civis, enquanto a sua vida é considerada "santa" em um sentido negativo (Agamben, 2010). Assim, o *Homo sacer* apesar de ser um ser humano vivo não faz parte da comunidade política. Žižek afirma que "*o Homo sacer de hoje é o objeto privilegiado da biopolítica humanitária: que é privado na humanidade completa por ser sustentado com desprezo*" (Žižek, 2003, p. 111). Diante das políticas compensatórias, como as de concessão do benefício de prestação continuada pelo Ministério da Previdência (BRASIL, 1991) e diante da política de reserva de cotas para se garantir a inserção laboral nas organizações empresariais e mesmo de programas específicos de assistência à saúde e a própria política de inclusão escolar, as pessoas com deficiência se encontram muitas vezes nesta classe de ser "sustentado com desprezo". O autor faz referência a esse conceito para dizer que existe uma distinção entre aqueles que estão na ordem legal e aqueles que são considerados como *Homo sacer,* e que esta distinção não é horizontal, mas vertical, assim como a mesma distinção está no nível do subjetivo de forma antagônica. Ou seja, todos somos submetidos ao imperativo da Lei (com L maiúsculo representando a lei paterna da constituição do sujeito), mas no plano obsceno do Super-eu somo tratados como *Homo sacer* (Žižek, 2003, p. 47). Mais uma vez, a relação com a deficiência e as pessoas que a possuem remete a uma condição humana de uma forma ampliada e extremada, transpondo para um nível coletivo o que se dá em uma ordem subjetiva.

Entretanto, como a deficiência expõe este processo de forma explícita e sem rodeios, a rejeição a esses indivíduos é extremamente forte. Além disso, se todas as deficiências físicas ou sensoriais trazem esta questão à tona, a DI parece sofrer maior rejeição por conter o déficit na condição mais preciosa do ser humano: a condição de ser racional, que o diferencia dos demais seres e que confere aos homens uma posição de superioridade diante dos demais seres vivos e até mesmo de determinadas culturas consideradas menos racionais e, por isso, inferiores. O que causa incômodo nessa deficiência é que ela revela que o mais racional na escala da natureza conserva em si algo de irracional, que algo do saber lhe escapa, e esta é outra condição que o homem moderno quer desconhecer.

## 3.3 Outro e outros na Modernidade

A modernidade se caracteriza por uma reviravolta na civilização que articula uma mudança permanente em todos os campos: técnico, científico, político, estético, filosófico, bem como na construção de nossa sociedade e na relação estabelecida com o Outro (o Outro como Lacan o define e como descrevemos no capítulo anterior).

É importante ressaltar que o Outro não se restringe a alguém ou a alguma coisa, mas a uma função. A definição do Outro pode passar pela figura de Deus, sendo considerado como uma metáfora maior da alteridade, uma alteridade radical. Porém, o Outro não se reduz à figura divina. A definição de Quessada sobre o Outro como "*uma categoria difratada em uma multiplicidade de alteridade*" (Quessada, 2007, p. 50, tradução nossa) distingue bem essa amplitude de representação, correlacionada à função simbólica. A figura do Outro concebe exatamente aquilo que não se pode considerar de forma alguma como sendo singular, representa a completa exterioridade, também uma forma de alteridade radical. Ele estabelece a possibilidade de uma ordem espacial, pois representa um "lá", um alhures, uma exterioridade a partir da qual pode se fundar um "aqui", uma interioridade. É também através do Outro que se estabelece para o sujeito uma anterioridade fundadora, porque se ele se constitui a partir do Outro, delimita neste processo um antes e um depois, determinando uma noção temporal para o sujeito. O Outro é também "*necessariamente político na medida em que o Outro organiza o espaço social em que o sujeito se produz*" (Dufour, 2005, p. 44). Dufour afirma que ele aparece como uma instância de remodelação constante no decorrer da história e mesmo antes de estar no indivíduo já aparecia nos mitos e nas várias narrações primitivas.

Os sujeitos falantes, exatamente porque falam, produzem entidades que elegem como espírito unificador no lugar do Um, como grande Sujeito, diz Dufour (2005). Um que necessariamente é construído e que nunca de fato existiu, "é uma construção de ficção... Mas é o papel da ficção unificar o heterogêneo", afirma Dufour (Ibid., p. 31). Podemos também qualificar este Um como Terceiro, estranha conexão numérica entre o Um e o Três, mas que encontra sentido na lógica do inconsciente. Como salientamos no capítulo anterior, é o Terceiro que, na constituição do psíquico, impede a relação fixada no imaginário entre o par. O Terceiro institui e representa a lei do interdito e possibilita a identificação com o significante primeiro. A inscrição na função simbólica acontece para o sujeito por essa interdição, pela passagem pelo Outro. "*Ele permite a função simbólica na medida em que dá um ponto de apoio ao sujeito para que seus discursos repousem num fundamento, mesmo que fictício*" (Ibid., p. 33). Os sujeitos falantes sempre produziram e necessitaram de um terceiro, não apenas um eu e tu, mas um Ele, como um Outro, "*deuses que eles não poderiam se autorizar a ser*" (Ibid.).

Na inscrição simbólica, a condição para advir o sujeito é que esse Outro falhe; assim, o sujeito é tanto a sujeição quanto o que resiste à sujeição; é sujeito do Outro e, ao mesmo tempo, o que resiste ao Outro completo e admite a sua falha, provoca um furo neste Outro. A sujeição e a resistência são absolutamente necessárias na construção do sujeito e de suas relações. A subjetivação é esse trajeto percorrido pelo sujeito, que passa pela sujeição, mas que depois se autoriza a fazer objeção ao Outro. Como afirma Lebrun, trata-se de um trajeto que "*equivale ao trajeto da humanização*" (Lebrun, 2008, p. 53). Este Outro tem a função de instalar a possibilidade política/cultural e, ao mesmo tempo, determinar as regras simbólicas e políticas para o homem. Neste processo, é através da passagem pelo Outro e da constatação de sua falha que se impõe para o sujeito o menos-gozar (castração), algo que impede o gozo absoluto entre o par ao fazer o interdito. Em última análise, o interdito ao incesto, a submissão à Lei (lei com maiúsculo para se referir à Lei paterna), permite a submissão às leis políticas, bem como o acesso ao discurso.

Neste sentido, Dufour defende que a Modernidade marcou o fim da unidade de um único grande Sujeito e tornou-se um momento de "*coexistência, não necessariamente pacífica, de grandes Sujeitos*" (Dufour, 2005, p. 45). Essa diversificação das figuras do grande Sujeito aparece com a falência do controle da Igreja sobre as descobertas científicas. Dufour destaca o ano de 1633, com a descoberta de Galileu sobre o movimento da terra, como um marco para essa mudança. Outros fatores contribuíram para essa reviravolta, como o surgimento do sujeito cartesiano no campo filosófico, definido em função da própria capacidade de pensar do ser humano. No campo político, Locke define as teorias do contrato, o iluminismo aparece como a idade das luzes e Rousseau define o sujeito da natureza. Percebemos como todas essas formas de pensamento influenciaram na construção de um método e mesmo de uma teoria para a deficiência intectual e para a loucura. Dufour afirma que o nascimento do sujeito crítico kantiano é resultado desse processo, no qual as narrativas coletivas que caracterizaram o sujeito das sociedades tradicionais foram substituídas por uma narrativa individual.

Na modernidade, a figura do Outro não deixou de existir, mas foram várias figuras que sustentaram o lugar desse Outro. Dufour lembra que na história percebe-se uma sequência de assujeitamento do sujeito a grandes figuras instaladas no centro de configurações simbólicas como a sujeição às forças *physis* no mundo grego, ao Cosmos ou aos Espíritos em outros mundos, a Deus no monoteísmo, ao Rei na monarquia, ao Povo na República, à Raça no nazismo, à Nação nos nacionalismos, ao Proletariado no comunismo, dentre outras. Todas essas figuras mudam e definem as relações sociais e o convívio entre os homens também se transforma na medida em que essas representações mudam. No entanto, o que permanece comum na modernidade é a relação comum de submissão a uma representação do Outro.

"*A modernidade pela pluralidade de grandes Sujeitos que a caracteriza, engendrou formas discursivas que se traduzem por maneiras inéditas de falar e de se realizar na linguagem*" e o Diferendo de Lyoard é marcante nesta época (Ibid., p. 51). Dufour cita o Diferendo como algo que excluiu tudo que estava fora do adotado como padrão europeu, o homem e a cultura considerada digna para a Europa. Esta forma discursiva excluiu vários grupos de pessoas, e as pessoas com deficiência intelectual representavam o que era considerado fora do padrão cultural e discursivo europeu, por aparentarem, se expressarem e pensarem de forma completamente diferente do instituído, por se aproximarem de povos primitivos e até mesmo de animais, como se fosse uma categoria sub-humana. Pessoas destituídas de razão não poderiam ser consideradas humanas, assim acontecia uma exclusão "natural", uma discriminação negativa travestida de positiva com atividades não suplementares, mas substitutivas que apenas garantia a sobrevivência em um algum lugar separado, diferente do convívio social comum, considerados verdadeiros párias e mesmo monstros. Foi neste discurso da modernidade que surgiram várias formas de segregação referente às pessoas com deficiência. Houve um contundente movimento de segregação, provido de estatuto científico, social e cultural, como observamos no percurso histórico. As consequências deste processo foram visíveis no cenário brasileiro.

Paralelo a este Diferendo, que excluía tudo que era diferente da cultura europeia, existia um "*espaço discursivo caracterizado pela crítica no interior*", lembra Dufour (Ibid.). A existência de grandes Sujeitos na modernidade determina aspectos contraditórios; assim, Dufour caracteriza a modernidade como o lugar de enfrentamento de ideologias distintas e mesmo conflitantes. O autor sustenta que o sujeito[38] crítico kantiano nascido no final do século XIX, e o sujeito neurótico, que surgiu no início do século XX, em 1900, caracterizaram e determinaram as relações na modernidade (Dufour, 2005, p. 11).

Segundo Dufour, Freud construiu o sujeito do inconsciente influenciado pela teoria kantiana: "*Freud, ele mesmo teve que ser kantiano para construir o sujeito freudiano*" (Ibid., p. 19). Na modernidade coexistiu o *sujeito kantiano*, um sujeito crítico que realiza voluntariamente uma deliberação conduzida em nome do imperativo moral da liberdade, e o *sujeito freudiano*, um sujeito neurótico, preso em uma culpabilidade compulsiva. Para Dufour, o sujeito crítico kantiano e o sujeito neurótico freudiano formam um par moderno "*como irmãos inimigos que, no final, mais se dão bem: com efeito, a neurose pode, sob certas condições, se tornar o melhor incitamento à crítica*" (Ibid., p. 57).

Lacan situa no pensamento de Descartes a inauguração da ciência de forma "*que se distingue por uma eficácia suficientemente penetrante para intervir até no mais cotidiano da vida de cada um*" (Lacan, 2006, p. 106). Ele também assegura que foi neste contexto que nasceu a psicanálise, mas em um novo terreno, no qual ainda nada havia sido feito. Antes do surgimento da psicanálise, a psicologia era a referência para o tratamento da condição humana e, banhada no discurso da ciência e da razão, procurava sua construção de forma racional e retroativa (fato que percebemos no capítulo 1 desta tese, *O Início*, e que influenciou diretamente as ações para

[38] Dufour esclarece que o termo sujeito que ele emprega é um sujeito no sentido filosófico do termo e não antropológico.

os indivíduos com DI e mesmo a debilidade ou psicose). A psicanálise sustentou uma ruptura com o pensamento cartesiano e, assim, Freud teve uma função de fissura no discurso da ciência. Lacan defende que Freud foi alguém que se propôs a tratar essa questão do pensamento, mas por outro viés: "*Freud nos ensinou que, dentre esses doentes, há doentes do pensamento*" (Lacan, 2006, p. 109). Lacan salienta que, para Freud, o pensamento traz várias questões como o "pensar uns nos outros" e questiona a maneira como a filosofia lidou com o pensamento de forma autônoma e ainda condicionou essa autonomia a uma escala e hierarquização das pessoas a partir do uso do pensamento. Freud sustenta que as coisas se dão no nível de nossa relação com o pensamento e não no pensamento em si. Neste caso, o pensamento pode ser considerado como encarnado e não distanciado do sujeito. A lógica do pensamento como algo autônomo configurou nossa civilização, sua forma de governar e de estabelecer a hierarquia, desconsiderando aqueles que supostamente não pensariam ou seriam inferiores. Mas, como salienta Lacan:

> [...] o pensamento é desde sempre encarnado, e isto também é perceptível para nós, no que nos parece mais caduco, o mais dejeto, o mais inassimilável, ao nível de certas falhas, que, aparentemente, parecem dever à função de déficit (Ibid., p. 113).

A descoberta da psicanálise foi neste momento em que não se existia nada "*menos incontestável que a superioridade do pensamento*" (Ibid.). Freud foi quem contestou de forma veemente esta verdade absoluta do discurso da ciência e sustentou que não existe nenhum privilégio no fato de determinados homens serem providos do poder singular de manejar a linguagem. Na teoria psicanalítica, estes não são mais humanos ou mais civilizados por dispor de tal privilégio. Por outro lado, sendo ou não civilizados, os sujeitos "*são capazes dos mesmos arrebatamentos coletivos e dos mesmos furores*" (Ibid., 2006, p. 114). A descoberta freudiana representou uma ruptura na forma de pensamento da modernidade, considerando que o próprio não pensar, ou o furo do pensamento, faz parte da condição humana, em que o inconsciente se introduz.

Somadas a essas características intrínsecas ao homem moderno, as exigências da civilização moderna apontadas por Freud, em 1930, como a beleza, a ordem e a limpeza para manter este mundo racional em ordem, levaram à classificação de grupos de pessoas e justificaram a segregação de determinados grupos. Podemos perceber que estes são atributos, os quais poderiam facilitar a vida, como afirmou Freud, mas o fato é que a civilização rejeita ou segrega tudo aquilo que é considerado contrário a essas normas.

Bauman, em seu livro *O Mal-Estar da Pós-Modernidade*, desenvolve sua teoria a partir deste aspecto da teoria freudiana e afirma que a ordem "*significa um meio regular e estável para os nossos atos; um mundo em que as probabilidades dos acontecimentos não estejam distribuídas ao acaso, mas arrumadas numa hierarquia estrita[...]*" (Bauman, 1998, p. 15). Freud destaca que na ordem está implícita certa compulsão à repetição. Com relação à busca da limpeza e pureza, Bauman sustenta que, do ponto de vista de sua significação política e social, trouxe graves consequências para o convívio humano. Entre as numerosas corporificações da sujeira, Bauman afirma que:

> [...] são outros seres humanos que são concebidos como um obstáculo para a apropriada 'organização do ambiente'; em que, em outras palavras, é uma outra pessoa ou, mais especificamente, uma certa categoria de pessoas, que se torna 'sujeira' e é tratada como tal (Ibid., p. 17).

Sob esse aspecto, Bauman corrobora com as considerações de Foucault, quando este analisou a prática de se jogar os loucos ao mar[39] e afirmou que para a época, "*os loucos representavam 'uma obscura desordem, um caos movediço [...] que se opõe à estabilidade adulta e luminosa da mente'; e o mar representava a água, 'que leva deste mundo, mas faz mais: purifica'*" (Ibid.).

As instituições especializadas e o tratamento das pessoas com deficiência foram criados nesta lógica e sob esses ideais. A segregação fez parte da forma de se constituir a sociedade moderna e organizou as pessoas em grupos definidos com nomenclaturas distintas e métodos cada vez mais sofisticados e "confiáveis" de avaliação e diagnóstico que justificavam a classificação e a segregação das pessoas com deficiência. Essa amplitude do discurso científico e racional que favoreceu a ampliação de métodos de segregação foi levantada por Lacan em 1967 na *Proposição de 09 de Outubro*,

[39] Essa prática era utilizada pelas autoridades, nos primeiros anos da Idade Moderna, época em que as pessoas com deficiência muitas vezes eram classificadas como loucas e submetidas aos mesmos tratamentos.

ao afirmar que houve um "*remanejamento dos grupos sociais pela ciência*" e que "*nossos futuros de mercados comuns encontrará seu equilíbrio numa ampliação cada vez mais dura dos processos de segregação*" (Lacan, 2003/1967, p. 263).

Em *Televisão* (1993), Lacan foi enfático em afirmar que haveria uma escalada do racismo. E sob esse aspecto Koltai observa que "*Lacan na posteridade de Freud, pôde levar em conta o que Freud não conheceu, mostrando os efeitos crescentes da segregação, consequência (sic) do discurso científico sobre o campo social*" (Koltai, 1998, p. 108). O discurso da ciência, entendido como um laço social instaurado pela ciência, busca a homogeneização do sujeito em nome de um bem, ou de um desenvolvimento tecnológico.

O movimento de inclusão chega como consequência, ou mesmo como um desenvolvimento consecutivo dessa realidade criada na modernidade. Esse movimento surge em um momento de mudança profunda da modernidade e nos perguntamos se ele realmente representa uma mudança na forma de relação do sujeito com a deficiência intelectual. Se na modernidade essa deficiência representava algo que denegria a imagem do homem moderno ideal e impedia a construção de uma sociedade homogênea e racional, o que essa deficiência pode representar atualmente? Propomos uma análise do momento contemporâneo para avançar nestas questões.

## 3.4 Mais que modernos, ultraliberais e sem Outro

Realizar uma análise da contemporaneidade torna-se um empreendimento delicado por se tratar da análise de uma ação em curso. No entanto, nos apoiamos na definição de Agamben para manter nosso propósito. Para ele, a contemporaneidade é:

> [...] uma singular relação com o próprio tempo, que adere a este e, ao mesmo tempo dele toma distâncias; mais precisamente, essa é a relação com o tempo que a este adere através de uma dissociação e um anacronismo (Agamben, 2009, p. 59).

O filósofo italiano salienta que o contemporâneo é aquele que "*percebe o escuro de seu tempo e o considera como algo que lhe concerne sem se esquivar, mas se dirigindo a ele*" (Ibid.). Neste percurso de procurar desvendar as trevas de nossa contemporaneidade, seguimos as hipóteses alcançadas por alguns autores que caracterizam a época atual como a passagem de alguns fundamentos e estruturas da modernidade, como "*uma época que viu a dissolução, até mesmo o desaparecimento das forças nas quais 'a modernidade clássica' se apoiava*" (Dufour, 2005, p. 25).

Estudiosos como Dufour (2005) classificam o atual momento como uma pós-modernidade; outros como Lebrun (2008) preferem adotar o termo hipermodernidade para defender seus estudos sobre a mutação em curso. Lebrun justifica sua escolha por considerar o termo pós-moderno inadequado, pois para ele o "pós" sugere um fenômeno ultrapassado, como se fosse uma modernidade ultrapassada, enquanto o hipermoderno seria mais adequado por designar algo que está em curso. O psicanalista conceitua esta mudança como uma verdadeira "Virada Antropológica" por representar algo que faz parte de uma única realidade, que tem um antes e depois, mas que passa por uma mudança a qual se apresenta de maneira completamente diferente. Uma mudança topológica que muda toda a forma, como se fossem dois regimes diante de uma mesma e única realidade discursiva, como na banda de moebius[40] (Lebrun, 2008).

Manteremos os vocábulos utilizados pelos autores ao fazer uso de suas análises e o termo contemporaneidade para definir o tempo atual, com a convicção de que estamos presenciando uma mudança profunda da modernidade em curso. Para vários autores, essa crise é uma consequência da própria modernidade. Notamos que essas mudanças vieram do declínio de alguns preceitos da própria modernidade, ou tenham ocorrido devido a evolução de pontos relevantes e característicos do mundo moderno que nos levou a uma verdadeira "crise de civilização" (Ibid.).

[40] Banda de moebius é uma superfície topológica. A topologia combinatória é um ramo da matemática que teve origem com Desargues e Leibniz e se desenvolveu com Moebius, Félix Klein e Henri Poincaré. Lacan utilizou-se de diferentes superfícies da topologia para explicar alguns termos centrais da experiência psicanalítica. A topologia permitiu-lhe abordar sua teoria a partir de uma lógica que fosse fundamentalmente uma lógica da falta e diversa da estética de Kant, que "*segundo Lacan, teria permanecido na falsa evidência da geometria euclidiana*" (Kaufmann, 1996, p. 528). A banda, ou fita de moebius, é uma fita na qual se faz uma torção e se junta os extremos de modo a formar uma figura com uma superfície unilátera, sem distinção entre dentro e fora, dando a noção de continuidade. A partir desta figura, Lacan representou a relação do sujeito com o objeto, entre consciente e inconsciente. A fita de moebius concretiza essas relações de forma diferente de uma representação apaziguadora e estável do sujeito. Essa figura demonstra que, de forma oposta, o sujeito tem uma posição, móvel e angustiante e como sujeito, dividido, barrado, não tem mais "casa" (Rivera, 2008).

Nestes estudos, nota-se que as características marcantes do mundo moderno que corroboraram para a crise atual foram a própria democracia, o liberalismo e a defesa de direitos. Para Lebrun, existe em curso uma crise da legitimidade, e o autor afirma:

> [...] assumir a modernidade é consentir em reinventar a legitimidade, sabendo que nenhum substrato que lhe desse (sic) uma justificação essencial poderá ser encontrado. Nesse sentido, a crise geral da legitimidade é bem consequência (sic) da modernidade, mas não há outra saída a não ser assumi-la como tal (Ibid., p. 25).

Dufour considera também que foi a própria modernidade e sua dinâmica, assim como aconteceu com o sujeito crítico e neurótico, que levaram ao seu declínio. Para este autor, ao combater tudo e todos, o pensamento crítico combateu a si mesmo (Dufour, 2005). Dufour afirma que existe um processo de declínio do sujeito crítico e neurótico e esse declínio não se constitui em uma continuidade, mas caracteriza-se por uma ruptura. Quessada (2007) é outro filósofo que defende a hipótese de que o seu declínio ocorreu por causa do modelo da modernidade. O fato é que todo esse processo está acarretando uma verdadeira mudança do modelo vigente e determinando novas formas de o homem se organizar em sociedade, de como construir suas relações, suas instituições, e o movimento da inclusão de pessoas com deficiência surge neste contexto de mudança.

No âmbito da inclusão de pessoas com deficiência, o ponto central das mudanças na pós-modernidade está no enfraquecimento da figura do grande Outro. O Outro possuir alguma falha não é de fato uma novidade. Como descrevemos, Lacan elaborou sua teoria da constituição subjetiva sobre o pressuposto da necessidade estrutural de haver uma falha no Outro. Entretanto, existe uma grande diferença entre considerar o Outro falho desde o início e percebê-lo falho *a posteriori*, ou seja, existe um momento anterior em que o Outro é supostamente considerado completo, para depois haver a percepção e a necessidade deste Outro ser falho para fundar o sujeito. Na atualidade, o que se percebe são as consequências de um mundo sem essa passagem. A diferença do Outro da modernidade para o atual é que no primeiro caso o Outro tinha uma existência substancial, via teológico, e ao mesmo tempo uma consistência lógica por meio da linguagem. A pós-modernidade não sustenta mais esses dois lugares, nem o teológico, nem o lógico, como lembra Lebrun.

Lebrun afirma que "*uma coletividade só é moderna quando sabe que o que a organiza é uma ficção, que não há criador algum a ser invocado*" (Lebrun, 2008, p. 25). O que passou no decorrer da modernidade é que esta ficção foi desmascarada e ficou nua, pois cada vez mais a coletividade se deu conta de que não existe de fato este criador a ser invocado.

Podemos constatar que muitas características em curso, sobre as quais iremos discorrer aqui, já existiam de alguma forma na sociedade moderna, porém o que percebe-se agora é a prevalência e a banalização de uma série de fatores já apresentados e que antes nos surpreendiam. Assim como a morte de Deus já havia sido anunciada por Nietzsche e comentada por outros filósofos há mais de um século, isto também não é atual. No entanto, a civilização se ver diante desta ausência e ter que lidar com ela de forma generalizada é o que caracteriza a atualidade. Para Trobas (2003), o enfraquecimento da função paterna surgiu desde o final séc. XIX e princípio do seguinte, mas agora faz parte do discurso comum.

É real que existe uma dificuldade na elaboração de algo que ainda não foi pensado e que imaginar de fato um mundo sem o Outro para nós é impensável. Entretanto, explorar as análises do sujeito diante do enfraquecimento da figura do Outro e seus desdobramentos para o mundo contemporâneo é extremamente importante para pensarmos na questão da debilidade, da deficiência e das organizações envolvidas neste processo. As consequências descritas podem estar com as características exacerbadas e sentidas em parte de nossa contemporaneidade, mas já estão de alguma forma presentes e disseminadas em nosso cotidiano ou em ações esporádicas e pontuais.

A passagem pelo Outro ordena nossa relação com o simbólico e esse enfraquecimento muda nossa forma de lidar com os três registros: simbólico, imaginário e o real, o que afeta toda nossa economia psíquica. Lebrun (2008) defende que essa destituição do Outro significa o enfraquecimento de qualquer forma de legitimidade, e ressalta que isso é mais do que a perda de autoridade, atingindo todos os níveis com reflexos na instituição familiar, com a perda de legitimidade dos pais. A passagem pelo Outro pressupõe tanto uma anterioridade, quanto a autoridade e a alteridade – como essa passagem está afetada, todos esses pressupostos se transformam. O Terceiro representado pela Lei paterna está em cheque; o desaparecimento progressivo do Terceiro caminha junto com a legitimidade, afirma Lebrun (Ibid.).

Trobas (2003) afirma que com a decadência da função paterna em nossa civilização ocorre um ocaso (ocaso do sol), um declínio do Édipo, o que traz consequências subjetivas. Vale ressaltar que essas mudanças atuais já haviam sido apontadas por Freud em *Mal-Estar na Civilização* e por Lacan quando previram o aumento da segregação e do discurso das ciências. Lacan, em seu artigo *Os complexos familiares*, de 1938, denuncia a degradação da função paterna e antecipa incidências psicológicas generalizadas e possíveis "catástrofes políticas" (Lacan, 1938/2003, p. 67).

Dufour, por sua vez, nota que passamos por uma dessimbolização. O que se percebe é que neste processo existe uma transformação radical no simbólico e assim ele não é mais o que permite apreender o real, afirma Lebrun (2008). Se o real não é mais irredutível, o choque com o real torna-se inevitável e tem de ser de alguma forma reparável – o indivíduo apela então para o imaginário.

Žižek (2003) assegura que vivemos um paradoxo da modernidade, no qual predomina uma verdadeira paixão pelo real que culmina em seu oposto aparente como num "espetáculo teatral". "*A paixão pós-moderna pelo semblante termina numa volta violenta à paixão pelo Real*" (Žižek, 2003, p. 23-24).

> O Real que retorna tem o status de outro semblante: exatamente por ser real, ou seja, em razão de seu caráter traumático e excessivo, não somos capazes de integrá-lo na nossa realidade (no que sentimos como tal), e, portanto somos forçados a senti-lo como um pesadelo fantástico (Ibid., p. 33).

Em toda essa transformação reina o registro do imaginário, terreno fértil para a debilidade. O sujeito e sua economia psíquica encontram-se em profunda mudança. Žižek nos alerta que diante da ausência do Outro é a própria inexistência do sujeito que se torna a inquietação da pós-modernidade.

### 3.4.1 (+ valia) = (– Outro) + (Outro artificial, semblantes de Outro)

A nova forma de capitalismo, ou as próprias consequências do fortalecimento do modelo capitalista liberal (ou neoliberal), é apontada como uma das causas do enfraquecimento das relações no registro do simbólico. Dufour afirma que a troca mercadológica atual tende a dessimbolizar o mundo por acontecer simplesmente uma troca de mercadorias não havendo nada mais que a represente; esta troca se dá no real e não por uma intermediação simbólica. "*Os homens hoje são obrigados a se livrar de todas as sobrecargas simbólicas que garantiram suas trocas*" (Dufour, 2005, p. 13). Quessada corrobora com esta tese e afirma que o princípio econômico aplicado a todas as coisas é um dos predadores do Outro. Ao buscar uma rentabilidade, um lucro a todo custo, a economia afeta tudo, até mesmo os seres humanos e assim a figura do Outro. Quando não se permite a economia simbólica, mas apenas a econômica, o mercado coloca o sujeito diante de si e de sua própria fundação, sem tratar a questão da origem. O fato é que o mercado não consegue cumprir o trabalho específico da cultura necessário ao advento do "eu". Segundo Quessada, é como se o Outro passasse por uma espécie de auditoria, uma verdadeira interiorização do modelo do mercado.

Por outro lado, neste domínio do mercado e da mais valia, na qual nada pode faltar, não pode haver tampouco um Outro que falte. Em contrapartida existe a supervalorização do objeto que promete a realização do desejo e a possibilidade de edificar um eu poderoso e satisfeito, sem faltas. Quessada aventa a hipótese de que nestas condições existe a construção de um Outro artificial, que é mantido devido à morte clínica do Outro com alguma falha (Quessada, 2007, p. 57). De forma semelhante, Dufour conjectura que na pós-modernidade, com a perda do Outro simbólico, surgiram semblantes de Outros (Dufour, 2005, p. 59).

Esses autores salientam que este processo de negação do Outro permite apenas uma autonomia ilusória, diferente da autonomia conquistada quando se percebe que o Outro é faltoso *a posteriori*. Não que exista o entendimento de que o sujeito conquiste uma espécie de autonomia plena, pois ela será sempre relativa. A ilustração de Lebrun através de um neologismo é extremamente pertinente para essa condição humana: "*é por isso que convém falar antes de uma out(r)onomia. O humano é um out(r)ônomo, um autônomo a partir do Outro*" (Lebrun, 2008, p. 62).

O que se passa na pós-modernidade é que um sujeito privado das questões possíveis da origem e do fim é um sujeito amputado da abertura para o ser, um sujeito impedido de ser plenamente sujeito, como define Dufour (2005). Neste sentido, torna-se algo um tanto artificial, como um engodo que se reinventa a todo tempo. Não existe lugar para exceção, para o $S^1$ e, neste caso, o discurso do capitalista[41] passa a assumir as relações, com o sujeito negando a exceção e ocupando o lugar do agente em detrimento do $S^1$. Cada sujeito passa a ser seu próprio mestre e não comporta mais o impossível.

Quessada complementa esta discussão ao afirmar que uma nova configuração do ser está se formando. Segundo o autor, sem a figura do Outro, faltam ferramentas conceituais para se pensar, exceto pelos esquemas comportamentais simplificadores dominados pelo marketing. E neste processo, sem a figura de um Outro para se constituir como sujeito autônomo, cria-se artificialmente um Outro, e, segundo Dufour (2005), se permite a criação de todo tipo de Outro artificial, como o fundamentalismo. Produz-se uma espécie de fundamentalismo do Outro (Quessada, 2007, p. 145) como se mantivesse o Outro em um estado de coma profundo. Sob este aspecto, o filósofo faz analogia a todos os métodos artificiais criados pela tecnologia para manter a sobrevivência de seres humanos. A artificialidade para manter a vida leva também à manutenção de um arremedo do Outro que não passa pelo registro do simbólico. Nesta reflexão, podemos fazer uma analogia com o fato de que cada vez mais sobrevivem os bebês com apoio de todo aparato da tecnologia, aumentando a taxa de natalidade, mas não diminuindo a taxa de morbidade (Penalva, 2005).

O avanço médico e tecnológico das últimas décadas proporcionou a sobrevivência de bebês prematuros com peso e idade gestacional cada vez mais baixos, o que levou à ampliação destas tecnologias (Ibid.). No Brasil, o nascimento de bebês prematuros[42] passou de 5,3% para 6,7% dos nascidos vivos (aumento de 1997 a 2006, fonte SBP[43]), no entanto, um relatório da Organização Mundial da Saúde (OMS) de 2012 coloca o Brasil como o décimo país do mundo com maior número absoluto de nascimentos pré-termo, (World Health Organization, 2012) com uma

41 Com esta preponderância da lei do mercado, Lacan cria o 5º discurso: o discurso do capitalista. Este se dá com uma inversão nos quadrantes do lado esquerdo do discurso do mestre. O que altera a economia psíquica e a relação do sujeito com o saber, o gozo e o desejo.

42 É considerado prematuro aquele bebê que tem idade gestacional inferior a 38 semanas, e extremo prematuro, o bebê com menos de 29 semanas.

43 Sociedade Brasileira de Pediatria. Recuperado de: <www.sbp.com.br>. Acesso em: 25 out. 2011.

prevalência de 9,2%, estudo feito em bases estatísiticas. Já em 2013, o estudo "Prematuridade e suas possíveis causas", do Fundo das Nações Unidas para a Infância (UNICEF), mostra que a prevalência de partos de crianças prematuras no Brasil chega a 11,8% (Silveira et al, 2013). Inúmeras pesquisas apontam uma correlação entre o extremo prematuro e a deficiência intelectual, como visto na pesquisa de Piazentin e Rodrigues (2005). Essas experiências traumáticas trazem também reflexos para as primeiras relações simbólicas constitutivas do sujeito e fortalece a figura desse Outro artificial.

Na contemporaneidade, percebem-se numerosas instituições e produtores do discurso e ações políticas ou religiosas como fabricantes em grande escala desse Outro artificial (Dufour, 2005). "*Nós fabricamos os artifícios para fazer sombra à ausência do Outro*", afirma Dufour (2005). Com respeito à deficiência, tanto o processo de inclusão quanto a institucionalização podem assumir essa produção. Quando a própria inclusão é colocada no lugar do Outro artificial a ser seguido – com uma conotação fundamentalista para alguns, enquanto para outros tendo as instituições especializadas como representantes –, presenciamos também de um novo maniqueísmo neste processo. Como salientou Quessada (2007) afirma que nesta criação do Outro artificial, visões ultramodernas e neoconservadoras coexistem, como coexistem o fundamentalismo, o neoliberalismo, a exclusão e a defesa da inclusão.

Na lógica da mercadoria cada desejo deve encontrar seu objeto. Na verdade, para tudo se procura encontrar uma solução na mercadoria. Os objetos oferecem a garantia de realização do desejo e de uma felicidade realizada no aqui e agora. Desta forma, a relação com o tempo também se diferencia, pois não pode ser postergada a realização do desejo, tudo deve ser realizado de imediato, no presente. Mas sabemos que ao buscar o objeto para realização do seu desejo, o sujeito descobre que ele apenas se torna insatisfeito, o que o faz demandar mais e o mantém sempre em busca de algo mais. Lacan nos ensina que o importante não é o objeto em si, mas o desejo que ele sustenta. Neste sentido, o desejo provoca uma busca constante e insaciável, uma condição psíquica extremamente favorável para a atual economia e para o capitalismo. O mercado se aproveita dessa dinâmica psíquica do desejo e promete o objeto que atenda a singularidade de cada um. A mais valia leva a um mais gozar sem limites, de forma que não existe mais limite para o gozo na lógica do mercado. Lacan afirma que a lei do mercado é uma lei que altera a lei do pai no sentido edípico e substitui a falta do gozo pelo mais gozar.

Com a evolução tecnológica, cada vez mais objetos, órteses e próteses que possam suplantar o déficit imposto pela deficiência física e mesmo sensorial são desenvolvidos. O fato que dificulta o processo de simbolização é que essas novidades tecnológicas se apresentam como suporte a uma solução para o sujeito, entrando no circuito da lei do mercado e do mais gozar e não havendo mais espaço para o questionamento da condição humana e sua falha. Se para a deficiência locomotora e sensorial há objetos de toda forma para permitir a acessibilidade física ou sensorial, para a deficiência intelectual, a indústria farmacêutica se encarrega de produzir as mercadorias que trarão a solução, não havendo assim espaço para o confronto com a questão da falha e até mesmo da diferença constitutiva. Neste processo, existe o perigo de novamente a questão se encerrar no orgânico, com os objetos que podem trazer um mais gozar no corpo. Configura-se, assim, mais uma ação que reforça a debilidade e não apresenta saída para o sujeito.

Outro fator que perpassa a lógica do mercado e afeta a questão da deficiência é, por um lado, o sentimento de onipotência que define o sujeito no capitalismo, principalmente quando se é bem sucedido financeiramente e possuidor dos bens valorizados pelo capital, e, por outro lado, quando ocorre o inverso, o sentimento de impotência e de fracasso quando o indivíduo não é bem sucedido financeiramente. O filho com deficiência e a própria deficiência estão mais próximos deste sentimento de impotência por não ter acesso facilitado à prosperidade econômica. Neste processo, percebeu-se que vários atendimentos terapêuticos desenvolvidos, alguns em nome da integração, passaram pela inclusão do sujeito no capital e na produção econômica, o que Zafiropoulos (1981) denunciou em seu livro *Les arriérés: de l'asile à l'usine*. Configura-se um processo de integração que pretende ignorar a deficiência ou compensá-la pela mais valia da produção, como fazendo parte do processo, mesmo que seja de forma repetitiva e reduzida.

Ao prevalecer o poder do mercado, todo tipo de autoridade está em xeque, a autoridade do Estado e a forma de gerenciamento se encontram em desvantagem neste arranjo pós-moderno. Dufour (2008) alcunha o termo Divino Mercado, título do seu livro de 2008, para caracterizar essa supervalorização do mercado. Assim, o modo de governar sofre influências do mercado e passa para um tipo de "governância"[44] que foi adotado e passa a ter seu uso generalizado a partir dos anos 90. Não se trata de um neologismo, nos orienta Dufour, pois o termo existia desde o séc. XIII, denominando algo próximo ao governo que designava "a maneira de conduzir". Nos séculos XVII e XVIII, o conceito de governância se referia ao equilíbrio entre o poder real e o poder parlamentar. Na pós-modernidade, esse conceito mudou para designar uma nova modalidade de gestão de poder, caracterizada como uma gestão horizontal, diferente da outra que seria mais vertical e hierarquizada. Lebrun também aponta a governância como um modelo característico da forma de gestão contemporânea, definindo-a como um tipo de gerenciamento empresarial que surgiu nos anos 90 para atender aos interesses dos acionistas e da bolsa de valores. Um gerenciamento que coloca em primeiro lugar o lucro dos acionistas em detrimento de todo o resto e que expandiu para outras organizações e estâncias como a governamental.

Desta forma, percebe-se que não só as empresas seguem essa noção de governância como também as organizações escolares, sejam elas públicas ou particulares, comuns ou especiais. Somado a isso, com a perda de autoridade do Estado, muitas organizações sociais assumiram ações e poderes que seriam próprios do Estado, um modelo que caracteriza as organizações sociais especializadas brasileiras (Batista, 2002). O mercado e as organizações privadas ampliaram suas atuações e seu poder com um projeto de se oporem ao governo a permitir que a sociedade se governasse sozinha, sem "*passar por essa velha instância doravante em desuso: o governo, que se acreditava encarregado da coisa pública*" (Dufour, 2008, p. 130). Não se pode negar que tudo ocorreu com a aquiescência do Estado, visto que é o próprio governo que delega as ações e burocratiza uma suposta forma de controle na tentativa de buscar ações qualificadas como parceria ou terceirização dos serviços. Neste contexto, várias ações foram desenvolvidas não com o objetivo de defender os direitos dos cidadãos, mas somente com o intuito de apresentar números ou parâmetros descontextualizados para a manutenção dos serviços ou das próprias instituições.

Lebrun desenvolve o termo *democratismo* para caracterizar a evolução da democracia para esta forma de relacionamento político atual.

[44] O termo governância foi introduzido pelos *think tanks*, de inspiração liberal. (Dufour 2008, p. 119)

A especificidade da democracia como organizadora de um lugar vazio é esquecida na pós-modernidade, afirma Lebrun (2008). O autor defende que neste caso o sujeito se comporta como se sua autonomia fosse dada de imediato como uma "*ilusão de ótica. Mas a ilusão funciona e ele quer o tempo todo ser reconhecido em sua singularidade por um coletivo ao qual acha que não deve mais nada*" (Lebrun, 2008, p. 103). Neste contexto, cada um faz o que quer, desde que não incomode o outro, afirma o psicanalista. Esta também seria a proposta equivocada ou pertinente ao neoliberalismo da inclusão. Nesta lógica, existe a possibilidade de a pessoa com deficiência estar no meio comum com os demais, desde que não incomode e sem ser incomodado. Em muitos casos, percebe-se que eles estão ocupando as carteiras das escolas, mas sem de fato aprenderem; estão nas empresas, mas não trabalham, tudo como se fosse um mundo virtual, uma inclusão virtual, como mais uma ação de marketing.

Por outro lado, na contemporaneidade, as instituições especializadas submetidas a esse processo se veem às voltas com o desafio de ter de condicionar o tratamento à "boa gestão", o que significa apresentar um melhor desempenho financeiro. As operações financeiras assumem cada vez mais uma importância primordial que superam até mesmo as relações estabelecidas e o modelo de tratamento. Percebe-se que a demanda por indicadores de números e estatísticas de atendimento e resultados perpassam todas as ações. Lebrun alerta para o fato de que essa busca pelos resultados, por apresentar números e um bom desempenho, levam o sujeito a uma sensação de impotência (Lebrun, 2008, p. 147). Essas formas de gestão desenvolvem avaliações cada vez mais sofisticadas com base em desempenhos e números, as quais os sujeitos têm de se adequar. Neste caso, tanto os trabalhadores das instituições quanto as pessoas assistidas estão entrelaçadas no mesmo processo.

Estas são condições que não permitem a emergência do sujeito nas instituições e favorecem a adesão a práticas repetitivas e comportamentais para o tratamento de pessoas com deficiência, em que cabem apenas os números referentes às aquisições evolutivas. Para o sujeito na condição de débil mental esta é uma realidade que também o descarta, ou melhor, o mantém nesta posição como dejeto do jogo social: por não conseguir apresentar o desempenho escolar esperado, ou não se adequar à plena produção neoliberal com o lucro e a produção adequados.

A economia do mercado e o enfraquecimento da autoridade influenciam no cotidiano das organizações de modo que quando ocorre algum conflito não se apela mais a uma lei, afirma Dufour, mas a um procedimento (sempre local) que "*permite recolocar o circuito em marcha*" (Dufour, 2008, p. 86). Lebrun caracteriza este processo como uma espécie de "*política das coisas*", que, diante do poder deslegitimizado, buscam-se nos fatos, nas coisas, através de avaliações, processos, ordens administrativas, algo em que se possa apoiar, já que não é mais possível ser amparado pela autoridade da fala (Lebrun, 2008, p. 33).

### 3.4.2 Sem Outro = Um ou no máximo dois

O mercado, que incentiva a construção de relações baseadas nas interações de trocas de mercadorias, propõe relações duais e ignora a figura do Terceiro. Lembramos que o Terceiro funciona no conjunto simbólico como aquele um a menos que permitia que um conjunto se constituísse; não existindo o Terceiro não existe mais essa possibilidade. Em consequência, não prevalecendo mais o funcionamento ternário por não haver mais espaço para a exterioridade, permanece a relação dual. No capítulo anterior, demonstramos como a debilidade se consolida na relação dual e rejeita a entrada do terceiro. Na contemporaneidade, com esta fórmula atual, na qual prevalece a relação dual, o ser humano pode se ver preso na armadilha da debilidade.

Quessada desenvolveu o conceito de "*Esclavemaître*" ("escravo-mestre")[45] para demonstrar como o homem lida com essa nova forma de contar com o Outro na pós-modernidade. O escravomestre significa uma redução dos antagonismos em uma só figura que integra em si mesmo as funções do Outro, que para ele não existe mais. Nessa figura do escravomestre existe ao mesmo tempo a fusão de duas figuras que estavam separadas; o escravomestre representa uma figura neutra, não correspondendo nem a um mestre que perdeu o poder e nem ao escravo que teve acesso a ele.

O filósofo francês defende que foi a própria democracia, ao promover a legalidade dos direitos, que contribuiu para diminuir esta lógica do senhor e escravo a construir a figura do escravomestre. Para Quessada, o escravomestre é uma "*figura lógica, ontológica, antropológica, política*

[45] Tradução nossa do neologismo criado por Quessada.

*plurivalente, testemunhando não apenas o futuro atual dos sujeitos humanos, mas também os discursos e coletivos sociais*" (Quessada, 2007, p. 86, tradução nossa). O "escravomestre" demonstra como o homem contemporâneo, ao mesmo tempo em que vive uma liberdade jamais vivida, é escravo desta mesma liberdade. Com a supressão do Outro é o "escravomestre" que passa a ocupar o espaço do discurso.

Para os homens iguais em direito, o Outro e o eu são semelhantes e é assim que no interior de si mesmo convivem as múltiplas diferenças. O Deus, o Mestre desaparece no exterior para ser internalizado. Para Quessada, presenciamos o fim da Era da dialética, pois caso seja na figura do Outro que se fundamenta o princípio da dialética e da negatividade, com seu desaparecimento também desaparece a própria dialética. Quessada afirma que não existindo mais a dialética do Outro, passamos a viver o Mesmo, (2007). É fato que o discurso pressupõe lugares distintos, uma assimetria daquele que fala e daquele que escuta, do agente e do endereço. O discurso, em sua essência, não admite a prevalência do Um ou do Mesmo.

Com esse pressuposto, Quessada defende a existência de uma passagem da dialética para algo caracterizado por ele como "*monolética*".[46] Na dialética, o discurso permitia um terceiro, enquanto na monolética este terceiro não permeia mais o discurso. Não se vê mais o terceiro para além do espelho, para além da simetria especular composta no máximo por dois. Com a destituição do Outro, este deixa de ter um papel de ativador do referencial negativo de ser o motor da dialética e se inclui em uma "*positividade geral pós-dialética*" (Quessada, 2007, p. 59, tradução nossa).

Ora, esse é mais um processo que podemos descrever como debilizante do sujeito, pois o sujeito na posição débil é aquele que não questiona e que repete o que o Outro diz e que confina a palavra ao ser, sem se direcionar ao outro, sem estabelecer a assimetria do discurso; ele apenas mantém a relação dual na repetição. Um sujeito preso na monolética é também um sujeito débil.

Como o tempo é ainda lugar da alteridade e do discurso dialético, com a extinção da alteridade e da dialética a noção de tempo foi modificada. É como se vivêssemos um tempo congelado, afirma Quessada (2007). Além disso, o filósofo e psicanalista acrescenta que a democracia

[46] Tradução nossa do termo *monolectique* em francês.

se situa no futuro e não no passado, numa tentativa obsessiva do retorno do mesmo. Uma repetição compulsiva que leva a uma neutralização da dimensão do tempo. Mais uma semelhança com a debilidade que na repetição tenta manter o mesmo e não permite a inscrição do novo. Nesta fobia pelo tempo existe uma paixão pelo presente (Ibid., p. 98), mas o próprio autor alerta que o tempo continua correndo e a finitude é da ordem do real e, assim, "*mesmo sendo democratas, nós continuamos a morrer*" (Ibid.). O discurso precisa do *posteriori* para se fazer, mas, com a dialética e o tempo congelados, este arranjo temporal está desfeito e o discurso comprometido em sua essência.

Da mesma forma que a extinção do Outro modifica nossa relação com o tempo, ela afeta nossa relação com o espaço, pois quando não existe mais uma diferença no espaço, não existe espaço também entre o eu e o Outro, ocorre uma não separação. Quessada (2007) assinala que se o espaço é exacerbado existe uma ampliação da exibição e do viés erótico do olhar, e conclui que o olhar para o bizarro tem aumentado; acrescentamos que a deficiência para alguns está na moda tanto quanto o bizarro. A debilidade, com uma relação direta com a pulsão escópica e com a negação da separação, tem, mais uma vez, uma forte correlação com o movimento atual. Além disso, percebe-se na debilidade toda essa dificuldade de lidar com o tempo e espaço em decorrência de sua condição de recusa ao saber e de reconhecer a falha no Outro.

Quessada também aponta a formação em rede como uma consequência dessa fraqueza do Outro, como uma forma de hegemonia do espaço e um ponto limite da democracia na construção de espaços horizontais. A democracia não tem valorizado a hierarquização, e tem procurado uma forma menos vertical para as relações. Desta forma, exacerbou-se a horizontalidade.

Nesta crise do discurso existe uma repetição do mesmo um uníssono. A igualdade dos direitos levou à "*igualdade de todas as coisas, inclusive dos homens*" (Ibid., p. 123). Nada prevalece sobre nada, tudo se equivale. Não existe o dentro e o fora. A exclusão se dá de outra forma e acontece dentro das próprias escolas ou das empresas. Não nos assustamos tanto com a exclusão, já que ela é de todos. Nesta operação, a inclusão se dá pela simples diferença e pela inserção em grupos nos quais todos dividem o mesmo espaço sem uma troca discursiva. Entretanto, não se trata de viver juntos, mas viver a vários, como afirma Lebrun (Lebrun, 2008, p. 111).

### 3.4.3 Sem Outro = sem outros

Quessada afirma que o "*Outro é excluído pela mais radical exclusão: a inclusão*" (Quessada, 2007, p. 58, tradução nossa). Segundo este autor, o termo inclusão foi empregado por melhor expressar uma incorporação. Desta forma, o Outro não é simplesmente recalcado, ele é dissolvido e com sua volatização existe a destruição de toda forma de alteridade. O autor defende que, no atual contexto, presenciamos uma espécie de "altericídio" ("*altéricide*")[47] ou "outrocídio generalizado", como denominou Lebrun (2008).

De forma semelhante, Dufour afirma que a queda das definições ternárias leva à escalada das definições autorreferenciais. "*O sujeito falante, na pós-modernidade, não é mais definido hetero-referencialmente, mas auto-referencialmente (sic)*" (Dufour, 2005, p. 88). É verdade que o cartesianismo seguido pelo iluminismo iniciou o movimento de centramento do sujeito sobre si-mesmo, mas Dufour salienta que a configuração autorreferencial surgiu no momento em que as várias formas heterorreferenciais do sujeito, praticadas pelo ocidente, levaram à catástrofe nazista da definição pela raça, ao horror do *Shoah*.[48] Para o autor, estes desastres e outras decepções levaram a uma definição autorreferencial do sujeito. Desde então, existe uma autonomia jurídica do sujeito e uma liberdade econômica congruente com a definição de autorreferência.

De modo semelhante, Lebrun afirma que com o não reconhecimento da alteridade "*só resta então a mesmice a ser reconhecida*", processo fecundo para manter a segregação ou realizar uma inclusão hipócrita com a adaptação e a impotente busca por sujeitos iguais. Neste contexto, "*a cada inevitável encontro com o outro, tendermos a recuar para vacúolos identitários, um recuo que só vai se amplificar*" (Lebrun, 2008, p. 206). Não existe mais o "outro outro", o outro diferente, apenas o "outro mesmo", afirma o psicanalista (Ibid., p. 235).

Para ele, a solidariedade está também em desvantagem e sem lugar nesta sociedade pós-moderna, pois, para que haja solidariedade, é

[47] Tradução nossa do termo do autor.

[48] Expressão que significa "catástrofe", utilizada para designar o genocídio perpetrado pelos nazistas e seus aliados contra os judeus.

necessário que o trajeto singular não implique em uma rejeição do laço social. Se o limite está sem valor, resta apenas o trajeto singular sem a possibilidade para a solidariedade ou mesmo para o laço social.

A proliferação do individualismo leva à ampliação das diferenças, afirma Quessada (2007), que alega não existirem tantos outros após a não existência mais do Outro; neste sentido, as diferenças podem proliferar pelo fato de o Outro não fazer mais barra globalmente. É interessante notar que, nesta tese, a marca da proliferação das diferenças é a própria destituição da alteridade, a lógica dessa ampliação é que produzimos as diferenças pelo individualismo e destruímos qualquer alteridade por vivermos voltados para o Si mesmo sem o Outro. Com o fracionamento da referência normativa, percebe-se uma explosão das reivindicações do direito à diferença e, neste contexto, revela-se um cenário provável para o fortalecimento não só da segregação das pessoas com deficiência, como da inclusão como simples reivindicação à diferença pela deficiência e não pela singularidade. Neste caso, há uma afirmação da própria diferença pela deficiência e uma supervalorização tanto da deficiência quanto de si mesmo.

A questão da diferença deixou de ser abordada pela dialética clássica entre o Um e o Múltiplo, ou pela lógica exclusiva e limitada da diferença e da identidade a ser transportada para uma lógica aberta, inclusiva e expansiva da singularidade e do ser comum, afirma Quessada. Por isso, presenciamos uma exacerbação do que o autor chamou de "*sistema diferencialista*" (Quessada, 2007, p. 64, tradução nossa). Neste processo, a Deficiência (com D maiúsculo) pode assumir o lugar do Outro e constituir um Outro artificial. Esta elaboração teórica pode ilustrar o fato das pessoas portadoras de uma deficiência auditiva preferirem ser tratadas como "surdas" e identificadas como tal ao alegarem haver uma diferença "positiva" na surdez, ou movimentos que exaltam a deficiência como o orgulho de ser autista.

Nesta busca da diferenciação pela falta da alteridade, percebemos uma grande mudança na relação do sujeito com o próprio corpo, utilizando o corpo como um campo para inscrever a marca da diferença que não se produz mais no simbólico. Dufour (2005) afirma que presenciamos ao mesmo tempo novas formas sacrificiais para esse *semblant* de Outro e assinala a existência de sujeitos que buscam fundar-se amputando a si mesmos. Assim, presenciamos atuações extremas na contemporaneidade como algumas pessoas provocarem a própria deficiência ou a mutilação de um órgão para constituir a diferença.

Žižek se refere aos episódios desta ordem – contra o próprio corpo – como uma forma de afirmação da própria realidade e os diferencia do ato de se tatuar. Para o filósofo esloveno, as tatuagens simbolizam uma tentativa de inscrição do sujeito em uma ordem simbólica. Já os cortes significam a afirmação da própria realidade, "é uma tentativa patológica de recuperar algum tipo de normalidade, de evitar o total colapso psicótico" (Žižek, 2003, p. 24). O autor afirma que este ato significa uma defesa contra a fragilidade da consistência do simbólico, não representando apenas uma tentativa de fuga da "*sensação de irrealidade da virtualidade artificial do mundo em que vivemos, mas do próprio Real que explode sob a forma de alucinações descontroladas*" (Ibid., p. 34). Nas ações descritas por Dufour e Žižek, a escolha do sujeito se dá no registro do real. Podemos constatar que a figura do monstro ressaltada por Foucault na modernidade, como signo extremo de depreciação, na atualidade torna-se uma figura almejada por grupos de pessoas que desejam ser reconhecidos pela diferença, pelo horror ou pelo extremo. Nestes casos, a exceção é buscada no real e no próprio corpo, já que não ocorre no simbólico.

Trobas (2003) também defende que as passagens ao ato aumentaram na contemporaneidade, como reflexo do enfraquecimento do simbólico e da ampliação da instância do real, já no caso de uma ampliação do imaginário, levaria ao aumento da inibição, afirma ele. Como ressaltamos no capítulo anterior, na debilidade existe esta ampliação do imaginário.

### 3.4.4 Sem Outro = sujeito em bandos

Quessada nos alerta que essa ausência do Outro propicia facilmente um lugar para todo tipo de simplificação, reduções, denegações, alucinações, tensões, ilusões, delírios políticos, religiosos ou posições reativas e ultrarreacionárias. Como forma de remediar a falta do Outro, Dufour defende que o sujeito passa a procurar se constituir no bando. O bando é marcado pelo transitivismo, no qual ninguém pode sair, pois "*se um cai o outro fica mal*"; mais uma vez, é uma forma de relação dual, que não permite a entrada do terceiro ou do discurso crítico. Vivemos em uma sociedade rebanho, como compreendeu e antecipou Nietzsche (Lebrun, 2008).

Para desenvolver a noção de rebanho, Dufourt recorre à teoria de Tocqueville:

> A noção de 'rebanho' surge justamente quando este indica que a paixão democrática pela igualdade pode reduzir uma nação a ser apenas um rebanho de animais tímidos e industriosos, livres do distúrbio de pensar. No rebanho somos todos iguais (Dufour, 2008, p. 36).

A transferência da multidão não é mais sobre o chefe, mas sobre o seu ideal. Entretanto, mesmo neste ideal não existe mais uma subordinação ao simbólico, basta se apoderar do objetivo para ser admirado – outro aspecto da economia do gozo. São os donos do objeto que agora agrupam os outros em rebanhos de consumidores, afirma Dufour (2008). Nesse agrupamento, ninguém quer sair do bando, pois sair significa se sustentar como sujeito autônomo, o que é evitado na sociedade contemporânea.

Todorov afirma que a busca por pertencimento de um bando surge na contemporaneidade como uma resposta à falta de autonomia. O autor cita a proposta de cotas ou de ações em favor de uma discriminação positiva como exemplo desta busca por pertencer a um bando, o que ele denomina de uma institucionalização dos grupos (Todorov, 1999, p. 229). Ao se fechar em um grupo, existe uma desresponsabilização do sujeito, pois o pensamento dominante é: "*não cabe a mim escolher, mas ao grupo*", diz Todorov (Ibid., p. 230).

As instituições especializadas, ao tornarem-se o único lugar de convivência para um grupo de pessoas, levam estes indivíduos a assumirem a posição de institucionalizar o bando. Nesta forma de convívio restrito, cria-se um ambiente propício para esse tipo de formação de bando, com conotação de uma seita, numa posição caritativa, do qual não podem se afastar nem permitir que alguém se afaste. Neste contexto, a proposta da inclusão se torna inaceitável para estas pessoas. Para eles, a inclusão é sentida como uma ameaça e as pessoas envolvidas a percebem como responsável por uma perda irreparável.

Os sujeitos envolvidos, sejam pessoas com deficiência, sejam familiares ou profissionais, experimentam o verdadeiro pavor diante da necessidade de terem de se sustentar como sujeitos autônomos na proposta de uma sociedade inclusiva e, por isso, atacam as tentativas de instituição da inclusão escolar. A autonomia buscada no convívio dos bandos em instituições especializadas e que tenta se preservar é apenas uma autonomia artificial, assim como o Outro sustentado nestas relações.

### 3.4.5 Sem Outro = (histerologia + perversão comum + psicose + debilidade) – neurose

O sujeito da contemporaneidade, o "neo-sujeito", como denomina Lebrun (2008) tem apresentado grande dificuldade em aceitar a separação e lidar com a castração. Esta dificuldade é expandida para tudo que imponha algum limite ou faça menção à negatividade. O enfraquecimento do Outro leva a uma perda de legitimidade. Neste processo, os pais se veem com dificuldades de instituir a lei e a função do Terceiro fica comprometida. Segundo Lebrun, "*tudo se passa como se os pais, não dispusessem, mais da legitimidade que permitiria que ocupassem, durante o tempo necessário à subjetivação, o lugar de exceção*" (Lebrun, 2008, p. 181). Para Dufour (2008), sem lugar para o Terceiro houve uma banalização da família.

Tanto Dufour (2008) quanto Lebrun (2008) coadunam com a hipótese de que não existem mais diferenças entre pais e filhos, como se houvesse uma decadência da diferença geracional, em que todos se igualam. Na verdade, o que presenciamos na pós-modernidade é quase uma inversão de papéis e de construções de identificações imaginárias, em que são os pais que procuram imitar os filhos, mantendo como modelo de ideal a juventude e a adolescência.

Nessa dinâmica psíquica de evitamento da separação, quando o sujeito se vê obrigado a ter que efetuar qualquer forma de separação surgirá todo um "*cortejo de dificuldades e sintomas*" (Lebrun, 2008, p. 221). Na economia psíquica, o que se passa na pós-modernidade é que o desejo, caracterizado por Lebrun como um desejo falso por não ter sido constituído a partir da falta, fará uso de infinitos objetos, sem a simbolização destes. Na verdade, trata-se de uma forma de gozo. Notadamente, percebemos como o gozo prevalece sobre o desejo nesta dinâmica psíquica da pós-modernidade. Assim, as patologias surgem de forma diferente na contemporaneidade: não são mais advindas de um conflito na constituição do sujeito, mas de uma maior incapacidade de abandonar o gozo.

Segundo Dufour (2005), na pós-modernidade percebe-se um declínio das neuroses de transferência para um avanço das psiconeuroses narcísicas, contra as quais a última proteção é a perversão. Para ele, sem a passagem pelo Outro, o sujeito vive como um impostor que precisa fundar a si mesmo. Neste processo, a perversão surge em larga escala como um processo defensivo e não exatamente como uma estrutura.

Percebe-se uma alteração na formação do ideal do eu com uma nova complexidade e enfraquecimento do super-eu. Trobas (2003) enfatiza que isto já estava em Lacan em seu artigo de 1950: *Introdução teórica às funções da psicanálise em criminologia.* Neste texto, Lacan prognosticou que este arranjo levaria a uma inflação narcísica do eu, algo que favorece o individualismo, as relações de rivalidade, de sedução, o que beneficia a lógica do consumo e da ordem econômica (Lacan 1950/1998).

Com efeito, o desfalecimento da função paterna leva a uma transformação da castração, o que altera fenômenos psíquicos e fortalece a inibição e a debilidade. Como explanamos no capítulo anterior, a inibição está vinculada a uma função e a um processo do eu, como um contra-investimento a processos que possam ameaçar o eu ou trazer alguma angústia. A inibição pode estar associada a uma depressão que impede o sujeito de agir.

Lebrun desenvolveu o conceito *comunidade de renegações* como resposta à perda de legitimidade e às dificuldades apresentadas na constituição do sujeito (Lebrun, 2008, p. 260). Em Dufour, também encontramos a renegação como uma das características do sujeito da pós-modernidade. Lebrun emprega o termo "renegação" utilizado por Octave Mannoni para demonstrar o que acontece no desmentido, quando *alguém sabe bem* sobre alguma coisa, *mas mesmo assim* age como se não soubesse (Lebrun, 2008, p. 234). O sujeito sabe que existe uma perda a ser inscrita, mas age como se não existisse a perda. Renegação ("*verleugnung*") ou desmentido é, portanto, diferente do recalque ("*verdrüngung*") presente na neurose, e da denegação ("*verneinung*"), processo típico da perversão. A partir destes fundamentos, Lebrun defende que o "neo-sujeito" continua nesta via ilusória de seu desmentido e assim cria-se uma permanente "recusa suspeita" ou um inabalável desmentido, formando-se uma *comunidade de renegações.*

O que acontece na pós-modernidade é que o efeito fálico passa pelo sujeito e, desta forma, não se desenvolve uma estrutura psicótica ou perversa, mas ele se comporta como se nada tivesse acontecido. Não é o processo da neurose clássica, porém o sujeito se aprisiona no seu desmentido sem conseguir sair sozinho dessa condição. Esse mecanismo do desmentido aproxima-se de um mecanismo perverso, contudo não necessariamente se configura como uma perversão. O "neo-sujeito" utiliza o desmentido para evitar a subjetivação, enquanto o perverso faz dele sua fundamentação. O verdadeiro desmentido atual é no sentido de aniquilar a alteridade do Outro e manter um acordo entre o regime materno e o social.

Lebrun qualifica este fenômeno como uma espécie de *mèreversão* para contrapor e diferenciar da perversão, ou mesmo uma espécie de *perversão afálica*, ou ainda como fenômenos de "aspecto perverso", como definido por Lacan (Lebrun, 2008, p. 214). Com a falência da lei paterna, prevalece a relação entre mãe e filho, conservando a relação dual no registro do imaginário. Assim, o sujeito se vê preso a uma economia do gozo sem acesso à economia do desejo, ou do simbólico.

Vale ressaltar que Lebrun, ao descrever estas características da pós-modernidade pela leitura da figura paterna, não realiza uma exaltação ao patriarcado ou mesmo culpabiliza uma forma de matriarcado para as questões da pós-modernidade. Trata-se da descrição de uma dinâmica psíquica sobre as funções maternas e paternas que tem desdobramento na construção do laço social e das relações sociais. Lebrun define o "neo-sujeito" como um sujeito que permaneceu apenas como filho da mãe (Lebrun, 2008, p. 251). Sob esse aspecto é uma condição próxima da posição débil.

Neste processo, os filhos, como eternos filhos da mãe, evitam crescer, o que Lacan já havia previsto em 1968 ao afirmar que o futuro seria da *criança generalizada*, em "*Lettre de l'enfant e de l'adolescent*". Para Dufour, a criança generalizada de Lacan cedeu lugar à criança fora da lei generalizada, uma menção à perversão generalizada de Lebrun. As crianças que não apresentam uma referência para sua constituição e que são protegidas de todo conflito, ficam "sem recursos" para enfrentar as angústias necessárias a "*todo confronto com um impossível que é justamente o que torna possível levar adiante projetos*" (Ibid., p. 193). A inibição como uma das defesas contra a angústia se apresenta como mais "lucrativa" para o sujeito nesta nova economia psíquica.

Quando o "neo-sujeito" enfrenta de alguma forma a separação, pode também se apresentar como vítima. O processo de "vitimização" e ressentimento é algo que tem crescido na contemporaneidade e desde os anos 80 foi incluído no vocabulário da ONU (Eliacheff, 2007). Todorov alerta que o processo de vítima aparece com a perda de autonomia do indivíduo – quando ele não é responsável pelos seus atos, mas os outros são, e ele se posiciona como vítima do destino. Para este autor, o que surge como novidade na contemporaneidade é que este papel de vítima, antes reivindicado de forma individual, tornou-se público. Ele denuncia que na sociedade americana houve uma substituição do ideal heroico para o ideal vitimário (Todorov, 1999, p. 226).

Todorov afirma que, de forma contraditória, é no seio da sociedade do espetáculo que surge esta vontade de impotência da figura da vítima, pelo fato de a condição de vítima ser mais proveitosa no mundo contemporâneo e na lógica do capital, do que a dos antigos heróis. A troca que se exige no processo de vítima é uma reparação, e esta é mais econômica do que a troca simbólica. A vantagem está no fato da condição de vítima pressupor uma reparação; no entanto, a partir desta reparação, o sujeito perde toda sua autonomia e culpa sobre a ação, "é algo vantajoso, mas inteiramente passivo", afirma o autor (Ibid., p. 235). Para Todorov, neste processo o sujeito se coloca livre de toda a responsabilidade e "*ver-se livre de toda responsabilidade diante de seu próprio destino é considerar-se sempre uma criança*" (Ibid., p. 227). Aqui também percebemos elaborações teóricas que descrevem o sujeito na atualidade, com dificuldades de assumir sua posição como sujeito autônomo a permanecer em uma posição infantil, ou mesmo débil.

Na sociedade contemporânea, todo aquele que foi submetido a um preconceito passa a ter o direito a compensações. Trata-se de sujeitos que não se tornam engajados e ativos em sua condição, mas que, de forma passiva, buscam apenas a reparação dos prejuízos dos quais foram vítimas. Mais uma vez, tal processo mantém o sujeito na economia do gozo e não do desejo, "*a reivindicação é um processo que está longe de ser um acontecimento desejante*" (Koltai, 2004, p. 10). Ao mesmo tempo, na pós-modernidade existe uma mudança do sentimento de culpa que era dirigido ao Outro para o de vergonha que é voltado para si. Não havendo o recalque, os sujeitos estão imunes à culpabilidade, mas subordinados à vergonha. A queda dos ideais leva ao enfraquecimento do super-eu em sua face simbólica e se a culpa levava à elaboração de um projeto pessoal que tinha a possibilidade de uma compensação simbólica, a vergonha exprime uma intolerância narcísica à frustração.

Os sujeitos tornam-se indiferentes ao sentido que devem dar aos seus próprios atos; não tendo que elucidar suas condutas diante da culpabilidade, a sua ação está inscrita na sua natureza (Dufour, 2008). A incapacidade de ter um olhar reflexivo sobre as ações e uma busca por ações no imediatismo, na satisfação imediata favorece a relação de adicção ao objeto. Neste caso, o Outro pode ser inscrito muito mais na ordem da necessidade do que na do desejo, o que, segundo Dufour (2008), pode aumentar determinados processos, como a adicção. Acrescentamos a debilidade e a passagem ao ato, pelo fato de o sujeito, nestas condições, resistir à reflexão, por ser recusar a qualquer saber.

Alguns sintomas são perceptíveis e surgem nesse "neo-sujeito", como o denomina Lebrun. O autor afirma que "*vemos desenvolver uma clínica no entrecruzamento do social e do psiquiátrico, que corresponde tanto às fobias escolares ou à obesidade infantil quanto às passagens destruidoras ao ato*" (Ibid., p. 43). Lebrun cita o trabalho de François Parot (uma professora de psicopatologia clínica) que descreve que a falta de limites simbólicos se traduz em uma ausência de limite corporal e físico. A psicopatologista utiliza este argumento para justificar o aumento de crianças consideradas hipercinéticas ou diagnosticadas com Transtorno do Déficit de Atenção e Hiperatividade (TDAH).[49] A autora afirma que, neste caso, são os adultos em sua volta que estão deficientes ou inadaptados. Lebrun defende que tal diagnóstico é efeito tanto da construção do aparelho psíquico quanto da vida coletiva (Lebrun, 2008, p. 191).

O diagnóstico de TDAH clássico, tão comum para a psiquiatria na contemporaneidade, é um exemplo de novos sintomas. A motricidade exacerbada no TDAH é uma forma da criança realizar a repetição no corpo, como uma vertente da motricidade no tratamento da angústia. O déficit de atenção está associado ao processo da contemporaneidade, no qual não existe o espaço para o pensar, para a alteridade e para a simbolização. Nesta dinâmica, o não pensar leva à ampliação da motricidade e da atuação no próprio corpo.

Se a neurose se instala a partir da submissão ao Outro, a não passagem por essa submissão leva a outras formas psíquicas, Dufour destaca

[49] TDAH (F.90), segundo o CID 10 (1993) é um grupo de transtornos caracterizados por início precoce (habitualmente durante os cinco primeiros anos de vida), falta de perseverança nas atividades que exigem um envolvimento cognitivo, e uma tendência a passar de uma atividade a outra sem acabar nenhuma. Associados a uma atividade global, desorganizada, incoordenada e excessiva, estes transtornos são acompanhados frequentemente de um déficit cognitivo e de um retardo específico do desenvolvimento da motricidade e da linguagem.

a "histerologia" como sendo uma delas. Este autor define a histerologia como uma rejeição à castração, com um forte desejo de onipotência, o que leva a um narcisismo desordenado e a uma presunção subjetiva, processo que também acarreta a depressão e o ataque de pânico (Dufour, 2005). O autor faz uma analogia desse processo com a política do escabelo, mencionada por Lacan, na qual cada um se crê admirável na sua arrogância. Em 2008, Dufour afirma que não se trata mais de definir a contemporaneidade como uma época de individualismo, nem tão pouco como narcisismo, e conclui que "*nossa época não sofreria mais de individualismo, ainda menos de narcisismo, mas de egoísmo*" (Dufour, 2008, p. 22).

Tanto Dufour quanto Lebrun defendem haver uma exacerbação da depressão que assola o sujeito da contemporaneidade:

> A depressão seria, de algum modo, o preço a pagar pela liberdade e nossa emancipação do domínio do grande Sujeito. Ela se exprime pela tristeza, pela astenia (pela fadiga, isto é, a antiga "acedia"), pela inibição ou por uma dificuldade de agir que os psiquiatras chamam de "lentidão psicomotora". Ela traduz a impotência mesmo de viver (Dufour, 2005, p. 93).

Percebe-se que, para além destes diagnósticos, outros têm sido ampliados em nossa contemporaneidade como o Transtorno do Espectro do Autismo (TEA), este de forma a se considerar como uma verdadeira epidemia. O excesso de diagnóstico de TDAH passa a ter lugar ao excesso de TEA, que também podemos considerar como uma posição subjetiva contemporânea e um reflexo do discurso da ciência.

Nesse percurso teórico, o que defendemos é a consonância com nossa tese de que a debilidade pode ser entendida como fenômeno social e ela tem se manifestado na contemporaneidade de forma mais ampliada e com outros diagnósticos e diversificadas manifestações. A condição para que ela se estabeleça é altamente favorável nesta economia psíquica que não propicia a subjetivação. O fracasso escolar é ampliado pelo fortalecimento da inibição e por uma recusa em lidar com a alteridade do saber ou com alguma forma de simbolização.

Podemos acrescentar que a debilidade se apresenta como uma reação e uma defesa a essa ausência de referência. O enfraquecimento do Outro provoca um medo do que virá no futuro; existe uma perda de referência sobre si mesmo e a posição débil pode representar uma saída para esse impasse, mantendo o saber em um Outro artificial. Por outro lado, o fortalecimento do imaginário e a fixação da relação materna entre mãe e filho são a base de instalação da debilidade. O sujeito débil mantém o regime da relação mãe-filho e neste caso é como se o discurso social vigente consentisse com a manutenção de tal regime. A renegação ou o desmentido também se aproximam da debilidade, pois o débil, apesar de saber sobre a castração, a rejeita, recusa-se a saber sobre ela. Assim, mantém-se como uma eterna criança presa no desejo obscuro da mãe.

A posição de vítima também fortalece o quadro de debilidade e a falta de autonomia. Presenciamos essa posição sendo mantida, tanto pelas pessoas com deficiência na reivindicação de seus direitos, como pelos pais, ou mesmo pelos profissionais das instituições especializadas, sendo que estes se colocam como vítimas do próprio processo de inclusão. A correlação entre a culpa e a deficiência, citada anteriormente, é algo que poderia ser trabalhado para que o sujeito superasse a condição de debilidade. No entanto, o sentimento de culpa passou ao sentimento de vergonha e de vitimização, o que provoca maior resistência ao trabalho de simbolização.

Nesta confusão vivida na contemporaneidade, os pais reivindicam tanto a inclusão quanto a manutenção da segregação como resposta ao processo de vitimação. As pessoas com deficiência e seus familiares percebem-se como vítimas por terem sido expulsas das escolas comuns e por terem sido mantidas segregadas em instituições especializadas; nestes casos, considera-se a inclusão escolar como uma necessidade de ressarcimento. Ao mesmo tempo, existem outros pais e pessoas com deficiência que se percebem vítimas da própria inclusão, considerando-a como um movimento autoritário por não permitir mais a escolarização especializada e por operar como um corte na manutenção de uma relação de maternagem nessas instituições.

Logo, a inclusão toma contornos distintos: em alguns casos enfatiza a deficiência e, em outros, nega a deficiência ou a necessidade de um tratamento necessário. Neste caso, a inclusão serve para fortalecer a fuga do sujeito da angústia de castração presente na debilidade. Neste arranjo pós-moderno da inclusão, que chamamos de uma inclusão sem sujeitos, sem autonomia ou sem reconhecimento do outro, mais uma vez se busca um Outro artificial ou um arremedo de autonomia. Assim, o único tratamento aceito será aquele que apresentar uma saída de imediato, ou que permita o fortalecimento de uma forma do gozar, oferecendo o objeto para satisfação imediata, como uma pílula miraculosa, ou que consiga mudanças pontuais de comportamentos e resultados práticos e alcançados em curto prazo. As instituições se encontram presas nestas armadilhas da contemporaneidade e das posições subjetivas diante deste arranjo.

Capítulo 4

# INSTITUIÇÕES

## 4.1 Fome de quê?

Esta pequena e divertida história em quadrinhos é outra produção de uma aluna do CAIS criada durante a atividade do Atendimento Educacional Especializado (AEE) que demonstra, metaforicamente, a frustrada tentativa de entrada na escola comum de algumas crianças, bem como suas dificuldades com a entrada na cultura.

Nesta história, o leão, de forma antropomórfica, tem um rosto de menina com o codinome Luquinha. O leão estava dormindo na floresta quando foi acordado pela necessidade, ou seja, pela fome, por um "vazio" no estômago. No primeiro quadro, ele dorme de forma tranquila, e dormir tranquilamente em uma floresta nos remete a uma conotação paradisíaca e ao fenômeno de homeostase, de equilíbrio. No entanto, esta homeostase deve ser necessariamente interrompida para que o sujeito se movimente. O vazio no estômago faz o leão se levantar e, surpreendentemente, é de uma escola que exala o cheiro de comida, a qual deduz-se saciar sua fome. A escola representa uma instituição tipicamente humana e que pode fazer alusão ao grande Outro da psicanálise, como representante simbólica da cultura. Este movimento do Luquinha nos permite fazer referência à constituição do sujeito, em que, num primeiro momento, o pequeno sujeito apresenta uma demanda de satisfação de uma necessidade e procura no Outro essa satisfação (como descrevemos no 2º capítulo intitulado *Dores e Confusões*).

Notadamente, o cheiro de comida é exalado da escola e Luquinha dirige-se a ela porque sente um cheiro bom e atrativo. Neste movimento, já existe uma intenção de saciar sua necessidade (a fome) e desejo (proveniente do cheiro que vem da escola), não sendo qualquer comida a que ele procura. O odor provoca uma imaginarização do objeto desejado, algo além de simplesmente saciar a necessidade premente. Assim, na busca deste objeto, o sujeito se enreda nas teias do desejo e da pulsão que o movimenta. A escola aparece nesta história como portadora de um objeto, que ao mesmo tempo é necessário e desejável. O leão, como ser desperto, investido de pulsão e desejoso, se coloca em movimento.

Com efeito, é a partir de uma negatividade, da constatação da falta, do vazio, no ato de sua constituição, que surge o sujeito desejante; é a partir desta *falta* que ele se movimenta em busca de um objeto perdido. Digamos que o sujeito, que antes estava em uma posição estável e alienante, "acorda" para a vida. Para a psicanálise, é a pulsão que leva o homem a se movimentar em busca da satisfação; desta forma, a pulsão está associada ao ato, ao agir. Fuks e Rudge salientam que "é no ato que a pulsão pode traçar sua satisfação" (Fuks & Rudge, 2011, p. 81).

O sujeito busca a satisfação pulsional, mas como nem sempre a encontra procura realizá-la de forma imaginária. Ele imagina, idealiza o objeto a ser buscado, já que este não está sempre disponível. E, muitas vezes, essa satisfação imaginária, por diminuir a angústia, pode substituir o próprio ato pela busca da satisfação. "*Esta forma de satisfação imaginária da pulsão é a outra face da inibição do ato*", lembram-nos Fuks e Rudge (Ibid., p. 80). O que remete à correlação realizada nos capítulos anteriores entre a questão da debilidade e da inibição do ato é a predominância da instância do imaginário.

Esta experiência subjetiva, marcada pelo inconsciente e pelo desejo, distingue o ser humano e o separa do nível da necessidade e do instinto. A constituição do sujeito desejante permite também a sua entrada no nível da linguagem e da cultura[50] por meio de suas instituições, como as escolas. Não é por acaso que Luquinha procura saciar sua fome na escola. Existe algo que cheira bem na escola e a criança, como um leão faminto, procura não só o alimento para satisfazer a fome proveniente de uma necessidade, mas também o alimento do saber, o alimento da alma. Além do cheiro exalado da escola, tão sedutor para o leão, podemos arriscar dizer que existe também uma pulsão de saber que movimenta Luquinha em direção à escola.

No entanto, defronte da escola, as diferenças deste desencontro aparecem bem ilustradas no próximo quadro: existe um muro a ser transposto, o qual tem uma inscrição simbólica, e alguém na janela, uma figura que nitidamente tem uma forma humana; uma imagem bem diferente da do leão. No primeiro plano, o leão, de forma especular, também se torna mais antropomorfo, o corpo é como um vestido de uma menina e a carinha, viva e esperta, se assemelha ainda mais a uma menina; neste quadro, o leão nos parece quase humano. Não nos escapa a analogia com a primeira identificação imaginária no encontro com o outro e a necessidade de uma passagem pelo simbólico para construir outra forma de identificação e a própria questão da alteridade.

A diferença entre natureza e cultura está explicitada nesta história representada pela floresta, pela escola, pelo leão e pela figura humana. A

[50] O termo *Kultur*, utilizado por Freud, é traduzido por alguns tradutores como civilização (como citamos anteriormente, foi o termo adotado por Souza), no entanto, encontramos também defensores da tradução por cultura. Portugal (2011) é uma psicanalista mineira que adota o termo cultura, justificando esta opção por entender que cultura explicita melhor os ideais da sociedade, e não apenas algo que se refere aos efeitos do desenvolvimento tecnológico da civilização. O vocábulo cultura vem do latim e significa o cultivo; veneração, obséquio, culto; ensino, educação.

entrada na cultura significa o lide com o outro e o reconhecimento do furo existente nessa identificação imaginária, e assim a possibilidade de outra forma de identificação que, como explicitamos nos capítulos anteriores, é uma identificação que pressupõe uma divisão do sujeito a partir de sua representação. A entrada na linguagem e no registro simbólico representa também a entrada na cultura. Assim, todo ser humano, ao fazer uso da linguagem, está inserido em um contexto institucional (Di Ciaccia,[51] 2005). A instituição humana tem esta função primordial de possibilitar a entrada do sujeito no mundo da linguagem; pode-se dizer que é na instituição que a criança se humaniza.

A etimologia de instituição surge no final do séc. XII, segundo Laurent (2007), e vem de instituir, do latim *instituère* ou *institutio* (Cunha, 2007). Instituir significa fundar, estabelecer, nomear como herdeiro. Enriquez destaca que no *Littré* a definição para instituição é "*o que dá início, o que estabelece, o que forma*" (Enriquez, 1997, p. 71). No final do séc. XVII e no séc. XVIII, o termo instituição designa o que é estabelecido pelos homens e não pela natureza. No séc. XX passa a nomear as estruturas que mantêm um estado social (Laurent, 2007).

Para Enriquez (1997), as instituições em geral expressam "*os fenômenos de poder com seus corolários: as leis escritas e as normas explícitas ou implícitas das condutas*" (Enriquez, 1997, p. 71). Assim, elas correspondem ao lugar de formação e estabelecimento de um estado de regulação de determinados princípios e a manutenção destes princípios. Lebrun (2009) nos lembra desta dupla função das instituições: ao mesmo tempo em que institui, precisa preservar o estado do que está instituído e assinala que também significa a ação de formar pela educação.

Enriquez (1997) afirma que uma sociedade não pode ser fundada, nem durar, se não elaborar suas instituições e, neste caso, são os conjuntos das instituições que têm uma função de orientação e de regulação social global. Manteremos nesta publicação as duas nomenclaturas: instituição com essa função mais ampla e organização, como o estabelecimento concreto produzido pelas instituições. Para precisar esta distinção, Enriquez afirma que as instituições têm um número limitado, enquanto as

[51] Psicanalista italiano e lacaniano fundador do Anthene 110, na Bélgica, em 1974, uma instituição psicanalítica que atende crianças com autismo e psicose. Autor de vários artigos sobre a psicanálise e trabalho institucional.

organizações são ilimitadas, e define as organizações como "*expressões múltiplas de cada instituição*" (Enriquez, 1997, p. 81). Ao diferenciar as duas instâncias, o sociólogo lembra que, se na instituição existe a necessidade de alienação, na organização aparecerá a divisão de trabalho. Se a instituição representa o lugar do poder, a organização representará os sistemas de autoridades, e ainda, se a instituição é o lugar político, nas organizações se encontram as relações de forças cotidianas. Com relação à distinção destas estruturas e suas designações, Lebrun remete à noção de estabelecimento, como aquilo que está estabelecido e estático, como um lugar no qual nada se move, onde as "*trocas eram congeladas a partir do que era prescrito pela tradição*" (Lebrun, 2009, p. 19). Para diferenciar estas instâncias, propomos seguir a própria etimologia dos vocábulos, sendo a organização o que organiza, e a instituição o que institui. Entendemos a instituição como algo que está em constante movimento e sofre as consequências e ações de seu tempo.

Nessa história, o leão Luquinha queimou a boca em sua experiência de tentar entrar na escola. Podemos salientar que toda entrada na escola, representando a entrada na cultura, é responsável pela redução da satisfação pulsional e traz um gosto amargo. Sabemos que o sujeito não se submeterá de forma pacífica às exigências culturais, nem irá abrir mão de todos os seus instintos e apelos pulsionais facilmente. Submeter-se às exigências culturais significa abrir mão da realização de seus desejos inconscientes, significa ter que lidar com este outro que é diferente de forma pacífica, o que leva ao mal-estar na civilização (tal qual foi descrito por Freud e que abordamos no capítulo anterior). O mal-estar na civilização é irreparável, por fazer parte da estrutura subjetiva; assim, a própria linguagem contém algo que é singular e indizível, algo que nenhum discurso consegue explicitar.

Luquinha, com a boca queimada, chora e afirma não querer mais voltar à escola. A boca queimada nos parece ter um duplo significado: ao mesmo tempo em que impede uma nova alimentação (a alimentação do saber), representa uma punição. Essa experiência frustrada traz a impossibilidade de um retorno, tanto pela conotação de um castigo, em função de alguma culpa, como por uma recusa subjetiva, um não querer voltar mais, ou não querer falar mais. Um misto do fortalecimento do sentimento de culpa que é natural ao ser humano e da posição débil, de inibição de uma função.

É certo que toda criança precisa abrir mão da tranquilidade do seio da família, ou melhor, da relação alienada com a figura materna (o representante do Outro primordial na constituição subjetiva) para realizar uma separação necessária deste momento lógico e ilusório de satisfação completa e se aventurar no mundo da cultura. A escola, como uma instituição que permite simbolizar a passagem da vida privada para a vida pública, torna-se palco desta tensão. Essa passagem não acontecerá de forma incólume para o sujeito e sem certa angústia. No entanto, mesmo com a angústia estrutural, nem toda experiência de entrada na escola provoca uma inibição global nas crianças, nem tampouco uma resistência, com a "certeza" de não querer realizar uma nova tentativa. O sujeito diante do Outro da cultura pode se tornar inibido, mas também pode conseguir por si só encontrar saídas para esse impasse, como nos ensina Freud.

Assim como todo sujeito precisa se mobilizar para além da inibição na entrada da cultura, as instituições também precisam lidar com esse sujeito para não apresentarem apenas a inibição ou a alienação como condições para essas crianças suportarem este momento. É preciso que haja uma via de mão dupla, pois a escola também precisa se mobilizar para permitir a entrada das crianças com suas singularidades.

Há três pontos a serem explorados, pertinentes às instituições escolares, que nos levam a refletir sobre a inclusão escolar dos alunos com deficiência e/ou quadro de debilidade na contemporaneidade:

- a função da escola, como regulação do gozo e entrada na cultura;
- o próprio ato de educar e a construção de conhecimento;
- as relações envolvidas no âmbito escolar entre professor e aluno.

## 4.2 Educar – Regular

A função da escola com relação à entrada do sujeito na cultura se caracteriza pelo que a psicanálise denomina de regulação do gozo. Nesta ação, o ato de educar tem uma característica de regulação.

Lacan nos alerta que as pessoas não têm muita noção sobre o que seja educar e afirma que todo homem acaba se educando um pouco, e que é "*extremamente necessária certa educação para que os homens consigam se suportar*" (Lacan, 1960/2005, p. 99). Esta afirmação de Lacan remete à elaboração freudiana (1930) sobre a função das instituições como regulamentadoras dos vínculos dos homens entre si na passagem à cultura. A educação tem, dessa forma, a função de intermediar o singular e o social, ou, como diz Lebrun, "é por excelência, a educação que vai atar laço social e subjetividade" (Lebrun, 2008, p. 179).

Essa educação não está restrita ao âmbito das instituições escolares ou aos professores e educadores, mas diz respeito a todo efeito de educação que qualquer um represente neste processo; como salientamos, a própria entrada na linguagem pode produzir este efeito. Essa educação é realizada pelas instituições que representam o Outro social e os Outros na educação podem ser representados tanto pela família, quanto pela escola e mesmo pelo Estado. Assim, podemos afirmar que a educação se dá no campo do Outro. "*A interseção entre o campo do Outro da cultura e o campo das pulsões indica a conjunção existente entre o sujeito pulsional e as maneiras pelas quais ele evoca a si próprio na cultura*" (Cohen, 2006, p. 67). Portanto, temos aqui uma junção, ou melhor, uma interseção entre o coletivo e o particular, entre a educação e a constituição subjetiva.

A escola é o lugar que, por excelência, representa o espaço instituído socialmente para representar esse processo de educação do sujeito, para além da família. E neste processo, o professor pode contribuir para a formação do Ideal-do-Eu, ou do superego cultural, impondo limites e estabelecendo normas coletivas (Millot, 1982). Dessa maneira, a instituição escolar assume o lugar de representante deste grande Outro, o lugar do Terceiro, um Terceiro que supera os demais membros da coletividade. Essa função de Terceiro na coletividade, no social, introduz também a dimensão da insatisfação e da falha estrutural (Lebrun, 2009). Não apenas pelo fato de a escola representar a lei, como uma forma de corte na busca da satisfação completa, mas também por não conseguir ser completa ou totalizante neste ato. Da mesma forma, se a instituição é o lugar da ação e da realização de alguma satisfação, esta ação também se dá pela incompletude desta satisfação no âmbito social, assim como acontece para o ser humano no subjetivo, uma característica contundente do "falasser" de Lacan.

A instituição instaura, portanto, a dimensão do impossível e do real e, ao mesmo tempo, através do regime simbólico, organiza o laço social. Assim, tanto a subjetividade, quanto a vida coletiva se fundam sobre a perda que as constitui, o que nos impede de conceber o lugar para uma Instituição Total, assim como a Inclusão Total. Algo da falha estrutural e do impossível estará sempre presente.

Para se instituir o coletivo, é preciso haver uma perda de gozo, que é caracterizada pelo próprio interdito do incesto na entrada da cultura. Assim, toda formação humana tem por essência, e não por acaso, a função de refrear o gozo (Lacan, 1968/2005, p. 362). Se a cultura surge para regular o gozo, a escola assume essa função primordial, realizando a simbolização ou a repetição em ato da separação estrutural da criança com sua mãe, pois a separação realizada por um terceiro, na constituição subjetiva, é simbolizada no momento de entrada da criança na escola. Assim, a educação permite alcançar, por outra via que não a mãe, outra forma de gozar, a qual oriente o desejo da criança e que, ao mesmo tempo, esteja fora do corpo. Sob este fundamento, pode-se afirmar que educação e subjetivação andam juntas e educar pode significar "*transmitir e retransmitir, no campo da palavra, as marcas a partir das quais um bebê poderá advir como sujeito*" (Kupfer, 2010, p. 270).

Com esse embasamento, percebemos a importância do ingresso das crianças com diagnóstico de deficiência intelectual e debilidade na escola comum. Como a entrada nas escolas permite a regulação do gozo e simboliza a separação estrutural da primeira relação alienante com a figura materna, essa entrada pode impedir a manutenção de uma condição débil para o sujeito. Por outro lado, a permanência exclusivamente na instituição especializada, em um espaço diferenciado e especial, pode significar um arranjo simbólico entre família e instituição, que represente a continuidade de uma relação alienante (vale ressaltar que a maioria das instituições especializadas é gerenciada por familiares de pessoas com deficiência).

### 4.2.1 Educar – regular: classificar, segregar

Essa função de regulação do gozo, algo que faz parte do interdito do incesto e da entrada na cultura, não é uma função simples de ser mantida pelas instituições escolares. O conflito entre aluno/escola, sujeito/cultura estabeleceu-se desde o início, visto que existe algo do sujeito que é ineducável e revela uma parte do impossível da educação e da cultura. A entrada na escola estabelece o encontro do impossível do sujeito com o necessário da educação. Neste encontro conflituoso, várias crianças não garantiram suas permanências nas escolas comuns, diante das exigências normativas dessas escolas na modernidade e de outras tantas, devido ao diagnóstico nefasto de D.I. Como percebemos nos capítulos anteriores, estas crianças nem mesmo conseguiram o ingresso nas escolas.

O que destacamos no percurso histórico é que, desde a idade moderna, as instituições tentaram realizar o que chamamos de "domesticação" ou normalização dos sujeitos. Pautada nos ideais da modernidade, a escola procurou igualar seus alunos na educação, procurando evitar todo tipo de mal-estar. Citamos no 1º capítulo a extensa obra de Foucault, a qual explora este ponto ao denunciar que as instituições assumiram um modelo disciplinar e de controle dos categorizados, tendo-os como os monstros, os masturbadores. Foucault (1987) alertou que a sociedade desenvolveu uma série de mecanismos de controle e de punição dos desviantes, e o processo de institucionalização do desvio possuía as antigas práticas do castigo. A boca queimada, no imaginário da autora da pequena história, tem fundamento em nosso processo histórico, mostrando as instituições especiais criadas com esse fim de correção do desviante.

Podemos aferir a hipótese de que, nessa tentativa de regular o gozo, as instituições encontraram paradoxalmente seu próprio gozo, criando outra forma de gozar presente nos castigos, nas manipulações dos sujeitos e nas relações estabelecidas. Essas relações, caracterizadas pelo gozo, são relações que mantêm uma forma específica de prazer, que possuem satisfação para além do princípio de prazer e estão presentes tanto na escola comum, com o controle e o castigo, quanto nas escolas especiais, somado ao assistencialismo e sentimento de comiseração pela DI. Como explicitamos no capítulo *Dores e Confusões*, a debilidade tem uma forma peculiar de lidar com o gozo, como uma forma de gozar no próprio corpo. Sob este aspecto, percebe-se que a dinâmica das organizações escolares (comum ou especial) apenas favoreceu e fortaleceu a construção de uma posição débil para muitas crianças.

As instituições especializadas caracterizam-se por apresentar uma estrutura composta por uma equipe médico-pedagógica e social que exerce, ao mesmo tempo, a função de educar e tratar. As ações nas instituições especializadas com essa dupla função – clínica e educacional – em sua maioria, foram pautadas no propósito de corrigir o indivíduo que não se adaptava aos treinos para aquisições de condutas e comportamentos adequados. De Itard (1800), às neurociências e à psicologia cognitiva (séc. XXI), as propostas de controlar e moldar o comportamento são a tônica na maioria dos modelos de educação e dos tratamentos especializados.

Ora, o sujeito resiste à normalização e é exatamente por haver algo para além do comportamento que não se consegue estabelecer relações e comportamentos adequados almejados. Para nós, o comportamento não é um fim, mas sim uma consequência da dinâmica psíquica e, dessa forma, um trabalho simplesmente voltado para a mudança do comportamento não surtirá o efeito desejado. Pelo contrário, os comportamentos considerados indesejados muitas vezes são mantidos como uma manifestação do sujeito do inconsciente e uma forma de reação à própria tentativa de controle da satisfação de suas pulsões e de seu gozo.

Quando a escola categorizou e normatizou os sujeitos, ela tentou retirar e afastar de seu domínio tudo e todos que fossem estranhos e provocassem inquietação para ela. Santos qualifica essa escola que categoriza e padroniza como uma "*escola regularizada*" e afirma que esse modelo "*mata as iniciativas, elimina as diferenças e gera uma escola excludente*" (Santos, 2006, p. 89). Ficar quieto é o efeito almejado pela escola em decorrência da suposta domesticação, mas o fato é que o inquieto não cessa de escrever, Isso,[52] a escola não consegue impedir sua entrada. Lidar com o inquietante, o estranho é um desafio, uma função importante do ser humano e pode ser revivido em ato na escola inclusiva. A escola evitou de todas as maneiras que o próprio sujeito do inconsciente, o que existe de irracional (em oposto a razão do consciente), de natural e mesmo de humanidade em todo ser humano se apresentasse. Mas, ao tentar afastar o irracional, o sujeito do inconsciente, as escolas não foram felizes, pelo simples fato d'Isso (o inconsciente) não ter condições de ser afastado e se apresentar sobre a forma de mal-estar, sintomas, angústias, inibições ou de desvios intoleráveis.

[52] Freud, na segunda tópica, definiu as noções de isso, eu e super-eu. Isso é outra forma que a psicanálise denomina o Inconsciente. Freud, em seu texto de 1923, *O eu e o isso*, afirma que tirou essa noção da obra de Groddeck (Freud, 1923/1980). Kaufmann lembra que Nietzsche e Kant já haviam utilizado este conceito para designar algo oposto à consciência (Kaufmann, 1996. p. 282).

Por outro lado, para a criança com um quadro de debilidade, existe a dificuldade implícita neste processo de entrada na cultura, o qual se encontra correlacionado à constituição do sujeito, como descrevemos anteriormente. Para estas crianças, frequentar a escola comum representa uma forma de possibilitar simbolicamente a vivência da separação, algo que vai além de uma questão de direitos ou mesmo está além da ética. Quando as crianças foram impedidas de entrar na escola comum, ao serem encaminhadas para uma instituição especializada de forma substitutiva, isso pode ter reforçado a condição subjetiva debilitante delas não desejarem saber sobre a castração. A instituição especializada, ao assumir o papel de oferecer a única possibilidade de convivência e forma de se estabelecer laços sociais para um grupo de pessoas, fortaleceu a condição débil de estar entre dois discursos, mantendo-se um pouco "por fora" do discurso social. Nestas condições, a saída do quadro de debilidade ficou mais difícil e provavelmente a debilidade tornou-se irredutível, apenas fortalecendo a condição de alienação e sua forma peculiar de gozar sem possibilidade para advir o sujeito desejante.

Neste contexto, as instituições especializadas representavam a única forma de se estabelecer um laço social, assumindo o lugar da instituição Ideal que dispõe de tudo, como uma representação do Outro materno para o sujeito e seus familiares. A regulação do gozo, que seria necessária para a entrada na cultura, não foi propiciada nestas instituições, pelo contrário, tornou-se uma forma de manutenção do gozo, com a conservação da relação dual, sem a entrada do terceiro representado pela cultura.

Interessante notar que, de forma análoga à inscrição subjetiva, na qual o terceiro surge para a inscrição de uma lei, como um interdito necessário para regular o gozo, o Ministério Público do Brasil (2004) provocou, em âmbito social, um processo semelhante. Esse órgão incitou uma espécie de separação em ato, ao determinar que todas as escolas, sejam elas comuns ou especiais, deveriam atuar em prol da inclusão, obedecendo ao que estava prescrito em lei e colocando em cheque as relações estabelecidas até então. Diante da interrupção e do impedimento de uma forma de gozar, o mal-estar nas instituições escolares foi instalado em todos os âmbitos (escolas comuns e especiais; familiares, pessoas com deficiência) e surgiram queixas e argumentos para que se mantivessem "as coisas" como estavam.

A educação e o tratamento desenvolvido unicamente em instituições especializadas com o objetivo de alcançar a integração social *a posteriori* de uma adaptação do sujeito trouxe um tipo de "*convivência regulada*" (Kauchakje, 2000, p. 203). Um modelo caracterizado pela institucionalização de ações em espaços específicos, nos quais essas pessoas convivem apenas com os pares e permanecem separadas do convívio com as demais pessoas. Esta única possibilidade de convivência acarreta outro fato denunciado por Castel que seria uma "*ausência de qualquer perspectiva de futuro*", algo que significa "*o testemunho de uma desesperança profunda*" (Castel, 2008, p. 17). Apesar de serem assistidas nas instituições especializadas, estas pessoas continuaram na categoria de excluídos, considerando excluídos aqueles que são "*totalmente alijados da dinâmica social justamente por não terem nenhum direito, nenhum atributo, ou os recursos necessários para poder participar da vida coletiva*" (Ibid. p. 36). Castel considera que "cultura" significa partilhar valores e modos de vida comuns; as pessoas com deficiência intelectual poderiam estar dentro da cultura por partilhar estes valores.

Em nome de uma discriminação positiva, as instituições criaram uma discriminação negativa. Para as pessoas assistidas, não havia possibilidade de assumirem a responsabilidade por suas próprias vidas, de se inscreverem como sujeitos autônomos em uma busca histórica, tanto pela condição débil, quanto por serem consideradas juridicamente incapazes, e depois, por serem adaptadas ao sistema estabelecido, cristalizando a debilidade.

Consideramos que existe uma diferença precisa entre o educar e o adaptar aos ideais da modernidade e às normas excludentes.

Outra história construída por alunos atendidos no CAIS do AEE ilustra o fato dessas crianças demonstrarem conhecer essa diferença e recusarem este tipo de adaptação. É a história de um rei e príncipe chamado Cachorro Porco.

TURMA A
O REI
E O
PRÍNCIPE
ILUSTRAÇÕES
TURMA A

O REI E O
PRÍNCIPE
TURMA A

ESTE LIVRO É DEDICADO
À DONA ELZA KRIEMILDA
QUE CONSTRUIU TODA A
NOSSA HISTÓRIA NESTE LUGAR

ESTA CASA É MUITO
SUJA QUEBRADA E
MUITO FEIA. É A CASA
DO "PRÍNCIPE CACHORRO
PORCO."

ELE FAZ BAGUNÇA E NÃO TEM CUIDADO
COM AS COISAS.
TAMBÉM NÃO TOMA BANHO.
ELE É SOZINHO PORQUE NINGUÉM
AGUENTA O CHEIRO DELE.
2

SE ELE QUERIA FAZER COCÔ
FAZIA DENTRO DE CASA. SE ELE
RASGAVA O LIXO DA
VIZINHA E TRAZIA RRA DENTRO DA SUA
CASA.
4

O PRÍNCIPE CACHORRO PORCO
RECEBEU ESTE TÍTULO DOS
OUTROS CACHORROS. E DERAM
TAMBÉM AO
SEU DONO O TÍTULO DE
"REI PORCO".
REI PORCO
3

O REI PORCO É UM MENINO
QUE SE CHAMA BILICO. A CASA
DELE TAMBÉM É BAGUNÇADA.
ELE NÃO ARRUMA A CASA.
O QUINTAL DA CASA DELE
É CHEIO DE MATO.
5

UM DIA O PRÍNCIPE CACHORRO PORCO FOI OBRIGADO A TOMAR BANHO PELA VIZINHA PORQUE ELA QUERIA QUE ELE TOMASSE CONTA DA CASA DELA.
6

O BILICO NÃO SABIA QUE O CACHORRO HAVIA TOMADO BANHO. QUANDO O VIU PENSOU QUE ERA OUTRO CACHORRO E MANDOU ELE EMBORA.
7

O PRÍNCIPE CACHORRO PORCO PEGOU A SUA MALINHA E FOI EMBORA CHORANDO. ELE GOSTAVA MUITO DO SEU DONO.
BILICO ENQUANTO ISSO PENSANDO:
–MEU DEUS ATÉ AGORA MEU CACHORRO NÃO CHEGOU"
8

PASSOU 1 MÊS.
BILICO PROCURANDO SEU CACHORRO. O PRÍNCIPE SE SUJANDO PELA RUA.
BILICO ANDAVA PELA RUA PERTO DO MERCADINHO QUANDO VIU SEU CACHORRO.
A FELICIDADE FEZ O CACHORRO PULAR NO SEU DONO!
9

Esta história começa descrevendo o príncipe, uma espécie de anti-herói da história, e o rei, com suas marcas e estigmas da sujeira. O cachorro era discriminado por exalar um cheiro que ninguém suportava. Os apelidos: "príncipe e rei porco" foram cunhados por alguém que os autores não identificam, mas que marcou algo que os diferenciavam, discriminavam e isolavam. O que nos chama atenção é a descrição dos signos da discriminação como opostos aos ideais da sociedade moderna delineados por Freud (1930) como a sujeira, a desorganização e a feiura.

O ato da vizinha, ao dar o banho no cachorro por interesses nitidamente egoístas (eles relataram que a vizinha precisava do cachorro, pois tinha entrado ladrão na casa dela), causou outros desencontros para os heróis dessa história. Na verdade, houve uma separação com tristeza e sentimento de pesar. Eles também não desconhecem que esta vizinha não era exatamente uma boa samaritana, ela na verdade estava incomodada com a sujeira e precisava do cachorro.

Várias inferências ao tema da DI e às formas de relação e assistência podem ser detectadas nesse texto, como a questão da filantropia e a correlação com a condição socioeconômica. Esta história nos permitiria grandes elucubrações sobre a pobreza, a condição destas crianças e sua relação com a escola, como percebemos no primeiro capítulo e na pesquisa de Maria Helena S. Patto (1999). Patto ressalta que o fracasso escolar é produzido no cotidiano escolar diante da diferença social, com estereótipos e preconceitos que estão incutidos no corpo docente. Mas não apenas produzido, diz ela, este é mantido nas ações que buscam docilizar o corpo (Patto, 1999). O fracasso escolar, pesquisado por esta autora, não se refere diretamente à questão da deficiência, mas, como descoberto em sua pesquisa, percebe-se que, muitas vezes, o mau desempenho e o fracasso escolar de alguns alunos se mistura à debilidade e à deficiência intelectual, assim, como as condições sociais de algumas crianças, citado no histórico brasileiro. Entretanto, não queremos aqui nos distanciar de nosso objeto voltado à questão da deficiência intelectual e sua correlação social e psíquica.

Arriscamos a interpretação de que o incômodo causado pela sujeira, pelo mal-cheiro, tenha sido tratado de forma brusca na tentativa de mudar a realidade de apenas um deles e de forma intrusiva para se adequar às normas sociais. Este ato não apresentou saída para os dois, pelo contrário, aumentou o isolamento. No entanto, a saída encontrada pelos autores da história foi voltar à condição antiga, que provavelmente lhes permitia um reconhecimento mútuo.

Não podemos deixar de fazer analogia dessa história com várias políticas públicas ou com a valorização de algumas ações que são desenvolvidas para melhorar o comportamento, promover a adaptação e "elevar a autoestima" dessas crianças, e que não permitem de fato que o sujeito saia da condição anterior. Visivelmente, são as saídas pertinentes ao outro, ou ao Outro social, que não consideram o sujeito do desejo. Por extensão, não se trata de modificar apenas o comportamento das crianças com quadro de debilidade ou deficiência. É preciso também haver uma mudança em todas as instituições envolvidas, a fim de que fique entendido que "não basta dar um banho no cachorro".

### 4.2.2 Educar – regular incluir/segregar na pós-modernidade

A inclusão é um apelo social surgido na pós-modernidade, que provocou uma verdadeira crise nas instituições. Com o enfraquecimento do Outro na formação psíquica, outros nomes e novos sintomas para as mesmas patologias surgiram, fato que fez com que as instituições especializadas fossem ampliadas. Esta dinâmica traz consequências para a formação psíquica e fortalece tanto a condição débil como a procura pela formação de grupos, ou verdadeiros bandos e, nestes casos, ocorre a busca por um espaço, em especial, da instituição especializada, que venha ocupar ou encarnar este Terceiro de forma totalizante. Nesta dinâmica, o sujeito fica mais subjugado e debilitado.

Nas escolas comuns, também percebemos efeitos dessas mudanças. Para Dufour (2008), na pós-modernidade, a escola está deixando de representar esse lugar da passagem para a vida pública, visto que existe uma crise da escola em curso e que, por causa dela, os jovens não queiram frequentá-la. De fato, percebemos a dificuldade em estabelecer alguma transferência entre os jovens e o que hoje é ofertado pela escola. Dufour denuncia que essa escola passou a significar uma prisão para os jovens, pois o sujeito da contemporaneidade apenas anseia por prazeres imediatos, por satisfazer seu gozo sem interrupção, por uma suposta liberdade, e a escola apenas representa um impeditivo para este sujeito. Segundo esse autor, os jovens na contemporaneidade não querem mais frear suas paixões e estão completamente submetidos à lei do mercado e ao imperativo absoluto de gozar.

Dufour afirma que o sujeito da pós-modernidade, designado como um *neo-sujeito perverso comum*, é frequentemente convidado à transgressão, como a melhor maneira de valorizar seus interesses próprios e, nesta escolha, não existe negociação possível com a escola. Tudo que represente uma forma de frear o livre acesso às paixões é atacado e, consequentemente, as escolas se tornaram alvos de ações de vandalismo.

A transferência com a figura do professor também é abalada neste contexto. Na decadência da diferença geracional e no centramento do sujeito em si-mesmo, na busca por satisfações imediatas, acredita-se que o outro, o qual pretende me formar, é um inimigo (Dufour, 2008). Lebrun (2008) constata que a equipe das instituições[53] que atuam no atendimento social também tem sofrido com toda essa mudança, pois "*essas equipes são confrontadas tanto com os avatares do coletivo nesse período de mutação quanto com os problemas vividos pelos sujeitos que as compõem*" (Lebrun, 2008, p. 153).

Somado à decadência do pensamento crítico e à valorização do mercado, o *digno* não é mais o conhecimento, mas o poder advindo do dinheiro e do diploma, afirma Dufour (Dufour, 2008). O Mercado (grafado com M maiúsculo, como realizado por Dufour para demarcar o lugar representativo do mercado que corresponde à figura do Outro) se coloca acima da escola e essa, por sua vez, acata e obedece às leis do mercado, tanto oferecendo facilidades para garantir a satisfação de seus "clientes", quanto adotando o modelo gerencial nas estratégias administrativas. Percebemos o gerenciamento empresarial ser transportado e seguido tanto pelas organizações escolares comuns, quanto pelas especiais.

Para Dufour, a escola finge que ensina, mantendo mecanismos e o próprio discurso burocrático da modernidade, mas passando dos processos (mais condizentes com a modernidade) aos procedimentos próprios da lei do mercado na pós-modernidade. O desempenho em números é valorizado em detrimento do próprio conhecimento, a quantidade supera a qualidade e, nesta lógica, é a escola que apresenta melhores números dentre os sistemas de avaliação que recebem reconhecimento. O que

[53] Lebrun se refere à equipe de saúde mental que atua na França e na Bélgica (2008). Guardada as devidas proporções, essas equipes e instituições se assemelham às instituições brasileiras por terem que se haver com as mesmas questões impostas, no que refere a uma organização especializada. Apesar de haver diferenças com relação às políticas públicas europeias e brasileiras, bem como à adoção do movimento da inclusão nestas políticas, estas diferenças não nos impossibilitam de fazer considerações entre esses modelos.

também acontece com as clínicas especializadas: aquelas que demonstram os progressos quantificados a partir de novos comportamentos adquiridos são as mais valorizadas.

As novas descobertas científicas, como as neurociências e as ciências cognitivas, são exemplos desta lógica de valorização do desempenho em busca primordial de novas aquisições comportamentais e orgânicas em detrimento do sujeito, sujeito do inconsciente. "*As ciências cognitivas respondem, por um uso perigoso das aparentes correlações estatísticas, inscrevendo os problemas de cultura numa suposta natureza de indivíduos*" (Dufour, 2008, p. 219). Quando não se atende às estatísticas esperadas, a resposta é que "*em certos sujeitos, isso talvez não esteja inscrito nos circuitos neuronais como deveria estar*" (Ibid.) e então, muitas vezes, a saída encontrada para esses sujeitos é a medicalização. Para a ciência, "*o terceiro vem em forma de real e não em forma simbólica e exemplifica: o que introduz o terceiro na controvérsia científica é o confronto do modelo com o real*" (Lebrun, 2009, p. 114). Segundo Lebrun, o homem da ciência primeiro elabora um modelo e, em seguida, constrói as ferramentas para interrogar o real e, finalmente, irá comprovar ou não a validade do seu modelo. Neste fundamento, a luta para a comprovação de uma hipótese e de um modelo não permite considerar a particularidade de cada caso, ou mesmo, o sujeito e sua "verdade". "*No caso da ciência, o que permite sair de um confronto que, de outra maneira, só permaneceria imaginário, é que o simbólico se encontra confirmado pelo real; o que constitui que o terceiro é o real*" (Ibid.).

A dinâmica da sociedade atual aumentou o número de pessoas consideradas deficitárias, com embasamentos científicos nas mensurações propostas pelas neurociências e psicologia cognitiva. Como relatamos no capítulo anterior, percebe-se uma ampliação dos quadros clínicos e patológicos iniciados na modernidade, com novos nomes como o Transtorno do Déficit de Atenção e Hiperatividade (TDAH), Transtorno do Espectro do Autismo (TEA), uma inibição cristalizada, ou ainda, do fracasso e fobia escolar das crianças.

As instituições criadas na modernidade para atender aos excluídos, na pós-modernidade ampliaram e se especializaram nestes novos sintomas, tanto no Brasil quanto na Europa. Lebrun afirma que desde a modernidade surgiram clínicas especializadas "*para proteção juvenil, marginal, toxicômanos, distúrbios alimentares, assim como os considerados doentes mentais, as pessoas com deficiência, dentre outras*" (Lebrun, 2009, p. 13-14).

Nesse processo de massificação e mercantilização da educação, Dufour denuncia o aparecimento do termo "*coach*", e o nascimento desta profissão que treina e adestra o sujeito, matando toda possibilidade de criação, ou do coletivo, e, principalmente do simbólico. Esse termo e profissão "*são construídos no sistema binário e dual com a valorização do eu (moi)*" (Dufour, 2008, p.191). Dufour ressalta que este termo / profissão nasceu para ser utilizado nas formações e treinamento de profissionais voltados para o meio empresarial, mas notamos foi expandido para um planejamento da vida individual e de forma bizarra, tratou-se da principal prática adotada nas instituições especializadas: treinar e adestrar as pessoas com deficiência.

O que observamos é que, com esta prática adotada no meio comum da instituição especial, não houve saída para a debilidade. Trata-se de algo construído no sistema binário, sem possibilidade de criação, de construção simbólica ou de um lugar para o terceiro. A imaginarização cristalizadora da debilidade está plenamente preservada neste processo sem alternativas para ir além desta relação. Somamos a essa prática os modelos atuais de formação de professores que, ao obedecerem ao mesmo parâmetro, não apresentaram saídas para essa condição humana e ainda mantiveram os professores na mesma condição de repetição e também um pouco débeis. Profissionais, adultos, crianças e adolescentes não conseguem encontrar nas instituições escolares que prevalecem na pós-modernidade uma possibilidade para sair deste quadro de inércia e inibição.

### 4.2.3 Educar – regular: incluir

Com a expansão do modelo neoliberal e com o advento da inclusão, a escola comum adotou um discurso sobre a diversidade, a integração e a inclusão, mas como nos alerta Vega, presencia-se mais uma mudança apenas discursiva do que uma transformação de fato das escolas (Vega, 2010). O discurso da diversidade tem sido muito mais por uma "tolerância" das diferenças, do que por uma real aceitação. Neste modelo, assinalado por Vega, a deficiência é tratada como uma contingência que a sociedade democrática deveria tolerar. Acontece que essa tolerância não permite um trabalho educacional diferenciado, mas induz a um convívio forçado.

Como descrevemos, ao manter o modelo tradicional, a escola dita comum pode, de modo inverso, significar o agravamento do quadro de debilidade. Por outro lado, a inclusão como oposto à simples tolerância implicaria numa mudança estrutural e profunda da escola.

Para que as instituições educacionais lidem com a contemporaneidade e com o movimento de inclusão, seu trabalho, concepções de ensino, práticas pedagógicas, relação com espaço e tempo sociais devem ser revistos. Se a instituição freia e regula o gozo e se o sujeito recusa essa regulação em todas as instâncias, as instituições tornam-se ainda mais necessárias para a preservação desta ação. Contudo, elas mesmas, de forma paradoxal, precisam regular seu próprio gozo. Estamos diante do círculo vicioso de uma "grande confusão", como afirmou Lebrun (Lebrun, 2008). A inclusão, ao significar a entrada do diferente pode, porém, provocar e contribuir para a mobilização das instituições.

Não só a teoria psicanalítica aponta uma leitura ou uma saída para a escola mais inclusiva. Outros pensadores se aprofundaram nesta discussão sobre a educação e a escola contemporânea e, mesmo não abordando diretamente o tema da inclusão escolar das pessoas com deficiência, podem contribuir para esta questão, como as ideias de Edgar Morin que trazem uma contribuição significativa para o tema. Morin defende que a escola deve transformar a lógica que impõe ações inumanas e artificiais e "*com sua visão determinista, mecanicista, quantitativa, formalista... ignora, oculta e dissolve tudo o que é subjetivo, afetivo, livre e criador*" (Almeida & Carvalho, 2007, p. 18). A proposta da reforma na educação, baseada no pensamento complexo, vai à contramão da fragmentação do conhecimento e da disciplinarização excessiva dos currículos, departamentos, universidades e dos próprios professores. Trata-se de uma reforma muito mais paradigmática do que pragmática e que necessita de uma verdadeira reforma do pensamento. "*Faz-se necessário substituir um pensamento que está separado por outro que está ligado... A reforma necessária do pensamento é aquela que gera um pensamento do contexto e do complexo*" (Ibid., p. 20-21).

Morin propõe sete saberes que devem balizar esta reforma: o conhecimento, o conhecimento pertinente, a condição humana, a compreensão humana, a incerteza, a era planetária e a antropoética. Ele defende ser necessário considerar que o homem é 100% natureza e 100% cultura. O *sapiens demens* não é composto apenas de razão, mas também é delirante, descomedido e com essa consideração precisa considerar a mistura da prosa e da poesia na escola. "*A prosa nos ajuda a sobreviver, mas a poesia é nossa própria vida*" (Ibid.), mistura que consideramos fundamental para a construção de uma escola inclusiva e benéfica a todos, e não apenas aos alunos com deficiência intelectual ou com debilidade, mas também a esse neo-sujeito (na acepção que Lebrun dá ao termo).

## 4.3 Educar – Ensinar

O ato de educar está interligado a outra função da escola que é a de ensinar ou favorecer a aquisição da aprendizagem. Em *O triunfo da Religião*, Lacan destaca que, além da educação, é importante que o homem aprenda alguma coisa e, para haver este aprendizado, é necessário que ele "quebre um pouco a cabeça" (Lacan, 1960/2005, p. 99). Neste mesmo texto, ele distingue dois papéis para a escola: como lugar de educar e como lugar de aprendizado, diferindo também o conhecimento (concernente ao conhecimento acadêmico), do saber inconsciente. Mesmo que haja uma distinção entre saber e conhecimento, existe ao mesmo tempo a interligação e a tensão entre ambos. Assim, como o ato de educar produz um resto, algo impossível de ser educado para o sujeito do inconsciente, o aprendizado obtém a mesma operação, pois existe uma impossibilidade de aprendizagem total sobre qualquer conteúdo a ser abordado, assim como ela não será homogênea para sujeitos diferentes.

Mas o que predominou na educação tradicional foi um entendimento contrário, ao supor que a aquisição do conhecimento obedeceria a um pressuposto semelhante ao da doutrina comportamental. Neste paradigma, a maturação no desenvolvimento seria semelhante ao processo de conhecimento, o qual se passa do conhecimento mais simples ao complexo, atingindo uma formação ideal e totalizante. Não havia tampouco o conhecimento da falta estrutural e desconsiderava-se completamente um saber do inconsciente.

Assim, como pressupunha-se alcançar um ideal de espírito absoluto na teoria hegeliana, nessa pedagogia tradicional almejava-se alcançar uma maturação orgânica com o ideal de um mesmo padrão de desenvolvimento e conhecimento. Diante disso, a falha é considerada um desvio do caminho da maturação. Salientamos que não desejamos desenvolver uma tese sobre a teoria do conhecimento, mas sim assinalar pontos relevantes da epistemologia que pautaram o modelo de aprendizagem e ainda interferem na educação dos alunos com diagnóstico de deficiência intelectual e na posição débil.

Lajonquière contribui para esse argumento ao constatar que existe uma tradição behaviorista-reflexológica na pedagogia, a qual pressupõe uma associação entre estímulo e resposta, de forma que a aprendizagem compreenderia uma consolidação de determinadas respostas exitosas. Neste processo de aprendizagem, os erros são considerados um aspecto a ser vencido a se alcançar o êxito, atingindo progressivamente o que Piaget denominou de "equilibração majorante" (Lajonquière, 1992).

A teoria piagetiana foi a base para esse entendimento, mas Lajonquière denuncia que os seguidores de Piaget realizaram diversas interpretações de suas considerações epistemológicas. Destacamos uma delas muito preponderante nas escolas: a estruturação da aquisição do conhecimento em etapas distintas e a classificação dos alunos conforme essas etapas. A classificação das crianças com diagnóstico de deficiência decorre tanto desse entendimento epistemológico quanto de um saber médico com propósito semelhante. Percebe-se que escola e medicina se aliaram no entendimento classificatório das crianças, separando aquelas que aprendem daquelas que necessitariam de um processo de reeducação.

A aprendizagem associada ao desenvolvimento orgânico levou à hipótese de que se algo falha no organismo ou na maturação do desenvolvimento ideal, interfere na inteligência e, por consequência, na aprendizagem. Diante disso, considerou-se que se algo claudicava no processo de ensino-aprendizagem tornava-se necessário corrigir o desenvolvimento e realizar o adestramento e a aquisição de alguns comportamentos considerados adequados ao desenvolvimento. Percebe-se que se trata de uma teoria que desconsidera totalmente o inconsciente e atua apenas no âmbito orgânico e no comportamento, além de classificar e separar as crianças e alunos conforme seu desenvolvimento, seu desempenho e sua inteligência.

Lajonquière (1992) afirma que existem vicissitudes suportáveis para o sujeito em uma aprendizagem e que estão para além de seu organismo. Com efeito, o sujeito não se resume a um organismo adaptável, "*o maturacional se mantém simplesmente como limite, mas não como causa*" (Jerusalinsky, 1988 p. 32). Mesmo que esse limite possa ser imposto pelo real do corpo, ou, dito de outra forma, pelo organismo com alguma deficiência, a maneira como o sujeito irá lidar com a aquisição de conhecimento depende muito mais de como cada sujeito lida com seu limite e com o seu corpo na instauração do sujeito, do que com o "déficit" em si.

A nosso ver, a experiência pertinente ao erro no processo de construção do conhecimento é fundamental para atingir o ensaio epistemológico. A aquisição do conhecimento não é apenas causada por uma pura invenção aleatória, ela pressupõe

> ...um processo endógeno (auto-regulado) (sic) de reelaboração construtiva de conhecimento socialmente compartilhado, permeado de vicissitudes impossíveis de serem padronizadas e cifrado além dos diferentes níveis de consciência (Ibid., p. 35).

Essas vicissitudes pressupõem inúmeros caminhos que podem não ser reconhecidos por um modelo padronizado. Por outro lado, percebe-se em determinadas crianças, principalmente nestas que dispõem dos diagnósticos e são nosso objeto de estudo, que os erros se repetem. Abordamos no 2º capítulo como a questão da repetição é pertinente ao quadro clínico da debilidade. A impossibilidade de remover o que é considerado como erro ou de impedir que ele apareça de forma sistemática e repetitiva não está, portanto, condicionada a um déficit orgânico, mas pode evidenciar uma "*dimensão significante inconsciente que inibe o mecanismo inteligente de equilibração progressiva*" (Lajonquière, 1992, p. 105). O conhecimento está assim entrelaçado entre o desejo e a inteligência, entre o conhecimento e o saber, entre as questões próprias do pensamento consciente e do inconsciente, entre o sujeito e sua relação com o objeto. Relações que não podem ser ignoradas na construção do conhecimento e nem serem rechaçadas a segundo plano em detrimento das condições orgânicas.

Enfatizamos que as "*vicissitudes nas aprendizagens são funções dos acidentes simbólicos próprios da constituição de uma subjetividade, e não dos contratempos rítmicos inerentes no desenvolvimento de um organismo*" (Lajonquière, 1992, p. 149). Existe uma trama desiderativa na aquisição do conhecimento e, por ser uma trama, provoca vários curtos-circuitos, nos diz Lajonquière, remetendo ao desejo do Outro e, ao mesmo tempo, ao sujeito que tem de se haver com seu próprio desejo. Logo, o sujeito epistêmico está atrelado ao sujeito do desejo; é ao mesmo tempo um sujeito do conhecimento e do saber. "*O saber e conhecimento se encontram entrelaçados e conformam o pensamento. O sujeito (re)constrói o pensamento em si mesmo enquanto constrói-se como sujeito desiderativo e inteligente*" (Ibid., p. 190).

O que percebemos, porém, é que a dimensão do inconsciente esteve afastada da escola e da maioria dos estudos epistemológicos. Citamos, mais uma vez, a pesquisa de Lajonquière (1992), a qual afirma que mesmo os estudos estruturalistas sobre o processo epistêmico que tiveram força a partir da década de 70 e consideravam o conhecimento como sendo socialmente compartilhado, mantiveram afastada a questão do inconsciente.

Da mesma forma, os estudos psicogenéticos não trouxeram uma nova teoria da aprendizagem, mas mantiveram os "*tradicionais interrogantes epistemológicos que comoveram o jovem e filósofo Jean Piaget*", afirma Lajonquière (Ibid., p. 36). O tema da aprendizagem associou questões psicológicas com epistemológicas, levando a fortalecer e unificar a aprendizagem com a motricidade e o comportamento.

Defendemos que a inclusão não condiz com o pressuposto teórico de aprendizagem pelo avanço gradativo do simples ao complexo, com ações que por meio de estímulos buscam a produção de melhores respostas, consideradas mais adequadas e dirigidas. A inclusão de alunos com deficiência, principalmente com o quadro de debilidade, significa lidar com a alteridade e remete também, na inclusão escolar, à necessidade de se lidar com a alteridade do conhecimento, caso contrário, haverá uma inclusão de crianças que não aprendem e não se beneficiam deste ambiente escolar. A inclusão escolar implica uma ação diferenciada no processo de aprendizagem que aposta na religação dos saberes, em pressupor o sujeito no saber acadêmico.

### 4.3.1 Instituições especializadas e aprendizagem

Este mesmo paradigma entre a aquisição de aprendizagem em processo gradativo e atrelado ao comportamento e a maturação orgânica serviu de base para ações terapêuticas, tanto de crianças com deficiência, quanto para aquelas que apresentavam alguma dificuldade de aprendizagem, ou tinham o diagnóstico de deficiência intelectual. Estas práticas, denominadas de "reeducação", chamam nossa atenção pela própria nomenclatura que remete à dúbia função de educar e aprender. Nessa proposta de reeducação está contida a suposição de que o processo de estímulo e resposta se situa em nível da consciência e da afetividade, e o que pode interferir ou impedir este processo seria o fato dele estar ligado à questão da inteligência e da maturação do desenvolvimento.

Percebemos que, mesmo com o avanço das políticas e da ciência, as ações pedagógicas especializadas continuam mantendo o mesmo postulado de séculos passados, ou seja, a proposta das instituições especializadas continua caracterizando o trabalho de correção, no qual não existe espaço para que o desejo do sujeito possa surgir. Os fundamentos da terapêutica pedagógica, pautada na lógica da *tabula rasa*, mantêm-se ainda hoje e são ratificados com as inovações da ciência. Neste paradigma, prevalece a crença de que as crianças são moldadas de forma passiva, como um receptáculo vazio, e que por meio de ações sensoriais, que iriam das mais simples às mais complexas, se atingiria a totalidade.

O estudo de Vorcaro (1999), ao abordar as causalidades e os tratamentos para as "dificuldades de aprendizagem", demonstra como as ações do psicopedagogo mantêm características tradicionais da educação especial. Vorcaro distingue três formas de atuação: a primeira pressupõe uma causalidade orgânica, apesar de indefinida, em que o tratamento busca "*promover a adequação da estimulação para viabilizar a plasticidade orgânica*" (Vorcaro, 1999, p. 61). Neste caso, ao se considerar apenas este modelo organicista, Vorcaro alerta que ele adota a medicação e o tratamento é realizado de forma mecânica, com técnicas behavioristas.

O segundo modelo de atuação apontado por Vorcaro (1999) é considerar o fracasso escolar como fracasso da escola. Assim, a psicopedagogia busca um método de ensino que seja mais adequado para atender as particularidades dos alunos. Segundo a autora, neste modelo, a intervenção é mais didática. O terceiro modelo de atuação seria aquele que considera a posição da criança no discurso dos pais. Nesta vertente, o psicopedagogo passa a trabalhar cognitivamente o "sintoma" da criança, fato que nos parece perigoso, apesar de significar um avanço e uma tentativa de se descolar da organicidade como única causa. Mais adiante, abordaremos o tema do sintoma e apresentaremos nossa posição em como abordá-lo, mas, por hora, chama-nos atenção a questão da manutenção de uma busca por um desenvolvimento-padrão e pela correção do que seria considerado sintomático e desviante.

Quase um século depois dos primeiros tratamentos para as pessoas com o diagnóstico de DI, os propósitos da educação especial são a adaptação e a normalização, a fim de "preparar" o aluno para a realização de um ofício em nome de uma ação inclusiva no trabalho. Vega traz outro estudo que ratifica esta constatação nas escolas especiais nos dias atuais e afirma:

> De toda maneira vemos configurar a estrutura que ainda hoje encontramos na escola especial. A aprendizagem prática e concreta;

> o exercício repetitivo; a formação de hábitos; a ludoterapia, a educação física, musical, o desenho e as atividades manuais; a formação para o trabalho eram as propostas programáticas que organizavam o âmbito escolar (Vega, 2010, p. 185, tradução nossa).

Estas ações pedagógicas para as pessoas com deficiência intelectual não só mantiveram um modelo defasado e tradicional (algo comum à educação especial, como já alardeou Montessori no século passado), como também sustentaram práticas voltadas para a educação infantil na educação especial, mesmo que se tratasse de pessoas adultas. As instituições especializadas consideram essas pessoas como eternas crianças, o que reforça a imagem da pessoa com deficiência como uma criança para os pais, mantendo a relação constitutiva de dependência entre pais e filhos e o lugar de objeto para o sujeito com deficiência. Viganò (psicanalista e professor de psiquiatria da Universidade de Milão) afirma que, nessas condições, o laço social fornecido ao sujeito para reabilitá-lo "*permanecerá dentro da série de objetos fornecidos pelo Outro materno*" e que nunca permitirá que o sujeito saia de sua dependência (Viganò, 1999, p.41). A ação pedagógica reforçaria o trabalho caracterizado como uma espécie de maternagem em uma manutenção da alienação do sujeito, sem possibilidades de uma real aquisição do conhecimento.

Da mesma forma, as oficinas protegidas como meio de inserção laboral são, em sua maioria, mera imitação de um ambiente de trabalho. Elas simulam uma empresa por meio da vestimenta, jornada de trabalho, produção em escala, mas, paradoxalmente, tratam os "trabalhadores" como crianças.

Zafiropoulos denuncia a dificuldade dessas pessoas de atingirem, nesse contexto, sua autonomia, como se houvesse a "*reprodução das relações de maternagem da criança mais ou menos grande*" (Zafiropoulos, 1981, p. 151, tradução nossa). A mesma repetição se prolongou nas oficinas protegidas, nas ações pedagógicas, e mesmo, nas ações artísticas. Neste caso, permitem e incentivam-se as reproduções, nas quais o sujeito e sua capacidade criativa são desconsiderados e mantém-se simplesmente a imitação e a re-produção de um "trabalho castrado" (Ibid.).

Esse trabalho também precisa ser modificado no que se refere às instituições por ser ele considerado ultrapassado, a fim de que ocorra a inclusão. Nesse caso, apontamos para uma inclusão do sujeito no processo de aprendizagem com outra forma de ação pedagógica em instituições especializadas, o que descreveremos adiante.

## 4.4 Educar – Mestria

Da mesma forma que nenhuma produção subjetiva ou qualquer produto da atividade humana pode ser considerado fora do campo do Outro, a aprendizagem está igualmente atrelada ao Outro. O sujeito não encontra objetos puros separados, mas objetos (re)construídos por outros sujeitos. Lajonquière (1992) afirma que está "*definitivamente abandonada a hipótese empirista de que haja uma experiência pura, sem sujeito*" (Lajonquière, 1992, p. 178).

A função de educar, regular o gozo, assim como a função de ensinar, é intermediada por outro sujeito, sendo assim, na escola, esta função está presente na figura do professor, do mestre. A identificação construída na constituição do sujeito pode ser reproduzida na relação entre aluno-professor. Essa relação está marcada por variáveis da constituição subjetiva e, portanto, do inconsciente dos dois sujeitos, professor e aluno; o que interfere no processo de ensino-aprendizagem. O professor, de forma transferencial, encarna os substitutos parentais e torna-se um fator a mais neste processo, o qual pode favorecer ou impedir a aprendizagem da criança.

A escola permite ao sujeito um espaço para a construção de novos vínculos e laços sociais e esta construção se estabelece por meio da linguagem e de uma forma de discurso definido na teoria lacaniana (o que descrevemos no capítulo *Dores e Confusões*). Dentre os quatro discursos formulados por Lacan, o discurso universitário está mais próximo da relação entre o saber e o educar pelo fato de, neste discurso, o saber estar no lugar do agente. O discurso do mestre representa a relação do professor com a transmissão do conhecimento, por este se identificar com o Significante primeiro ($S^1$), o qual nesse discurso está no lugar do agente.

O fato de os discursos estarem presentes nas escolas e no ato do educar, e de alguns deles serem mais característicos desta ação, não se pressupõe uma permanência e constância de algum deles, pois, como salientou Lacan, é preciso uma circulação dos discursos. No entanto, o que se tem percebido é uma fixidez das organizações escolares nestes dois discursos, mestre e universitário, o que traz consequências nefastas para a escola, para os professores e para os alunos.

A prevalência do discurso do mestre nas escolas leva à ilusão da produção de um saber total, como se com essa ilusão pretendesse encobrir a divisão do sujeito e negasse a impossibilidade de existir um saber completo (Cohen, 2006). Analisamos algumas prováveis ocupações dos alunos nos quadrantes dos discursos diante dessa fixidez da escola no discurso do mestre:

- O aluno ocupando o lugar do escravo: identifica-se com o lugar do outro, trabalhando, repetindo os comportamentos adequados e estudando para o mestre. Posição visivelmente próxima da debilidade quando se coloca como mero produto repetitivo do mestre.
- O aluno no lugar de objeto como produção do discurso: objetos sobre os quais o mestre exerce seu domínio, o aluno fica a mercê deste Outro sem se apropriar do conhecimento. Sem a rotação para outro discurso, o aluno permanece apenas como resíduo do discurso da mestria.

Consideramos que a manutenção desse discurso amplia a segregação nas escolas. Di Ciaccia afirma que as instituições baseadas apenas no discurso do mestre mantêm-se unicamente sobre o universal de um significante mestre e ainda coloca que este "*aparente ecumenismo é, de fato, apenas a nobre fachada de uma segregação posta na ordem do dia*" (Di Ciaccia, 2005, p. 23).

No discurso universitário, a escola se fixa no saber acadêmico e este saber no lugar de agente surge como efeito de uma ação burocratizada na organização escolar, ou na prevalência do conteúdo. Nesta fixidez, não é permitida a produção de um novo saber, contudo apenas a repetição do que já foi produzido para supostos alunos homogêneos e objetivados. Com essa postura, as organizações não apresentam oportunidades para que os alunos ocupem o lugar de agente do discurso, ocupando apenas...

– o lugar do outro, identificando-se com o objeto, como aquele que aprende e assimila o que lhe é passado de forma passiva, apresentando também aqui mais uma correlação e fortalecimento da posição débil.

Nesta produção do discurso universitário, o sujeito como resto se coloca de forma impotente diante do saber, representando os restos que não aprenderam nada nas escolas.

Presos nestes discursos, sem a rotatividade necessária, os professores também podem permanecer como meros repetidores de técnicas, assim como os alunos se tornam "cobaias de experimentações" do discurso da ciência (Cohen, 2006). Tal qual para os alunos, para os professores pode ocorrer a produção de um sujeito sintomático, angustiado e impotente diante da tarefa de ensinar o mesmo de forma repetitiva. Esse processo é semelhante ao denunciado por Dufour (2008) com a nomenclatura *coach*. Ponderamos que essas posturas não permitem que os sujeitos encontrem saída para as diferenças ou para a produção de um saber novo, e tampouco para um aprendizado mútuo entre aluno-professor.

Essa fixidez dos lugares ocupados pela escola comum nos discursos produz uma forma de laço social em que o aluno pode assumir ou fortalecer a posição de não querer saber, posição da debilidade, a qual também está presente no sujeito da pós-modernidade.

Para os professores, diante da inclusão ou mesmo na instituição especializada, "*suportar o não-saber (sic) de seus alunos, tanto quanto um saber em excesso, impunha-se como uma longa e árdua tarefa, sem a qual o processo de aprendizagem muitas vezes não se realizava*" (Cohen, 2006 p. 16). As crianças débeis colocam o "educador" na posição do mestre que sabe tudo. Como demonstramos no segundo capítulo, o débil preserva o Outro como detentor do saber totalizado e ele apenas repete este saber, sem de fato se apropriar ou questionar sobre ele. O educador precisa procurar fazer da angustia, que aflora diante deste encontro com o outro que não sabe, uma possibilidade de trabalho e não uma fixação no discurso da mestria ou da burocracia.

No entanto, o que se percebe é o contrário, pois, diante das contradições do modelo tradicional escolar, da exigência da inclusão e do apelo por inovação nas escolas, os professores se apegam às formas tradicionais de ensino-aprendizagem,[54] ou então, as organizações cristalizam-se no lugar do saber, do poder absoluto e totalizante. Perante o não saber de seus alunos "recém-incluídos" e da constatação da falha no próprio saber, os professores desenvolveram projetos paliativos, como ações para aumentar a autoestima e a motivação dos alunos.[55]

[54] Essa atitude é percebida nos depoimentos de professores para a pesquisa realizada por Cohen, em 2006, e mesmo em formações de professores que desenvolvemos.

[55] Esta ação também foi relatada por professores em pesquisa realizada por Cohen, em 2006, assim como em nossas formações de professores.

Estas ações mantêm a atuação do professor em um nível imaginário, na busca do desenvolvimento de comportamentos adequados, algo semelhante ao banho da vizinha no *Príncipe Cachorro Porco*. A grande confusão de Lebrun (2008) está instalada nas instituições escolares em sua função tanto de educação, quanto de aprendizado, assim como no papel dos mestres educadores.

Somado a esse quadro, os professores e diretores das organizações escolares também sofrem com a falta de legitimidade da pós-modernidade, como se não existisse o reconhecimento e mesmo o lugar legítimo da autoridade, ou da exceção no coletivo. O professor, quando percebe que perdeu a autoridade ou que essa não tem mais legitimidade, passa a exercer sua função com autoritarismo Neste sentido, Lebrun afirma que "*parece hoje fazer coincidir autoridade e autoritarismo*" (Lebrun, 2009, p. 118). O autoritarismo revela um gozo abusivo por parte daquele que exerce essa função e ocorre mais outra forma de se fixar no discurso do mestre.

Se na contemporaneidade não há mais lugar para a exceção, do *ao-menos-um*, constrói-se uma autoridade sem autor baseada em um saber de especialista, o que fortalece o discurso universitário. Como ninguém assume o lugar da autoridade, existe uma dificuldade em se tomar uma decisão acarretando o que Lebrun denominou de uma *paralisia holofrástica da decisão* (Lebrun, 2009, p. 102). Os grupos de trabalhadores permanecem em um modelo horizontal, como uma forma de contestação e negação da verticalização da hierarquia piramidal. Nessas condições, o sujeito pode permanecer em uma relação dual e imaginária, não possibilitando o lugar do terceiro. Tanto os diretores de escolas comuns, quanto os de instituições especializadas podem estar presos nesta forma de gestão. São os conteúdos, as técnicas de aprendizagem e os processos que imperam sobre o lugar e o saber do professor ou do diretor.

Não havendo mais o lugar da exceção na instituição, pois ninguém se autoriza a ocupar esse lugar solitário que Lebrun (2009) denomina de *ao-menos-um*, ele será ocupado pelas instruções, pelos processos, os quais cada vez mais o sujeito será chamado a aplicar. Nessa condição, não haverá mais espaço para o singular, ou seja, "*para aquele que encontra seu lugar devido ao fato de poder se excluir do conjunto; em contrapartida haverá lugar somente para o particular, para aquele que depende de um todo, para aquilo a que cada um tem direito*" (Lebrun, 2009, p. 30). Lebrun complementa seu pensamento afirmando que, não havendo mais a prevalência do lugar da exceção, a proibição seria extinta, e restariam apenas impedimentos, "*não* haverá mais limites simbólicos, mas haverá limites reais". (Ibid.).

Ora, o privilégio do particular sobre o universal não é o apelo da inclusão escolar que defendemos. Nesta entrada pelo particular, pensa-se a inclusão em partes, em grupos, uma inclusão diferenciada para cada grupo de crianças. Acreditamos que a inclusão considera o singular no universal e principalmente no âmbito das escolas.

As escolas aprisionadas no discurso do mestre e no discurso universitário se já apresentavam poucas saídas para os alunos idealizados, considerados "normais" ou estranhamente "quietos", agora com a possibilidade de acolher e ensinar sujeitos "inquietos" que apresentam dificuldades em assimilar o conhecimento pré-estabelecido e/ou as regras impostas arbitrariamente terá maiores dificuldades ainda. Realizar o giro desses discursos ou do lugar que os alunos e professores ocupam é mais uma possibilidade que acrescentamos para provocar uma transformação na escola e permitir a inclusão não apenas dos alunos com deficiência, mas também de toda a singularidade necessária à educação.

Rancière (2005) propõe que os professores ocupem uma posição que ele denomina de "mestre ignorante". Ao analisar a experiência de Joseph Jacotot, um pedagogo francês do séc. XIX, vê-se que ele propõe outro paradigma para a educação. Este paradigma parte do princípio da igualdade para chegar à desigualdade, e não o contrário. Uma igualdade inicial entre mestres e alunos diferente da igualdade que vivenciamos na pós-modernidade. Ela permite a legitimidade do professor, que se coloca como ator do processo de construção do conhecimento. Rancière defende que quando o mestre busca uma identificação do aluno com o saber e com o conhecimento dele (o mestre), ele tenta igualar o conhecimento no final, como se houvesse o reconhecimento de um conhecimento único e igual que deva se alcançar. O mestre explicador é aquele que deseja reduzir as distâncias, as diferenças, e busca tornar o outro igual no final do processo de aprendizagem. Desta forma, mais uma vez, uma relação pautada no imaginário no eixo a-a' de Lacan é levada a uma impossibilidade de saída da debilidade.

Rancière defende a necessidade de uma desigualdade no final, na qual cada um se coloca como construtor de conhecimento e produtor de um conhecimento que é singular e desigual. Para ele, é apenas nesta condição que o mestre pode se tornar um emancipador, posição completamente oposta ao que ele denomina de mestre explicador; este último apenas embrutece o aluno e não permite sua emancipação.

Há aí algo que se assemelha à proposta que defendemos, ou seja, permitir que o aluno com deficiência intelectual, principalmente com o quadro de debilidade, construa seu conhecimento, sua emancipação de forma subjetiva e, portanto, desigual, sem que o educador ocupe o lugar do Outro absoluto. Mas, para que isso aconteça, o próprio mestre tem de ser emancipado, nos alerta Rancière.

Assim, a mudança pretendida para a escola inclusiva começa pela própria formação dos professores, o que exige uma formação que permita a emancipação deles. No entanto, a universidade permanece como o próprio meio de manutenção e preservação do discurso universitário e do mestre, da fragmentação dos saberes em disciplinas e departamentos compactados. Morin[56] afirma que esta formação, já que não encontramos os professores transformados e nem as universidades completamente mudadas para formar novos professores, se dará em encontros, nos seminários e talvez em outro lugar que não na academia tradicional.

Uma possibilidade para a formação de "novos" professores é por meio da formação continuada e na troca de experiências e diálogos com outros professores. Ao se dar entre instituições diferentes, como escola comum e escola especial, essa troca permite a entrada da figura do terceiro tão necessário para operar um deslocamento da relação dual, a qual, muitas vezes, é mantida entre o educador e o aluno com debilidade, ou pelo diálogo entre o mesmo. Manter a discussão de caso entre professores da escola comum e especial favorece a mudança e a circulação do discurso, assim como a subjetividade no caso a caso. A própria inclusão de alunos com deficiência e a possibilidade de diálogo entre organizações com propósitos diferentes pode se apresentar como possibilidade para abertura a este diálogo. O encontro entre escola comum e escola especial, com espaços preservados e distintos, pode favorecer ao sujeito estar ao mesmo tempo dentro e fora, preservando tanto o espaço para o singular quanto para o universal.

De forma semelhante, encontramos esta mesma hipótese no trabalho de Charles Gardou, diretor do Instituto de Ciências e Práticas da

56 Conforme depoimento em DVD sobre a teoria de Morin, organizado por Edgar Carvalho (Carvalho, 2004).

Educação e de Formação (ISPEF) da Universidade Lumière de Lyon, na França e de Marie-Françoise Crouzier, professora adjunta dessa mesma universidade (2005). Eles afirmam que a atuação em um espaço fora da sala de aula favorece o deslocamento da questão para o professor e para o aluno, "*em última análise, permite que o aluno encontre um lugar dentre vários*" (Crouzier & Gardou, 2005, p. 129, tradução nossa). Crouzier e Gardou defendem a necessidade do diálogo entre professores dos dois espaços e que "*os profissionais especializados se situem à distância, fisicamente e psiquicamente*" (Ibid., p. 128, tradução nossa), algo que significasse nem dentro, nem fora, e pudesse simbolizar o lugar do terceiro. "*Em posição de terceiros eles são portadores de um poder de interrogação que fazem jorrar mudanças a um nível institucional, pessoal e profissional, tanto para os alunos quanto para os profissionais*" (Ibid.). Nesta proposta, pode ser criado um espaço de reflexão e não de puro determinismo, notadamente uma ação necessária para lidar tanto com a debilidade, como para abrir um espaço junto ao sujeito na pós-modernidade.

## 4.5 Instituição e psicanálise

A inclusão implica em considerar a posição subjetiva da debilidade e da deficiência intelectual. Para tal, defendemos a inclusão da psicanálise no diálogo com a educação regular e especial. Considerando a instituição especializada como aquela que lida diretamente com questões pertinentes a esse diagnóstico, a nosso ver, é essencial abordar o tema da instituição e psicanálise. A psicanálise, ao considerar a debilidade como uma resposta subjetiva à falha estrutural e não como um déficit, permite o desenvolvimento de outra forma de tratamento.

Precisamos primeiro definir o que seriam as instituições orientadas pela teoria psicanalítica e quais dispositivos as qualificam como tal, pois entendemos que não basta haver um psicanalista trabalhando na instituição para que haja esta qualificação. Ainda que nas instituições não exista um espaço para tratamento analítico nos moldes de um consultório, e nem nos pareça necessário, o importante para nós é pensarmos uma prática institucional que considere o sujeito do inconsciente e reconheça a causalidade psíquica do sintoma.

A atuação de psicanalistas nas instituições é tema para vários estudos e debates e durante muito tempo foi considerada como uma prática menos valorizada pelo próprio meio psicanalítico. Além disso, como nas instituições que atendiam crianças com deficiência intelectual e ou quadro de debilidade, prevaleceram uma clínica com fundamentos comportamental e behaviorista, os psicanalistas entraram tardiamente nessa clínica. A atuação dos psicanalistas ocorreu muito mais em instituições psiquiátricas, o que descobrirmos no percurso histórico. Apenas nas últimas décadas, encontramos produções de textos, publicações e mesmo formações de encontros para discução desta prática institucional. Consideramos essa uma atuação extremamente necessária e Freud já alertava para a necessidade da psicanálise e dos psicanalistas no futuro acompanharem as mudanças da sociedade e, neste sentido, afirmou: "*haverá para nós a tarefa de adaptar nossa técnica às novas condições*" (Freud, 1919a/2010, p. 292).

Esta premonição de Freud aconteceu com a prática da psicanálise aplicada sendo ampliada em resposta a uma demanda social e à necessidade dos psicanalistas ocuparem este espaço. Jean-Danile Malet e Judith Miller esclarecem bem este ponto sobre a proliferação e atuação dos analistas em outros estabelecimentos "fora" do consultório:

> Eles foram coagidos pela necessidade: o sucesso da psicanálise na multiplicação das práticas "psi" assinala sua dissolução em um culto da escuta que, longe de permitir ao sujeito advir usa da fala para melhor garantir que ele não seja ouvido. Os psicanalistas não podem recuar diante da exigência de se dividirem entre a diluição e a manutenção da agudeza da descoberta freudiana no uso que fazem dela (Malet & Miller, 2007. p. 2).

No texto de 1910, Freud alerta que ao assumir esta prática não se poderia "*fundir o puro ouro da análise com o cobre da sugestão direta*" e recomenda que se mantenham nessas novas condições os elementos que acompanham uma psicanálise rigorosa e não tendenciosa (Freud, 1919a/2010, p. 292). Neste sentido, os princípios da descoberta freudiana devem ser mantidos no âmbito institucional, princípios que Lacan (1964/1985) qualificou como o inconsciente; o objeto a; a transferência e a pulsão. Aqui, o ponto de partida é a escuta do sujeito para que esse possa advir. A transferência está presente como um artifício singular, o qual se assemelha ao amor e faz funcionar uma instituição mesmo quando esta quer ignorá-la (Malet & Miller, 2007). A transferência pressupõe um Sujeito-suposto-saber que se coloca como suposição, mas nunca como detentor de todo saber. Esse ponto já demarca uma diferença da instituição pautada na psicanálise para as demais que não adotam o mesmo princípio. Sob essa fundamentação, a instituição especializada que admite a prática psicanalítica tem a consciência desta suposição de saber e não assume a posição de uma instituição totalitária, detentora de todo Saber sobre o sujeito ou todo o Bem, adotando um viés assistencialista.

A resposta à demanda apresentada pelo sujeito que procura a instituição, ou pelos familiares e mesmo pelos aparelhos ideológicos de estado, será uma resposta invertida, uma "*torção da demanda que pode se impor a uma torção da resposta*" (Ibid.). Dito de outra forma, a instituição pautada na psicanálise não tem o propósito de normalizar e adaptar os sujeitos aos ideais da sociedade, apesar de este ser o clamor social.

Algo difícil de sustentar nos dias atuais, com a predominância do discurso da ciência, é a expansão do discurso capitalista, por isso mesmo extremamente necessário. Dito de outra forma, enquanto a instituição é procurada para que acomode aquilo que causa desconforto e causa enigma ao sujeito e ao social, a psicanálise busca o oposto, ao considerar que é exatamente naquilo que incomoda, no não sentido, no que causa equívoco, onde o sujeito habita e existe há possibilidade de trabalho. O saber oferecido pela psicanálise permite uma elucidação sobre o funcionamento do ser falante e sobre a modalidade de seus laços sociais, nos lembra Di Ciaccia (2007).

A psicanálise, assim, se diferencia radicalmente da psicoterapia e das terapias comportamentais: enquanto a psicoterapia busca a identificação do sujeito – e nestes casos a identificação a um grupo ao que é particular de um diagnóstico, como a deficiência intelectual, assim como o tratamento desta deficiência e seu déficit –, a psicanálise busca o tratamento do sujeito e não de suas falhas. Naveau afirma que a instituição que atende o sujeito pelo viés da identificação da psicoterapia, uma identificação que trabalha no modelo da sugestão e da tragédia, lança o sujeito no "*turbilhão dos gozos identificatórios*" (Naveau, 2007, p. 12), enquanto que para a psicanálise existe uma desidentificação na qual a destituição do sujeito é feita. O tratamento é, assim, uma condução do sujeito à sua divisão.

A psicanálise considera que o sintoma não só tem alguma função, como também traz satisfação para o sujeito, de modo que o tratamento não pode conter o objetivo de suprimir o sintoma, entendendo que essa seria uma escolha exclusiva do sujeito e no momento que lhe for adequado. No caso da deficiência intelectual e/ou debilidade, a conduta seria, por exemplo, analisar como o sujeito e sua família se posicionam diante do Outro; qual o lugar que o filho representa para a família; o que representa para eles um diagnóstico comoa "síndrome de down". Uma proposta bem diferente daquela que pretende simplesmente corrigir as sequelas da síndrome de down, ou um tratamento particularizado para todos aqueles que têm essa síndrome, com uma identificação monossintomática para este grupo de pessoas.

A proposta da psicanálise é antes de tudo analisar como o sujeito lida com o corpo marcado por uma síndrome ou com uma limitação adquirida por uma lesão cerebral, ou como constrói seus laços sociais e se inscreve nos três registros. Existe aqui a necessidade de escuta do sujeito, para permitir que ele fale e construa sua história. Mas na prática psicoterápica não existe espaço para essa escuta do sujeito. Apesar de permitir que as crianças falem em alguns casos, esta é uma fala regulada, a qual busca a particularidade e o sentido nos distúrbios apresentados, pautada no discurso da ciência. Sobre este aspecto, Laurent afirma que o lugar da ciência "*permite dedicar-se a isso legitimamente sob os auspícios da pesquisa nas neurociências, na farmacologia, na bioquímica, nos laboratórios de psicologia ou nas enquetes de epidemiologia, etc.*" (Laurent, 2007, p. 42).

Vamos considerar pontos teóricos da psicanálise, os quais permitam esta atuação e analisar experiências de algumas instituições na França, Bélgica e Brasil, guardadas as devidas diferenças entre o modelo europeu e o brasileiro e mesmo entre as políticas públicas destes países, como a prática de internato.

A primeira experiência sobre a questão das instituições e a debilidade foi de Mannoni nos anos 60. Ela implantou um Externato Médico-pedagógico[57] para crianças com debilidade mental entre 7 e 14 anos em um local no qual já funcionava de forma precária uma escola especial. A equipe clínica especializada somou-se a uma equipe de educadores já existente. Em 1967, ela descreve em seu livro *A criança sua "doença" e os outros* a proposta para uma instituição atravessada pela psicanálise, e sua experiência serve de exemplo para vários outros psicanalistas e instituições.

[57] Instituição na qual fiz estágio por dois meses em 1992.

Em um primeiro momento, os psicanalistas apenas atendiam nos consultórios. As crianças iam até o consultório para preservar a transferência e o rigor da psicanálise, justifica Mannoni (Mannoni, 1967/1987). No entanto, esta conduta trouxe consequências para a equipe que percebia os psicanalistas como separados e diferenciados do grupo, sem se envolverem com as questões próprias da instituição. Mannoni propôs um segundo postulado para o trabalho institucional a partir da constatação de que "*se o psicanalista não se ocupa da Instituição, a Instituição se ocupará dele*" (Ibid., 225). Ela cita que em um primeiro momento houve um mal-estar entre educadores e analistas, como se houvesse entre eles sempre um "perseguidor", e Mannoni afirma que neste momento "*o elemento terceiro na relação ao Outro bruscamente desapareceu, um tipo de situação dual se lhe substituiu, introduzindo um elemento patogênico que produz em todos os níveis seus efeitos demolidores*" (Mannoni, 1967/1987, p. 228).

O analista teve que entrar neste jogo institucional para juntos encontrarem saídas ao impasse e ela afirma que o "*analista não integrado aos adultos da casa não pode senão assistir à patologia de um grupo, é impotente para prevenir seus efeitos*" (Ibid.). Para ela, houve a necessidade de uma revisão da posição do analista em face de sua própria contratransferência institucional. Mannoni afirma que a entrada do analista na instituição é como introduzir uma terceira dimensão verbal, mais um fator preponderante para o tratamento da condição débil.

Outra posição importante que a psicanalista francesa percebeu no trabalho institucional é que a instituição só é viável se "*os doentes e o pessoal encontram aí um meio de progredir*" (Mannoni, 1967/1987 p. 243). Ela nota que para os membros da instituição, a pesquisa e a participação no trabalho científico comportam em si efeitos terapêuticos. "*Para que a Instituição não [se] feche em si mesma, importa garantir a cada um de seus membros possibilidades de projeção no futuro*" (Ibid.). Mannoni (1987) salienta que se percebe nesta integração uma transformação na pedagogia que abandona um fazer tradicional para adquirir um verdadeiro domínio de sua função.

Observamos nesse relato a transformação da instituição com a entrada do psicanalista e da própria psicanálise em seu interior. Houve um aprendizado mútuo entre instituição e psicanálise. Posso relatar processo semelhante ocorrido no CAIS. Começamos com os psicanalistas nos consultórios e à medida que estes se ocupavam das ações na instituição e das discussões de casos, as mudanças começaram a operar como descritas por Mannonni. Essas mudanças foram significativas e extrapolaram a área da psicanálise, pois atingiram os demais profissionais e especialidades da área clínica, bem como profissionais do setor educacional.

Esse fato revela que a administração da instituição deve fazer parte de tais mudanças e assumir este diálogo entre a equipe. Neste caso, permite-se a interrogação dos próprios ideais da sociedade, sendo a inclusão escolar entendida não como um imperativo da ordem do ideal, mas como uma possibilidade para o sujeito.

Alexandre Stevens (2005), psicanalista e fundador do Courtil, uma instituição para crianças e jovens com quadro de psicose e neuroses graves, chama a nossa atenção para o fato de que a instituição não tem como perder seu valor universal. Entretanto, o fato de ser mantido o campo do universal não impede que o psicanalista traga a ética do singular para a instituição, subvertendo, dessa forma, a instituição pela psicanálise. O lugar do analista seria aquele que está dentro e fora ao mesmo tempo, por fazer parte da instituição que lida com o universal e trazer o que existe de singular do sujeito.

A instituição com esta fundamentação pode apresentar alguns dispositivos para garantir o lugar do analista, como manter reuniões para a discussão de caso, o que permite que a palavra circule entre os profissionais, preservando a leitura de cada caso, do um a um. Assim, o discurso do analista, presente na situação de análise, pode estar na instituição por meio da construção do caso clínico,

> ... a escritura do discurso analítico é o que constitui a construção do caso clínico, portanto o discurso do analista não se apresenta somente no momento em que se inicia uma análise, mas é uma forma de trabalhar, que pode também ser reproduzida na instituição (Viganò, 1999, p. 45).

Neste pressuposto, cada caso é tratado como primeiro sem a existência de um saber prévio; o $S^2$ do saber está no lugar da verdade no discurso do analista e sem conexão com o $S^1$, que está no lugar de resto, de produção, discurso que permite uma produção de $S^1$ para o sujeito. Nesta operação, o sujeito se coloca a trabalho, não apenas o paciente, mas também os profissionais. Viganò denomina haver um desejo de arriscar, nesta construção de cada caso, uma nova construção e inclusão do sujeito. Nesta dimensão está uma inclusão possível dos profissionais em seu trabalho, permitindo a saída da burocracia concernente do discurso universitário.

A forma de gestão também obedece a essa proposta e a condição fundamental, a despeito de qualquer dispositivo, que marca muito mais o estilo da instituição e não uma fórmula ou padrão; é o fato de a instituição preservar o espaço para o sujeito se colocar a trabalho. Nestas condições, a instituição se interroga constantemente sobre sua atuação, sua posição como representante do Outro social e como os profissionais ocupam este lugar diante da estrutura do sujeito. Neste caso, os trabalhadores, psicanalistas ou não, são conduzidos a um trabalho de forma que seu próprio sintoma "*não se erga demasiadamente como tela para o sintoma do paciente*" e permita assim ouvir o "*sintoma do outro em sua radical diferença*" (Laurent, 2007, p. 42).

Os trabalhadores de uma instituição, fundamentados pela psicanálise, sabem que existe algo de irredutível no sintoma, pois esta é a forma que o sujeito tem de lidar com o encontro com o real. A proposta aqui é permitir que o sujeito encontre e invente um saber-fazer com ele. Neste sentido, o trabalho visa uma modificação do modo de gozar de forma a permitir a construção de novos laços sociais. É preciso então construir um espaço no qual se permita, ao mesmo tempo, ser um lugar para o social e para o singular.

Di Ciaccia (2005a, p. 22-23) tece algumas implicações necessárias à instituição fundamentada na psicanálise, as quais consideramos relevantes para nosso estudo, a saber:

- Toda instituição tem a responsabilidade de transmitir um desejo que não seja anônimo e uma particularidade que não seja passível de ser resolvida no universal do ideal. Assim, não é possível opor instituição e família.
- A prática analítica é também uma instituição, o que não possibilita opor psicanálise e instituição.
- Toda instituição funciona conforme as possibilidades oferecidas pela estrutura e sofre consequências de seu tempo, seja ela familiar ou natural, ou qualquer outra considerada artificial.
- Diante de uma política de inserção do sujeito em seu mundo, o problema não é decidir entre um sim e um não para a instituição, mas examinar como a instituição pode responder à estrutura do inconsciente.

O autor defende que uma instituição que atenda à estrutura do inconsciente é aquela que responde às solicitações da estrutura e favorece os giros dos quatro discursos de Lacan. A instituição que atua com a fundamentação da psicanálise não tem o propósito de realizar interpretações coletivas, ou de impor a lei de forma arbitrária e fragilizada. Não se trata tampouco de impor a análise a sujeitos que não apresentam demanda ou fazer da psicanálise um saber total. Se nem todos entrarão em análise, pode haver uma retificação de sua posição perante sua história familiar e sua relação com a deficiência e a debilidade. É o sujeito que busca a inclusão em sua própria história e em seus laços sociais. O fato de a instituição estar inserida em um contexto que permite a participação social de seus atendidos lhe confere maior liberdade para a atuação com estes sujeitos, sem se colocar como única possibilidade para eles, ou, precisar responder a uma segregação imposta pelas políticas sociais.

### 4.5.1 Instituição especializada e debilidade

Se as instituições surgiram para atender a demanda social de segregação na modernidade, na contemporaneidade podem se apresentar como uma possibilidade de o sujeito construir seus laços sociais, aderindo ao discurso da inclusão. Elas são extremamente necessárias para um grupo de pessoas e, como define Zenoni, um psicanalista belga que atua em instituições para crianças com quadro de autismo e psicose:

> elas são sobretudo destinadas a acolher, a dar abrigo e ajudar, prioritariamente, outras posições subjetivas além da neurose e a responder a uma clínica que é muito mais constituída pela passagem ao ato, o *acting out*, o fenômeno psicossomático, ou a epilepsia do que pelo sintoma neurótico (Zenoni, 2005, p. 161).

Incluímos neste quadro nosográfico a DI e/ou a debilidade, principalmente quando afeta o funcionamento do sujeito nas relações com o próprio corpo, com o saber e na construção de seus laços sociais. Para ele, a instituição especializada surge quando a clínica exige a resposta de uma prática social e institucional, "*aquilo que, do gozo faz retorno no corpo e no agir*" (Ibid., p. 162). A instituição especializada à qual nos referimos se caracteriza por oferecer atendimento clínico e pedagógico, sistematizado por uma equipe e por um período, e não necessariamente em sistema de internato, como as clínicas europeias. O trabalho pelo viés de uma instituição permite o estabelecimento de todos os tipos de laços suportáveis para o débil, sem a reprodução do lugar do Outro absoluto (Walleghem, 1993).

Ao se propor a tratar de sujeitos na posição débil torna-se ainda mais necessário que a instituição se interrogue sobre a forma com a qual representa o grande Outro. Considerando a debilidade como uma posição subjetiva, que tem uma relação com o Outro de forma a conservá-lo como detentor de todo saber, é crucial que a instituição desenvolva uma modalidade de trabalho, a qual possibilite um lugar para o Outro com sua falta, um espaço onde há a junção entre o Outro da fala (o que reconhece o sujeito) e o Outro da linguagem (o lugar onde os significantes se inscrevem no simbólico), um Outro simbólico e desprovido do gozo mortífero, este último presente nas práticas de re-educação (Di Ciaccia, 2005b). É necessário manter o Outro regulado e limitado nas instituições especializadas, com uma continuidade no tempo e no espaço do Outro social, mas que vai diferir radicalmente do espaço ocupado pela família e pela escola comum. A distância física e psíquica da escola e da família, e ao mesmo tempo o pertencer e não ser suprimido da convivência com outras instituições, permite a essas crianças estabelecerem suas elaborações e simbolizações.

O espaço institucional preserva um espaço intermediário, uma passagem para a criança e a família lidar com o real imposto pela deficiência ou alguma afecção orgânica. O atendimento nas instituições inicia-se, para muitas crianças, nos primeiros meses de vida, desde bebês ou na intervenção precoce.[58] Esse é um atendimento que acontece em um momento crucial da constituição do sujeito, exigindo uma postura ética da instituição e conhecimento da psicanálise. A psicanálise presente nestes atendimentos pode ser fundamental para evitar que se estabeleça uma relação entre mãe-filho marcada por uma alienação ou na qual a criança vá permanecer em um lugar de objeto para a mãe. Tratar desde cedo é uma condição para libertar essas crianças de um futuro incerto. Paradoxalmente, é em uma instituição que isso pode se estabelecer.

[58] A Intervenção Precoce se caracteriza por um conjunto de ações de caráter preventivo que envolve a criança, a família e organizações em seu entorno, podendo se estender até a idade escolar, ou seja, até os sete anos.

A instituição que chamamos de inclusiva procura a saída para o sujeito desde este primeiro momento de atendimento e não torna a debilidade uma questão crônica, lembrando que "*a cronicidade é uma adesão a um programa de vida imposto, decidido fora de qualquer expressão subjetiva*" (Viganò, 1999, p. 39). Segundo Viganò, o risco em uma situação como essa é dela passar de uma exclusão a uma segregação, a uma segregação do sujeito dentro dos próprios programas de assistência.

No trabalho para que o sujeito débil saia desta posição, é necessário que ele se torne sujeito de sua reabilitação, ou melhor, de sua habilitação. Como diz Viganò, o sujeito precisa se habilitar, ou se autorizar à entrada na lei paterna e na falta pertinente nesta lei. Com relação à reabilitação, Viganò afirma que o que deve ser encontrado não é o real de uma função somática, como o movimento de um braço paralisado, ou o foco na deficiência, "*mas as condições simbólicas para enfrentar o real do gozo do Outro materno, em seguida, do Outro social reabilitado*" (Ibid., 1999, p. 41). Está em jogo uma posição subjetiva com relação à limitação e, ao mesmo tempo, é uma questão de cidadania e política.

O sujeito débil, por flutuar entre os discursos, apresenta uma dificuldade em situar seus significantes e mesmo em construir um raciocínio lógico. Desta forma, as escolas comuns seriam também o lugar para esse exercício. "*Não nos esqueçamos (sic) que as escolas existem para ensinar as crianças a raciocinarem*" (Cordié, 1996, p. 141). O Atendimento Educacional Especializado (AEE) na instituição seria outro espaço do qual o sujeito pode fazer uso para elaborar e construir suas questões com o conhecimento atrelado ao saber inconsciente. Este espaço especializado pode realizar a ação de forma menos invasiva por permitir a singularidade de seus alunos/clientes. A escola comum, por conter a exigência própria do domínio e o avanço no conteúdo acadêmico, e por representar, ao mesmo tempo, o lugar social, muitas vezes não apresenta como a possibilidade de saída para a inibição no sujeito, necessitando assim de outro espaço para sua elaboração. Mas se o sujeito necessita de um atendimento especializado, isto não significa que precisa ser excluído da escola comum.

O lugar institucional de educação e tratamento para aqueles que tiveram dificuldade de lidar com a falha no Outro nos parece inegável, mas salientamos que, para nós, isto não significa transformar a instituição em um arremedo substitutivo da escola. Sob o mesmo fundamento, a escola comum tampouco seria o espaço adequado para acontecer o AEE para as crianças com este quadro, pois afeta todo seu funcionamento. O AEE se caracteriza exatamente por não atuar com essas premissas próprias da educação comum. Dessa forma, no AEE fora da escola, o sujeito pode de forma mais livre elaborar suas questões e favorecer criações e produções, como as utilizadas nesta publicação.

Kupfer (2010), psicanalista, professora da USP, e uma das fundadoras do Lugar de Vida[59], uma instituição que atende crianças com transtornos globais do desenvolvimento como autismo e psicose, também defende uma atuação educacional em conjunto com a clínica. Kupfer denominou de Educação Terapêutica uma prática educativa que tem como base o fundamento da psicanálise e se encontra voltada para o tratamento educativo do sujeito psicótico. Para Kupfer, as práticas analíticas e educacionais caminham juntas no tratamento de crianças psicóticas, diferentemente do que ocorre para crianças neuróticas. Educar significa "*promover a constituição do sujeito e permitir que ele advenha no campo da palavra e da linguagem, a partir da qual o sujeito poderá ser relançado às empresas impossíveis de seu desejo*" (Kupfer, 2010, p. 270). Baseada nessa premissa, Kupfer afirma que "*educar será tratar, e tratar será educar*" (Ibid.).

Segundo Kupfer (2010), se o sujeito habita mal a linguagem, ou de modo idiossincrático, deve-se fazer o tratamento por três eixos: a inclusão escolar, o tratamento institucional e o educacional propriamente dito. O surgimento do sujeito pode acontecer com o funcionamento da máquina da linguagem operado pelo Outro institucional. Os dispositivos da Educação Terapêutica do Lugar de Vida incluem ateliês de cozinha, passeios em museus, portas abertas, uma sala vazia; mas dentre tais dispositivos, Kupfer destaca o trabalho com a escrita. Para a psicanalista, "*a aquisição da escrita terá um poder subjetivante privilegiado*" (Ibid., p. 272), sustentando que se o inconsciente é estruturado como linguagem, "*a aquisição da escrita supõe então o caminho de uma criança na passagem da escritura à escrita alfabética*" (Ibid.). Kupfer afirma que o sujeito se constituirá como efeito da construção da escrita, assim, o trabalho da instituição Lugar de Vida desenvolve também a alfabetização destas crianças.

[59] Associação Lugar de Vida é uma instituição sem fins lucrativos criada em 1990 pelo Departamento de Psicologia da Aprendizagem, do Desenvolvimento e da Personalidade do Instituto de Psicologia da Universidade de São Paulo (PSA-IPUSP) (www.lugardevida.com.br).

Kupfer coloca que a atuação institucional se caracteriza por uma análise invertida na busca pela instalação do simbólico, diferenciando da análise clássica, a qual parte do simbólico em direção ao real, o que implica em certa desconstrução deste simbólico. Defendemos que este processo é necessário não só para a psicose e para o autismo, mas também para a debilidade e para este neo-sujeito que padece de uma não simbolização, como salienta Dufour (2008).

Assim como entendemos que a entrada deste sujeito na escola produz efeitos clínicos, auxiliando na mudança de posição do sujeito com relação à debilidade, Kupfer (2010) afirma que esta entrada seguirá os efeitos do tratamento. A inclusão escolar de crianças com o quadro de debilidade permite que elas lidem com este Outro social, sem se esquivar deste encontro, ou se refugiar em uma relação dual restrita apenas a uma instituição especializada. Assim, também consideramos que a entrada na escola comum faz parte do tratamento do débil.

No entanto, para nós, não se trata de alfabetizar as crianças no espaço de atendimento educacional da instituição, pois defendemos que esta é uma função da escola comum, concernente ao seu conteúdo acadêmico. A instituição, ao assumir este papel, não só estaria substituindo algo que faz parte da escola, como poderia exatamente impedir a emergência do sujeito. Na proposta de Kupfer, ao assumir a função de alfabetizar, a instituição pode ostentar a demanda de um Outro com seu ideal de alfabetização.

Com efeito, a produção escrita do sujeito é importante e preciosa para este atendimento, mas é a escrita do sujeito como ele a suporta, como faz uso dela e como ele se apresenta através dela que importa e não exatamente o produto em si. Para nós, a escrita do sujeito não é compreendida como uma alfabetização. As produções aqui apresentadas surgiram deste tipo de atendimento e demonstram algumas possibilidades de escrita e de uso do simbólico, como os desenhos, as histórias, as poesias, mesmo que apenas verbalizadas, com o outro funcionando como escriba. O que nos permite constatar que a proposta de uma ação pedagógica, a partir do sujeito, tem de fato efeito terapêutico está nas próprias produções que, em sua maioria, trazem testemunhos e histórias singulares; algo que é próprio do sujeito do inconsciente, do saber, surge e se mistura ao conhecimento.

Walleghem, em sua clínica, traz um ponto precioso que demonstra como é importante apostar e provocar esta capacidade do sujeito na posição débil de lidar com as produções simbólicas. "*Primeiramente, é evidente que o sujeito débil não é o débil que ele demonstra ser*" (Walleghem, 1993, p. 123, tradução nossa). Parece, mas não é, já nos disseram as crianças no primeiro poema que aqui apresentamos, ou como disse Lacan, existe certa astúcia no débil. O autor diz que existem momentos em que eles se deixam flutuar pelo discurso e afirma que sabem mais do que deixam transparecer. Neste ponto, ressaltamos a importância de um trabalho que vai além do suposto avanço gradativo, de algo mais simples para o mais complexo. São nas produções complexas que, às vezes, o sujeito aparece e se coloca a trabalho.

Na debilidade, o sujeito acredita em tudo que lhe é dito e esta é mais uma dificuldade encontrada ao desenvolver o trabalho com essas crianças. O que é enunciado pelo outro é assumido ao pé da letra e, muitas vezes, sem senso de ironia, lembra Walleghem. Não se trata, portanto, de ocupar o lugar do saber e do Outro detentor do saber, porém de permitir que o sujeito débil produza saber e se aproprie dele para além das repetições.

Considerando que o sujeito débil constrói suas relações de forma alienante, buscando relações duais com o educador ou com o terapeuta, sem a interferência de um terceiro ou da suposição de uma falha, o trabalho em equipe busca impedir esse arranjo debilitante das relações. Na instituição, a figura do terceiro pode ser simbolizada pela presença de uma equipe, ou mesmo pelo grupo de outros alunos. A produção em grupos, com outras crianças da mesma idade, é também uma estratégia para que o educador se misture nestes outros e não se torne apenas um Outro de referência para o sujeito.

A proposta de trabalhos em grupos, com os pequenos outros atuando em conjunto, é caracterizado por um grupo heterogêneo, em que cada sujeito se destaca em sua solidão subjetiva e não em um grupo homogeneamente patológico (agrupado conforme as patologias e classificações) ou de um mesmo padrão de desenvolvimento. Da mesma forma, para os educadores é importante ter outro educador atuando em conjunto com os alunos que apresentam essas características, desenvolvendo uma forma de regência compartilhada. Este artifício permite que os educadores não caiam na sedução das relações dualizadas e fechadas com seu aluno/cliente, ou que consiga se situar na posição do mestre ignorante e emancipador indicada por Rancière (2005). Além disso, há uma equipe constituída por crianças e adultos que atuam em diversas especialidades e não apenas composta por educadores.

Na instituição com esta configuração, os vários especialistas atuam de forma que se pode chamar de "desespecialização" (Stevens, 2007) na construção de casos que atravessam os pontos de vista dos especialistas.

Esta construção não pressupõe uma multidisciplinaridade como se fosse a soma das ciências e que com ela se atingisse o todo, o todo aqui como conhecimento sobre o caso por completo. A proposta é exatamente o contrário: a intenção é permitir que o sujeito surja no não todo. Esta é mais uma estratégia utilizada para manter os princípios da psicanálise na prática institucional que também favorece a saída da posição débil.

Como ressaltamos no 2º capítulo, para se proteger dos equívocos do simbólico ou do chiste, o sujeito na posição débil se refugia em uma língua completamente formalizada. E para assegurar-se desta posição, ele se recusa a apresentar qualquer queixa, porque qualquer queixa seria o mesmo que confessar sua impotência. Ele poderia demonstrar em seu corpo a falta da qual se defende a todo instante e, com relação a isso, ele não "abaixa a guarda", alerta-nos Bruno (1986). Disso, advém a dificuldade desses sujeitos de entrarem em análise, afirma o autor. Este ponto também fortalece a necessidade de uma intervenção institucional. O trabalho institucional de uma equipe com o propósito de provocar o sujeito e permitir que ele trabalhe sua queixa pode favorecer o surgimento de uma demanda desse sujeito débil, pode mobilizar o sujeito a ser interrogado sobre sua posição passiva diante do saber, ou do Outro. Esta ação de uma equipe, e em várias instâncias, possibilitará uma "*retificação das relações do sujeito com o real*" (Stevens, 2005, p. 32). A retificação acontece no caso de uma estrutura neurótica, e assim, o processo no âmbito institucional seria semelhante ao de uma entrada de análise.

Di Ciaccia (2005b) propõe duas condições para o atendimento de crianças autistas: continuidade e descontinuidade. Propomos algo semelhante para a debilidade: continuidade no atendimento institucional, em que todos encarnam o lugar do Outro regulado, limitado, ou não todo; e descontinuidade, na qual propomos ter sempre mais do que um profissional atendendo. O terceiro é também representado nesta proposta sempre pela entrada de mais um na relação da instituição. Dessa forma, o espaço da instituição e da escola, de forma concomitante ou complementar (neste caso, como oposto do substitutivo e não como algo que leva a uma completude), permite essa descontinuidade e o deslocamento do sujeito, o que é saudável para todos, tanto para as crianças atendidas, quanto para os profissionais da escola comum e da instituição especializada, semelhante ao que percebeu Mannoni, em 1967.

Nesta proposta de trabalho, todos os profissionais devem estar transferidos e em consonância com essa lógica, não apenas os psicanalistas. Di Ciaccia denomina de "prática de vários" essa ação em que todos se colocam com sua própria posição subjetiva, com objetivo de promover um encontro e que muda conforme as exigências impostas pela criança em atendimento e sua estrutura.

Esta conduta é fundamental para a instituição que atua no atendimento de crianças com o quadro de debilidade, pois essa posição débil da criança provoca mudanças e nuances naquele que a atende. Walleghem afirma que "*quando escutamos um sujeito débil, vivenciamos um sentimento de mal-estar. Este mal-estar é baseado em uma experiência que não é somente do débil, mas nós também flutuamos. Isto faz com que encontremos uma problemática do gozo em certo nevoeiro*" (Wallegheim, 1992, p. 120, tradução nossa).

O tratamento do débil toca, portanto, na questão da debilidade do próprio sujeito, do educador ou do terapeuta, e o fato de não querer saber sobre a própria debilidade levou à exclusão destas pessoas da escola comum. Mannoni, em 1967, já percebeu como a articulação entre psicanálise e educação possibilitou a redução dos "*riscos de crises depressivas e crises de despersonalização no meio dos educadores, muitas vezes expostos no seu ser (sem a proteção que confere uma análise pessoal) à agressividade, a apatia de certo tipo de crianças*" (Mannoni, 1967/1987, p. 243).

A necessidade de articular psicanálise e educação também está presente no processo de inclusão. É preciso uma estrutura institucional para que essa articulação aconteça. O fato de vislumbrar na inclusão um futuro e uma saída, o ir e vir, dentro e fora, permite também ao grupo ter uma melhor compreensão destas formas de interseção. A psicanálise pode auxiliar o educador e demais especialistas a se libertarem do ideal adaptador do sujeito e permitir que outros educadores (escola comum) e mesmos pais "escutem" o sujeito para além do ideal normativo. Nestas condições, o sujeito se apresenta e assume papel importante na condição de seu tratamento, não mais de forma passiva ou como vítima da deficiência.

As narrativas dos alunos descritas nesta tese demonstram a possibilidade de surgir algo próprio do sujeito, que contém sua verdade e que pode se apresentar nos trabalhos desenvolvidos no espaço institucional.

As produções seguintes foram realizadas por um garoto de 12 anos (produzido no AEE) que presenciou o atropelamento de um primo em uma grande avenida do município de Contagem, Minas Gerais. Esse garoto foi encaminhado para a instituição por não conseguir acompanhar a escola ou ser alfabetizado, em uma posição de profunda inibição e dificuldade para se expressar oralmente. A primeira produção na qual ele se apresentou, e que destacamos aqui, foi um verso arrebatador:

*"Flor do jardim quando molha tem cheiro de saudade"*.

O sujeito e sua história estão claramente presentes nele.

Esse garoto fugia da escola para trabalhar em uma fazenda próxima a sua casa, principalmente às terças feiras. Outra produção revela sua escolha pela fuga.

**Um dia só**
Terça feira
Dia de ir na fazenda
Sentir aquele vento no coração.
Vento
Que é diferente do vento daqui.
Dia
De brincar de bola no terreiro
Perto das árvores
Dia
De andar a cavalo
Com o mesmo vento no coração
Quando vou para lá
Me sinto como um passarinho
Solto
Voando nas nuvens

Em outra produção, o mesmo autor nos revela toda sua solidão com o enfrentamento da morte e para a qual mesmo esta fuga não apresenta solução.

**Gato**

Gato triste
É o gato da fazenda.
Sem carinho
Sem angu
Sem terra
Para enterrar a bosta.
Eta vida solitária!

# CONCLUSÃO

## Uma história de terror[60]

*Em uma montanha perto da cidade havia um castelo assombrado. Nele morava um homem que tinha o rosto marcado por cicatrizes, três olhos, um rabo de macaco. Ele não tinha nome, mas todos na cidade o chamavam "Biruto da Meia-noite" por causa do barulho que ele fazia à meia-noite. Todos os dias ele uivava de noite para assustar as pessoas e afastá-las do seu castelo.*

*Ali perto tinha uma fazendinha muito pobre. Morava nela, uma mãe que era muito velha com dois filhos adotados: Titico e Lilita. Titico era um adolescente muito levado, caçador de brigas e amigo do monstro Biruto da Meia-noite. De manhã ele levanta pula a janela e vai para o castelo brincar e conversar com o monstro. Sua irmã fica em casa brincando com os animais. Ela é muito medrosa e morre de medo de sair de casa.*

60 História coletiva construída por um grupo de alunos em atividade do AEE, no CAIS. Esta história foi reproduzida em desenho animado.

*Um dia o monstro foi na fazenda conhecer a menina e a mãe. Ele foi de noite. A mãe estava fazendo crochê, o Titico acordado sentado na escada da sala lendo um livro de Karatê. Lilita estava dormindo no quarto. De repente ouviram um barulho arranhando a porta. A mãe correu para o quarto de Lilita. Titico muito curioso foi abrir a porta e deixou o monstro entrar e depois os convidou para irem para o castelo. Quando a mãe abriu a porta do quarto e procurou o filho e não encontrou, chorou, ela e a menina também.*

*Ela e a menina procuraram Titico a noite inteira no mato e foram picadas por uma cobra. Estava passando por ali, o Juca, caçador de cobras, que vendia o veneno pro monstro. Ele viu as duas caídas e ajudou pegando-as e colocando-as na sua carroça. Ele as levou para casa.*

*Quando eles chegaram, encontraram o Biruto da Meia-noite e o Titico lendo revista de Karatê. A mãe e a filha foram colocadas no sofá rasgado para repousar, muito nervosas, com medo e tremendo. Lilita gritou de medo quando o monstro levantou e saiu correndo com ódio, porque elas ficaram com medo dele.*

*Titico correu atrás, mas ele não deu nenhuma ideia e começou a rasgar a roupa, mandou Titico embora para casa mas ele não obedeceu e continuou atrás dele. Então o monstro o feriu com as unhas. O Juca, que estava indo para o castelo pegar um remédio para a mãe e a Lilita, jogou um remédio líquido nos olhos dele, e o monstro ficou cego até o amanhecer.*

*Juca e Titico voltaram para a fazenda levando o remédio para a mãe e a Lilita. Quando amanheceu, o monstro foi à fazenda, pois o líquido que o deixou cego tinha acabado o efeito. Bateu na porta e Lilita atendeu ainda mancando por causa da picada de cobra, ficou assustada e começou a gritar pela mãe, pelo Titico e o Juca que estavam dormindo. Apareceu a mãe e o monstro pediu desculpas e os convidou para irem ao castelo. Eles se tornaram amigos.*

*Juca deu a ideia de fazer uma festa para as pessoas conhecerem o Biruto da Meia-noite. A festa foi de fantasia e teve a presença de todos da cidade e da fazenda, e o monstro ficou muito feliz. AUUUUUUUU...*

Selecionamos esta história para concluir nossa tese por considerarmos que ela contém elementos valiosos para as questões levantadas tanto sobre a deficiência intelectual (DI), quanto sobre a inclusão das pessoas com essa deficiência. A mistura entre o psíquico e o orgânico, entre o animal e o humano que retrata uma condição intrínseca da humanidade é ilustrada nesta história e atravessa de forma contundente a questão dessa deficiência. Para nós, a inclusão começa pelo reconhecimento e convívio com essas características próprias ao que é considerado como humano.

Retornando aos três eixos que balizaram essa publicação, podemos afirmar que, no primeiro eixo, referente ao sujeito e à DI, fomos levados a esclarecer esse diagnóstico diante de distintas e contraditórias definições, o que, por sua vez, nos induziu a fazer um percurso histórico sobre como esse conceito foi entendido ao longo do tempo. Nesta arqueologia, constatamos que a definição dessa deficiência foi desde sempre conflituosa e, diante das dificuldades em defini-la, a tendência predominante foi de atribuir-lhe uma etiologia orgânica. Definição que não nos convence, visto que a consideramos inconsistente, pois existem importantes diferenças subjetivas entre os indivíduos com uma mesma patologia, ou mesmo, indivíduos com o diagnóstico de deficiência intelectual sem uma demarcação etiológica esclarecida. A segregação dessas pessoas foi ampliada ao associarem essa deficiência à materialidade de uma condição orgânica, o que criou uma verdadeira crença de incurabilidade e, consequentemente, fortaleceu a construção de um prognóstico sombrio, além de criar uma total desconsideração pela condição psíquica desses indivíduos. Como se isso não bastasse, estabeleceu-se frequentemente uma falsa correlação da DI com a psicose ou com a delinquência. Não é por acaso que nesta história o monstro tem o codinome de "Biruto".

Nesta confusão histórica da nosografia entre deficiência intelectual e loucura, a distinção foi estabelecida no fato de que para os loucos considerava-se uma possibilidade de cura, e para a deficiência mantinha-se a representação da incurabilidade. Enquanto o louco chegou a se constituir "*como um objeto de fascinação na medida em que se atribui a ele um saber apocalíptico acerca da morte e do fim do mundo, sobre as potências ocultas do universo, sobre o destino do homem*" (Vegas, 2010, p. 34), a figura do indivíduo com deficiência incorporou o que existe de monstruoso e feio no homem. Esta suposição contém a convicção de que o espírito humano destas pessoas não poderia ser resgatado, visto que supostamente elas nunca o haviam possuído. A deficiência intelectual foi estigmatizada e associada durante séculos ao que existe de pior na condição humana, sendo representada, como diz Zafiropoulos (1981, p. 48), como o "*degrau zero da humanidade*".

Para tentar dar consistência a um diagnóstico diferencial, a partir do século XX essa deficiência foi associada ao déficit intelectual e, para tal, criaram-se inúmeros testes psicológicos e cognitivos. No entanto, diante da incoerência dos testes, originaram-se os conceitos de falsa e verdadeira debilidade e, novamente, para considerar a debilidade como verdadeira, ela foi atrelada à causalidade orgânica. Como consequência da predominância da causalidade orgânica, da incurabilidade, somada à noção de uma função deficitária no desenvolvimento infantil e intelectual, essa deficiência foi configurada como assunto de domínio das ciências comportamentais e organicistas.

Em face de uma insatisfação com esse entendimento, esquadrinhamos na psicanálise outra maneira de abordar a DI. A psicanálise, ainda que tenha demorado em debruçar-se sobre o tema por considerá-lo inicialmente fora de seu campo, abordou o assunto de forma que levou em conta a posição subjetiva no ser humano. Com a consideração do sujeito do inconsciente, a teoria psicanalítica desenvolveu a conceituação de inibição e debilidade no lugar da suposição de um déficit. Na teoria freudiana existe o vínculo da inibição com a função e com o ato, mas este atrelado à história psíquica do sujeito. Lacan afirma que aquilo que aparentemente tem a função de déficit, jamais seria um déficit, o "parece, mas não é", e isso os alunos do CAIS nos revelam. Para essa teoria, a debilidade é considerada uma condição humana, um avatar, um tropeço do sujeito frente à castração e à falta estrutural do Outro. As "doenças do pensamento" afetam toda a maneira de pensar uns nos outros, afirma Freud, e assim compromete as relações e as funções que se envolvem nestas relações com os outros e com o próprio corpo, e até mesmo na relação com a aquisição do conhecimento. Assim, a debilidade representa uma posição subjetiva diante do mal-estar fundamental do sujeito em relação ao saber, com o saber inconsciente, e, assim, para nós, não está definitivamente atrelada a uma causalidade orgânica ou a uma única estrutura psíquica.

Esta condição humana desenvolve algumas características frente ao grande Outro definido por Lacan, com uma particularidade no enodamento dos três registros. O sujeito na posição débil não suporta se separar da primeira imagem especular, apegando-se então ao sentido da identificação imaginária, mantendo uma completude do Outro por não suportar a falta. Nesta condição, mantém-se uma consistência imaginária e o sujeito não se permite ex-sistir. Pode-se afirmar que o débil não ex-siste, ele insiste. Com a prevalência da instância imaginária na debilidade, ocorre uma espécie de imaginarização do simbólico. Esta sobreposição do imaginário leva também à predominância do duplo de relações mais alienadas e a função escópica é mantida de forma mais vigorosa. Notamos como o olhar em quase todas as obras escolhidas está destacado para ilustrar esta tese.

A fraqueza da instância simbólica na debilidade leva a uma relação singular com o saber, como se este sujeito se autointerditasse de saber. Ele se apega à verdade de forma apaixonada e esquiva-se a toda forma de questionamento. A desistência de saber sobre a falta leva à renúncia de todo saber autônomo e mesmo do próprio desejo. Nesta posição, o sujeito não se coloca como agente do discurso, ficando meio "por fora", apenas repetindo o que o Outro diz, uma posição subjetiva que traz consequências para a aquisição do conhecimento e para o desempenho escolar, independente do grau de inteligência.

E ainda, se o débil coloca-se como o que não pensa, ele faz a passagem ao ato, ou mesmo à atuação como uma saída para a posição de se recusar a pensar. O sujeito atua no real, como uma passagem direta do imaginário ao real, sem o enodamento com o simbólico. Mais uma vez a narrativa dos alunos do AEE do CAIS é precisa sobre este aspecto, e destacamos o momento em que o Biruto "não deu nenhuma ideia", rasgou a própria roupa e arranhou o amigo.

Consideramos que mesmo que determinadas características subjetivas da debilidade se aproximem da psicose, isto não faz com que a debilidade se configure como uma estrutura psicótica, pois ela tanto pode estar presente nessa estrutura, neste caso como uma forma de defesa ao delírio, quanto na estrutura neurótica, como uma defesa da angústia de castração. A inibição, quando se torna global, assume as características de uma posição subjetiva debilizante. No que diz respeito à patologia orgânica, esta pode trazer consequências para o sujeito, mas decorre muito mais da maneira como o sujeito se constitui psiquicamente, de como ele e seu par parental lidam com essa patologia, do que propriamente das sequelas orgânicas. Para nós, é impensável alguma condição humana sem um fenômeno subjetivo.

Ao nos debruçarmos sobre as instituições, tema de nosso segundo eixo, nos deparamos novamente com os efeitos do estigma e de embaraços históricos na criação das instituições especializadas. O percurso histórico apresentado para explicar o diagnóstico criado para essa deficiência também esclareceu a implantação das instituições especializadas e suas formas de tratamento. A segregação e o isolamento de pessoas que eram consideradas "monstros" em castelos correspondem à realidade histórica destas pessoas e constitue uma verdadeira história de terror. Essa característica marcante na modernidade clássica e que representou o início da assistência dispensada a essas pessoas continua presente em uma espécie de imaginário coletivo, como representado pelos alunos do CAIS.

Os "castelos" (como o hospital-asilo de Salpêtrière, do séc. XVII, em Paris) construídos para tratamentos e isolamento dos "anormais" serviram mais para responder ao desejo de segregação e controle dos monstros do que propriamente para realizar um tratamento adequado. A representação social dessa deficiência, como o avesso dos ideais da modernidade, somada à vinculação à etiologia neuropatológica ou hereditária e à crença da incurabilidade contribuiu para que fossem construídas ações inócuas nestas instituições, as quais acabavam funcionando como asilos. A representação da deficiência intelectual como algo monstruoso justificou uma série de atrocidades em nome da ciência, tais como as teorias científicas da degenerescência e a legitimação de práticas eugênicas de extermínio com o suposto objetivo de "aprimorar" a raça humana.

A teoria da degenerescência, a ideia da infantilização e a crença de que essa deficiência levava a uma condição próxima à condição animal corroboraram para o desenvolvimento e para a manutenção de ações próprias do adestramento de animais, com ações behavioristas e de modelamento de comportamento. Durante décadas, persistiu a transposição de práticas da educação infantil para a educação especial, com a valorização de ações concretas e repetitivas.

Nessas ações foi posto em prática um tratamento cujo objetivo era realizar uma série de ações que iriam das mais simples às mais complexas, baseadas no *Essay*, de Locke. Desde o século XIX, como observado por Montessori, a educação especial mantém ações fundamentadas em modelos defasados e tradicionais e em pleno século XXI, com os estudos de Cohen (2005), pode-se comprovar que as representações pouco mudaram. Essa concepção de ensino e tratamento levou à manutenção da segregação e impossibilitou a saída desses sujeitos de uma posição débil; tendo, por fim, um efeito contrário, pois apenas cristalizaram essa condição.

Nesse modelo tradicional ao qual nos opomos foi mantida uma clínica sem sujeito, com pessoas treinadas, controladas, corrigidas e consideradas como um objeto de cuidados, de treinamento e de estudos. A relação entre especialista, professor e aluno foi construída em um sistema binário, sem que houvesse a possibilidade de um lugar para o terceiro, para o sujeito, ou de uma construção simbólica. Nesta forma de assistência, a imaginarização cristalizadora da debilidade foi preservada e o mesmo se deu nas escolas comuns.

Com esse tratamento, o aluno na posição débil permaneceu meio "por fora", ou se manteve flutuando entre dois discursos. Os equívocos do simbólico também foram evitados na forma de assistência. Restou ao débil agarrar-se na consistência de uma verdade absoluta incorporada no outro (professor) ou na terapeuta corporal. Como resultado, este sujeito se manteve débil, sendo um simples copista e um indivíduo bem treinado, sem desejo. As ações protecionistas existentes para não angustiar o débil seguem a mesma dinâmica psíquica adotada pelo débil com o intuito de se defender da angústia diante da castração, realizando assim uma espécie de maternagem. Nesta condição, a própria instituição assumiu um lugar totalizador, sem falhas, para esses sujeitos e suas famílias.

A verdade é que lidar com a debilidade abala aquele que se dispõe a essa tarefa, algo que não passa de forma incólume para o sujeito, pois também o profissional flutua e revive um sentimento de mal-estar diante da debilidade (Walleghem, 1992). Esta dinâmica pode justificar a rejeição, como uma espécie de contratransferência no tratamento destas pessoas, além da necessidade do sujeito de precisar se mobilizar para atendê-los. Com efeito, percebemos que desde os primeiros tratamentos, no desafio de atender a essas pessoas, assim como em outras categorias estigmatizadas, o médico precisou transformar sua prática, tornando-se um pouco pedagogo. O psicólogo igualmente se tornou meio pedagogo e o pedagogo, por sua vez, tornou-se especializado, sendo também um pouco terapeuta. Já o psicanalista teve que admitir a psicanálise aplicada.

As contribuições da psicanálise, ao considerar a posição subjetiva, foram contundentes para mudar a forma de tratamento, apesar de ela ser pouco seguida na maioria das instituições. A psicanálise pôde contribuir com esta conturbada questão ao denunciar a falta da consideração do sujeito nesta clínica, e por meio da subversão da lógica institucional, defendendo a questão do sujeito no discurso social.

A ética da psicanálise sendo mantida na instituição permite a escuta do sujeito, o que pode propiciar que o educador e demais especialistas que ali trabalham se libertem do ideal adaptador, e lidem melhor com suas próprias questões subjetivas frente à debilidade. A instituição, na sua função de educar, ensinar e de mestria atravessada por essa ética considera o sujeito do inconsciente em todas essas funções. Com relação ao ato de educar, como regulação do gozo, as instituições têm papel predominante para os sujeitos na posição débil, pois sua singularidade em lidar com a falta simbólica leva a uma dificuldade na entrada na cultura. Neste caso, o tratamento é diametralmente oposto àquele realizado com uma função adaptativa, pois é o próprio sujeito que deve retificar sua posição, autorizando-se como responsável por suas ações.

Na função de ensinar, o educador precisa provocar e permitir que o sujeito débil produza saber, que lide com os equívocos do simbólico e interrompa a repetição e o apego ao sentido. Uma ação a ser inventada com uma atitude que permita ao professor realizar um encontro com o furo no saber, e leve-o a perceber que a falta é pertinente à aprendizagem. Essa posição diverge daquela que supõe que ensinar se resume a percorrer um trajeto do simples ao complexo para atingir um aprendizado homogêneo e ideal. A complexidade do sujeito está também presente no processo de aprendizado, emaranhando saber e conhecimento. Esse entrecruzamento obriga as instituições articularem as práticas da educação, da saúde e da psicanálise, desenvolvendo uma espécie de atendimento educacional e clínico especializado.

Quanto à função da mestria, também percebemos a necessidade da inversão da lógica predominante, com o professor se colocando em uma posição de um mestre ignorante e emancipador, como a defendida por Rancière (2005). Essa posição possibilita aos professores não encarnarem a figura de um Outro completo para o aluno débil e nem desenvolverem uma relação dual com características de uma forma de maternagem.

A partir da análise teórica e de experiências e relatos de atendimentos em instituições atravessadas pela psicanálise, apontamos alguns dispositivos que pudessem ajudar o Outro a se tornar menos invasivo e totalitário no âmbito institucional, ou para evitar que a instituição e seus profissionais assumissem o lugar de um Outro absoluto, como: não ocupar o lugar do saber prévio, construir conhecimento em conjunto com alunos, atuar com grupos heterogêneos, realizar a regência compartilhada, incentivar a criação, evitar as tarefas repetitivas e alienadas e provocar a escolha do sujeito em todas as ações institucionais. As reuniões de equipe para o estudo de caso, surgindo como mais um dispositivo, permitem que os profissionais lidem com a própria angústia diante desta clínica. A discussão de caso é outra possibilidade a fim de evitar que a criança se fixe em lugar de objeto de cuidado, e que funciona ao mesmo tempo como uma separação de cada profissional com um saber preestabelecido sobre a criança, permitindo a construção de um novo saber pela equipe.

Ponderamos que a saída da condição débil depende da manobra tomada pelas instituições e da atuação dos adultos. É preciso sair de uma relação dual e puramente imaginária para propiciar a queda do objeto, de forma que tanto as crianças quanto seus familiares consigam se questionar sobre suas posições. Esta passagem permite que se instale um processo de identificação, como sugerem Balbo e Bergès (2003), ou uma forma de simbolização, que muitas vezes se traduz em um período depressivo na própria criança e torna-se um momento difícil de suportar tanto para o sujeito, para a família, quanto para o trabalho institucional. Ultrapassar esse momento crucial para o sujeito depende de uma posição ética dos trabalhadores envolvidos no atendimento especializado, que perpassa a ética da psicanálise.

No último eixo, nós nos debruçamos sobre o contexto socioeconômico da contemporaneidade e sobre o movimento da inclusão escolar para as pessoas com o diagnóstico de DI. Ocasião, esta, em que nos foi permitido perceber o que poderíamos chamar de um momento de verdadeira "virada antropológica" que, obviamente, acarretou novas questões.

Na modernidade, o discurso da ciência levou a um aumento da segregação, da classificação, movimento esse que vem se aprofundando em pós-modernidade, com outras características ainda mais devassadoras.

A pós-modernidade caracteriza-se por uma fragilidade do simbólico, com prevalência do imaginário e do real. Essa nova configuração dos três registros enfraquece a figura do terceiro, acarretando uma profunda mudança na economia psíquica. Lacan, em 1938, já antecipou que o declínio da função paterna provocaria efeitos psicológicos com catástrofes políticas e incidências psicológicas generalizadas (Lacan, 1938). Com o enfraquecimento da figura que representa o terceiro, fortalecem-se as relações duais no âmbito puramente imaginário, o que leva à produção de um Outro artificial. O movimento da inclusão ou mesmo as instituições especializadas podem representar esse Outro artificial principalmente nos casos em que o sujeito é desconsiderado nas relações estabelecidas.

A maneira pela qual a pós-modernidade incide sobre as instituições (especiais e escolas comuns) encarregadas de receber sujeitos com a DI tem trazido reflexos tanto para as possibilidades de o sujeito construir saídas para a posição débil, quanto para a forma de assistência e entendimento da inclusão. Podemos afirmar que na contemporaneidade a lei do mercado parece estar substituindo a lei paterna, interferindo diretamente na gestão das instituições especializadas e das escolas comuns, visto que cada vez mais o que parece importar é o desempenho apresentado. Esta conduta conserva o sujeito na posição débil, preso à aquisição de habilidades, ou ao desenvolvimento de competências aceitáveis e mensuráveis. Nesta lógica, a inclusão é pretendida desde que o aluno com deficiência não atrapalhe os números a serem alcançados, isto é, desde que ele seja produtivo e adaptado às leis do mercado, homogeneizado como um objeto mensurável. Esta ação não permite uma inclusão do sujeito, nem tampouco pode ser considerada como uma ação inclusiva. Trata-se do entendimento de uma forma de inclusão normativa que busca a homogeneização dos indivíduos, desconhecendo as diferenças e as singularidades.

O fato é que o movimento da inclusão das pessoas com deficiência surge exatamente neste momento em que o Outro perde sua força e entra em uma espécie de ocaso. Não por acaso, ele enfrenta resistência por parte dos atores envolvidos de forma inconsistente e com várias interpretações. Presenciamos ao mesmo tempo a defesa e a resistência à entrada dos alunos com deficiência nas escolas comuns. Uma das razões para a resistência a essa inclusão tem um cunho subjetivo, pois a estranheza inquietante diante daqueles que são considerados monstros revela o mais íntimo do sujeito, sendo a sua própria monstruosidade e a falha humana, como se esse encontro com o outro possuidor de deficiência personificasse o encontro com o real.

Diante desta posição psíquica, do legado histórico e das condições atuais, defendemos que as mudanças para que a inclusão escolar aconteça nas instituições demandam algo mais profundo do que a simples adoção de uma nova prática. Como afirma Morin (Carvalho, 2004), não se trata de uma mudança pragmática, mas de uma transformação paradigmática. A adoção da ética da psicanálise, com sua concepção de sujeito e sua inclusão no âmbito institucional, pode, a nosso ver, contribuir para essa necessária transformação das instituições.

Temos a impressão de que vista como fenômeno social, a debilidade tem se manifestado na contemporaneidade de forma mais ampla. Na prevalência do imaginário sobre o simbólico, o outro não é pressuposto, existindo espaço apenas para o sujeito especular. Na contemporaneidade, o sujeito recusa-se a lidar com qualquer alteridade e, como afirma Quessada (2007), presenciamos uma espécie de outrocídio, a manutenção de relações alienantes e duais. Neste contexto, desenvolve-se uma espécie de inclusão, na qual um não percebe o outro, apenas ocupando o mesmo espaço, ou uma inclusão pelo particular, por partes ou por grupos de pessoas que se consideram iguais. Essa busca pelo particular é oposta à lógica da singularidade, do um-a-um, que defendemos para que se permita a inclusão do sujeito.

Ao mesmo tempo, existe na contemporaneidade uma explosão das reivindicações do direito à diferença e, neste caso, a inclusão pode significar uma reivindicação à diferença pela deficiência. Presenciamos casos como uma forma de afirmação da própria diferença pela deficiência, uma supervalorização da deficiência, como se esta ocupasse o lugar do Outro artificial. Nesta interpretação, a inclusão representa uma espécie de negação, uma recusa do atendimento especializado, ou de forma contrária, neste contexto, entende-se que frequentar apenas uma instituição especializada é condição suficiente para se afirmar como deficiente. Neste caso, um entendimento dicotômico está instalado: ou apenas a escola comum ou apenas a escola especial. Interpretações contrárias à inclusão foram percebidas, o que gerou reações maniqueístas entre os envolvidos no processo e confusão na definição de políticas e práticas inclusivas.

Ao final deste percurso, esperamos ter deixado claro que defendemos a existência de instituições especializadas por considerar que, em nossa contemporaneidade, elas são necessárias para se efetivar uma inclusão do sujeito. Tanto para a debilidade, quanto para esse sujeito que sofre dos avatares da contemporaneidade, é necessária uma atuação institucional que favoreça um trabalho de simbolização para o que é insuportável ao sujeito. Desta forma, a instituição especializada é responsável por fortalecer a primeira inclusão, no que seria uma primeira instituição, ou a instituição por excelência, que é a inclusão na linguagem.

Para as crianças com deficiência intelectual ou em uma posição débil estar na escola comum em um período e na instituição especializada em outro configura uma possibilidade para a emergência do sujeito.

Entendemos que o espaço da escola comum é tão necessário quanto o espaço da instituição especializada para eles. Como a entrada nas escolas permite a regulação do gozo e simboliza a separação estrutural da primeira relação alienante com a figura materna, essa entrada pode auxiliar na saída da condição débil. A inclusão escolar permite à criança lidar com o Outro, representado pela escola, sem se esquivar deste encontro, ou se refugiar em uma relação dual restrita apenas a uma instituição especializada. Desse modo, ela não se vê excluída deste jogo social que é pertinente a todos. Essa entrada representa um corte simbólico e necessário da relação mãe-filho. Assim como Kupfer (2010), consideramos que a entrada na escola comum faz parte do tratamento do débil, mas, para tal, essa escola precisa ser transformada e representar um lugar de encontro com o impossível do sujeito e o necessário da educação, e não apenas um lugar marcado pela impotência e tolerância.

O tratamento no âmbito institucional, concomitante à permanência na escola, garante um arranjo simbólico, no qual se preserva o espaço para o sujeito elaborar suas questões próprias com essa condição. Para tal, é necessária uma distância física e psíquica de maneira a garantir um dentro e fora para o sujeito, uma continuidade e descontinuidade, um arranjo que simboliza o lugar do terceiro e que permite o deslocamento da relação dualizada. O atendimento especializado em um espaço fora da escola comum favorece o deslocamento da questão tanto para o professor, quanto para o aluno, "*em última análise, permite que o aluno encontre um lugar dentre vários*" (Crouzier & Gardou, 2005, p. 129, tradução nossa). Neste caso, outro diálogo se instala entre os profissionais dos dois espaços.

Esta disposição – escola comum e especial – permite outra forma de atuação, diferente da realizada durante tantos anos e que traz outra luz para essa questão humana da debilidade. Essa é uma possibilidade de inclusão de todos os envolvidos e que mobiliza todos os atores.

Nesta história de terror, as crianças encontraram como saída para o isolamento de Biruto uma festa a fantasia, a fim de que as pessoas pudessem conhecê-lo. Interessante que "todos" foram convidados e todos compareceram com suas fantasias, um final que muito nos revela sobre as possibilidades da inclusão.

Como eles nos ensinam: "*Quando as pessoas são diferentes dá pra saber quem é a pessoa e qual é o jeito dela*"

# REFERÊNCIAS

AGAMBEN, G. (2009). *O que é o contemporâneo e outros ensaios*. (Vinicius Nicastro Honesko, Trad.). Chapecó, SC: Argos.

AGAMBEN, G. (2010). *Homo sacer: o poder soberano e a vida nua I* (2a ed.). Belo Horizonte, UFMG, p. 197.

AJURIAGUERRA, J. DE (1980). *Manual de Psiquiatria Infantil*. (Paulo César Geraldes e Sonia R. P. Alves, Trad.). Rio de Janeiro: Masson do Brasil, pp. 563-597.

ALMEIDA, M.C & CARVALHO, E. A. (Orgs.). (2007). *Educação e complexidade: os sete saberes e outros ensaios / Edgar Morin* (4a ed.). São Paulo: Cortez.

AMERICAN ASSOCIATION ON MENTAL RETARDATION – AMMR. (2006). *Retardo mental: definição, classificação e sistemas de apoio* (10a ed.). Porto Alegre: Artmed.

ANTIPOFF, Helena. (1931). *Desenvolvimento mental das crianças de Belo Horizonte*. Belo Horizonte, Secretaria de Educação Saúde Pública do Estado de Minas Gerais, (Boletim, 7).

ANTIPOFF, Helena. (1953/1992). A Fazenda do Rosário como experiência social e pedagógica no meio rural. Em Centro de Documentação e Pesquisa Helena Antipoff. *Educação rural*. Belo Horizonte, Imprensa Oficial. (Coletânea das obras escritas de Helena Antipoff, vol. 4, pp. 113-116). Publicado originalmente em 1953.

ANTIPOFF, Helena. (1992). Pensamentos de Helena Antipoff. Em Centro de Documentação e Pesquisa Helena Antipoff. *Fundamentos da educação*. Belo Horizonte, Imprensa Oficial. (Coletânea das obras escritas de Helena Antipoff, vol. 2, pp. 401-403).

BALBO, G. & BERGÈS, J. (2003). *Psicose, autismo e falha cognitiva na criança*. Porto Alegre: CMC.

BATISTA, C. A. M. (2002). *Inclusão das Pessoas Portadoras de Deficiência no Mercado Formal de Trabalho – um estudo sobre suas possibilidades nas organizações de Minas Gerais*. 2000-2002, p. 246. (Dissertação de mestrado – Ciências Sociais). Pontifica Universidade Católica de Minas Gerais, Belo Horizonte, Minas Gerais.

BATISTA, C. A. M. (2002). *Inclusão: construção na diversidade*. Belo Horizonte: Armazém de Idéias.

BATISTA, C. A. M. & MANTOAN, M. T. E. (2006). *Educação Inclusiva: atendimento educacional especializado para a deficiência mental* (2ª ed.). Brasília: MEC.SEESP.

BAUMAN, Z. (1998) *O mal-estar da pós-modernidade* (Mauro Gama e Cláudia Martinelli Gama, Trad.). Rio de Janeiro: Jorge Zahar.

BERCHERIE, P. (1992). A Clínica Psiquiátrica da Criança. In: FHEMIG – Centro Psicopedagógico, *Da psiquiatria infantil à clínica da criança* (Oscar Cirino, Trad.) Fascículos. V.7. Belo Horizonte, pp. 20-38.

BRASIL / MEC. (1961). *Lei 4.020*. Estabelece as diretrizes para a educação nacional, de 20 de dezembro de 1961.

BRASIL. (1988). *Constituição da República Federativa do Brasil*. Brasília, DF: Senado.

BRASIL. (1991). *Lei nº 8.213*. Dispõe sobre os Planos de Benefícios da Previdência Social e dá outras providências, de 24 de julho de 1991.

BRASIL. Ministério da Educação e Cultura. (1996). *Lei nº 9.394*. Estabelece as diretrizes e bases da educação nacional, de 20 de dezembro de 1996.

BRASIL. Ministério da Educação e Cultura. (2008). *Decreto nº 06.571*, de 17 de setembro de 2008. Dispõe sobre o atendimento educacional especializado, 17 de setembro de 2008.

BRASIL. Ministério da Educação e Cultura, CNE/CEB. (2010). *Resolução nº 04/10*. Define Diretrizes Curriculares Nacionais Gerais para a Educação Básica, 13 de julho de 2010.

BRASIL. Ministério Público Federal: Fundação Procurador Pedro Jorge de Melo e Silva (Org.). (2004). *O Acesso de Alunos com Deficiência às Escolas e Classes Comuns da rede Regular* (2a ed.) Brasília: Procuradora Federal dos Direitos do Cidadão.

BRUNO, P. (1983). Examen de la debilité. In: *Pas Tant, «ce que Freud découvre, Lacan le fonde» revue*. Numéro double 3/4, Toulouse: pp. 15-22, automne, hiver.

BRUNO, P. (1986). A côté de la plaque. Sur la débilité mentale. In: *Ornicar? Revue de Champ Freudien,* Paris: nº 37, Champ Freudiene. pp. 38-65, avril juin.

BRUNO, P. (1989) Al *lado de la placa:* sobre la debilidad mental, en Traducciones 2, *Fundación Freudiana de Medellín*, Colombia, 02/1989.

BUENO, J. G. S. (1993). *Educação Especial Brasileira: integração/segregação do aluno diferente*. São Paulo, EDUC/PUCSP.

CAMPOS, Regina. H. F. (2003). Helena Antipoff: razão e sensibilidade na psicologia e na educação. *Estudos Avançados*, vol.17, nº 49, pp.209-231.

CARVALHO, E. A. (2004). *Edgar Morin*. ATTA Mídia e Educação. Disponível em DVD.

CARVALHO, J. D'A. (2005). *Entre a imagem e a escrita: um diálogo da psicanálise com a educação*. São Paulo: Annablume; Belo Horizonte: FUMEC.

CASTEL, R. (2008). *A discriminação negativa: cidadãos ou autóctones?* (Francisco Morais, Trad.). Rio de Janeiro: Ed. Vozes.

CIRINO, O. (1992). O descaminho daquele que conhece. In: FHEMIG – Centro Psicopedagógico. *Da psiquiatria infantil à clínica da criança*. Fascículos. vol.7. Belo Horizonte, pp. 39-83.

COHEN. R.H.P. (2005). A transferência e o outro escola. In: BARROS. M. R. C. R. e FERNANDES, M. C. B. (Orgs). *Acolher a demanda, produzir a transferência*. Rio de Janeiro: ICP, pp.89-99.

COHEN. R.H.P. (2006). *A lógica do fracasso escolar: psicanálise & educação*. Rio de Janeiro: Contra Capa Livraria.

CORDIÉ, A. (1996). *Os atrasados não existem: psicanálise de crianças com fracasso escolar* (Sonia Flach e Marta D'Agord, Trad.). Porto Alegre: Artes Médicas.

COSTA, Jr. F. (2007). *História da Psiquiatria no Brasil: um corte ideológico*. (5a ed.) Rio de Janeiro: Garamond.

CROUZIER, M-F. & GARDOU, C. (2005). Éducation inclusive: du prêt-à-porter éducatif à la culture du sur-mesure. In: La Nouvelle revue de l'AIS. *Adaptation et intégration scolaires*. Suresnes, France. Nº 30. 2° trimestre de 2005.

CUNHA, A. G. da. (2007). *Dicionário etimológico da língua portuguesa* (3a ed.). Rio de Janeiro: Lexicokon Editora Digital.

DI CIACCIA, A. *A Criança e a instituição*. In: LIMA, M. M e SONIA, A. (Orgs). (2005a). *Psicanálise, clínica e instituição*. Rio de Janeiro, Rios Ambiciosos, pp. 19-24.

DI CIACCIA, A. (2005b). A Prática entre vários. In: LIMA, M. M e SONIA, A. (Orgs) *Psicanálise, clínica e instituição*. Rio de Janeiro, Rios Ambiciosos, pp. 34-54.

DI CIACCIA, A. (2007). Inventar a psicanálise na Instituição. In: *Pertinências da psicanálise aplicada: trabalhos da escola da Causa Freudiana reunidos pela Associação do Campo Freudiano* (Vera A. Ribeiro, Trad.). Rio de Janeiro: Forense Universitário. pp. 69-75.

DIAS, M. G. L. V. (2006). Le Sintlhome. In: Ágora: Estudos em Teoria psicanalítica. Rio de Janeiro: Ágora, vol.9 nº.1 Jan./June 2006.

DIAS, L. M. (2010). Considerações acerca do matema em Lacan. In: FERREIRA, G. C. S., LAVARINI, J e CARDOSO, M. R. F. *A Escrita de Jacques Lacan: matemas, esquemas, grafo, alógica e a topologia*. Belo Horizonte: Aleph--Escola de Psicanálise, pp. 21-25.

DUFOUR, D. (2008). *O Divino Mercado: a revolução cultural liberal.* (Procópio Abreu, Trad.). Rio de Janeiro: Companhia de Freud.

DUFOUR, D. (2005). *A Arte de Reduzir as Cabeças: sobre a nova servidão na sociedade ultraliberal* (Sandra Regina Felgueiras, Trad.). Rio de Janeiro: Companhia de Freud.

DOSTOIÉVSKI, F. (2002). *O Idiota.* (Paulo Bezerra, Trad.) (3a ed.). São Paulo: Ed. 34.

EIDELSZTEIN, A. (2008). *Las estructuras clínicas a partir de Lacan* (Vol I) (2a ed.) Buenos Aires: Letra Viva.

ELIACHEFF C. & SOULEZ-LARIVIÈRE, D. (2007). *Le Temps de Victimes.* Paris: Albin Michel.

ENCICLOPÉDIA LIVRE. Wikipédia. (2011). Recuperado em 22 de abril de 2011, de http://pt.wikipedia.org/wiki/Ritalina.

FENAPAE. (2000). *Ensino Especial.* Brasília: Fenapae, 2000.

FENAPAE. (2010). Recuperado em 12 de julho de 2010, de http//www.fenapae.org.br

FOUCAULT, M. (2008). *História da Loucura: na Idade clássica.* (José Teixeira Coelho Neto, Trad.). São Paulo: Perspectiva.

FOUCAULT, M. (1974-1975/2001) *Os Anormais:* curso no College de France Michel Foucault. (Eduardo Brandão, Trad.). São Paulo: Martins Fontes, 2001. (Coleção Tópicos).

FOUCAULT, M. (1987). *Vigiar e Punir.* Petrópolis: Vozes, 1987.

FRAGELLI, I. K. Z. (2011). *Alfabestização: perspectiva da articulação do sujeito e a escrita.* 2011, p. 240. Tese de doutorado (programa de pós-graduação em Educação. Área de Concentração: psicologia e educação – Faculdade de Educação da universidade de São Paulo). São Paulo.

FREUD, S. (1980). Três Ensaios sobre a Teoria da Sexualidade. (1905a). In: *Edição Standart Brasileira das Obras Psicológicas Completas de Sigmund Freud,* (Vol. VII.) (Jayme Salomão, Trad.). Rio de Janeiro: Imago, pp. 121-252. (Trabalho original publicado em 1905a).

FREUD, S. (1980). Os Chistes e sua relação com o Inconsciente. In: *Edição Standart Brasileira das Obras Psicológicas Completas de Sigmund Freud,* (Vol. VIII) (Jayme Salomão, Trad.). Rio de Janeiro: Imago. (Trabalho original publicado em 1905b).

FREUD, S. (1980). Leonardo da Vinci e uma lembrança de sua infância. In: *Edição Standart Brasileira das Obras Psicológicas Completas de Sigmund Freud,* (Vol. XI) (Jayme Salomão, Trad.). Rio Janeiro: Imago, pp. 59-126. (Trabalho original publicado em 1910a).

FREUD, S. (1980). O Tabu da virgindade (contribuições a psicologia do amor II). In: *Edição Standart Brasileira das Obras Psicológicas Completas de Sigmund Freud,* (V. XI) (Jayme Salomão, Trad.). Rio de Janeiro: Imago, pp. 175-192. (Trabalho original publicado em 1910b).

FREUD, S. (2010). Caminhos da terapia psicanalítica. In: S. Freud, *História de uma neurose infantil ("o homem dos lobos"), além do princípio do prazer e outros textos* (Paulo César de Souza, Trad.). São Paulo: Companhia das Letras. (Trabalho original publicado em 1919a).

FREUD, S. (2010). O Inquietante. In: S. Freud, *História de uma neurose infantil ("o homem dos lobos"), além do princípio do prazer e outros textos* (Paulo César de Souza, Trad.). São Paulo: Companhia das Letras. (Trabalho original publicado em 1919b).

FREUD, S. (1980). O Eu e o Id. In: *Edição Standart Brasileira das Obras Psicológicas Completas de Sigmund Freud,* v. XIX (Jayme Salomão, Trad.). Rio Janeiro: Imago, pp. 13-83. (Trabalho original publicado em 1923).

FREUD, S. (1980). Inibições, sintomas e ansiedades. In: *Edição Standart Brasileira das Obras Psicológicas Completas de Sigmund Freud,* (Vol. XX) (Jayme Salomão, Trad.). Rio Janeiro: Imago, 1980, pp. 107-210. (Trabalho original publicado em 1926).

FREUD, S. (1980). Dostoiévski e o parricídio. In: *Edição Standart Brasileira das Obras Psicológicas Completas de Sigmund Freud,* (Vol. XXI) (Jayme Salomão, Trad.). Rio Janeiro: Imago, pp. 205-234. (Trabalho original publicado em 1928).

FREUD, S. (2010). O mal estar na civilização. In: FREUD, Sigmund. *O mal estar na civilização, novas conferências introdutórias e outros textos* (1930-1936). (Paulo César de Souza, Trad.). São Paulo: Companhia das Letras. (Trabalho original publicado em 1930).

FREUD, S. (2010). Por que a guerra? (carta a Einstein). In: FREUD, Sigmund. *O mal estar na civilização, novas conferências introdutórias e outros textos*

(1930-1936). (Paulo César de Souza, Trad.). São Paulo: Companhia das Letras. (Trabalho original publicado em 1932).

FUKS, B. B. & RUDGE A. M. (2011). Perspectivas da crítica freudiana à cultura. In: Braunstein, N. A. e Fuks, B. B. (Org). *100 Anos de novidade. A moral sexual "cultural" e o nervorsismo moderno* de Sigmund Freud [1908-2008]. Rio de janeiro: Contra Capa. pp. 73-90.

GARDOU, C. (2005). *Fragments sur le handicap et la vulnérabilité: pour une révolution de la pensée et de la'action*. Ramonville Saint-Agne, France: Edition-érès.

GAULEJAC, V. (2001). Psicologia e sociologia clínica. In: GARCIA, J. N. & CARRETEIRO, T. C., *Cenários sociais e abordagens clínicas*, Belo Horizonte, Fumec.

GOFFMAN, E. (1988). *Estigma: notas sobre a manipulação da identidade deteriorada* (Márcia Bandeira de Mello Leite Nunes, Trad.) (4a ed.). Rio de Janeiro, Guanabara Koogan.

HALLEUX, B. de. (2006). Note éditoriale. *D'une rééducation et sés préliminaires*. Bruxelles: Anthene 110. Preliminarie, Vol. 16, automme.

HANNS, L. A. (1996). *Dicionário comentado do alemão de Freud*. Rio de Janeiro: Imago.

HELLEBOIS, P. (1993). A propôs de La débilité mentale. In: *Les feuillets psychanalytiques du Courtil*, Templeuve: Courtil, Vol. 6. pp. 105-111, 02/1993.

INSTITUTO BENJAMIN CONSTANT, (2010). Recuperado em 18 de fevereiro de 2010, de http://www.ibc.gov.br

INSTITUTO NACIONAL DE EDUCAÇÃO DE SURDOS. (2010). Recuperado em 18 de fevereiro de 2010, de http://www.ines.gov.br

JERUZALINSKY, A. (1988). *Psicoanálisis en problemas del desarrollo,* Buenos Aires: Nueva Visión.

KANNER, L. (1966). *Psiquiatria Infantil* (3a ed.). Buenos Aires: Ediciones Siglo Veinte, pp. 29-94.

KAUCHAKJE, S. (2000). Inclusão: uma perspectiva social e da conquista dos direitos. In: MANTOAN, M. T. E., OLIVEIRA, J. R., QUEVEDO, A. A. F. *Mobilidade, comunicação e educação: desafios à acessibilidade*. Campinas: WVA.

KAUFMANN, P. (1996). *Dicionário enciclopédico de psicanálise: o legado de Freud e Lacan*. Tradução de Vera Ribeiro, Maria Luiza X. de A. Borges. Rio de Janeiro: Jorge Zahar Ed.

KOLTAI, C. (1998). A segregação, uma questão para o analista. In: KOLTAI, C. (Org). *O estrangeiro*. São Paulo: Escuta/FAPESP.

KOLTAI, C. (2000). *Política e psicanálise*. O estrangeiro. São Paulo, Escuta.

KOLTAI, C. (2004). O Ressentimento entre intenção e extensão (4a ed). Textura – *Revista de psicanálise*.

KUPFER, M. C. M. (2010). A Educação Terapêutica: uma nova abordagem das relações entre psicanálise e educação. In: KUPFER, M. C. M. e PINTO, F. S. C. (orgs) *Lugar de Vida, vinte anos depois*. Exercícios de Educação Terapêutica. São Paulo: Escuta/Fapesp.

LACAN, J. (1975). R.S.I. In: *Ornicar? Revue de Champ Freudien*, nº 2, marzo. Champ Freudiene, pp. 11-35.

LACAN, J. (1983). *O seminário, livro 1: Os escritos técnicos de Freud* (1953-1954) (Betty Milan, Trad.) (3a ed.). Rio de Janeiro: Jorge Zahar Ed.

LACAN, J. (1983). *O seminário, livro 4: A relação de Objeto* (1956-1957). (Dulce Duque Estrada, Trad.). Rio de Janeiro: Jorge Zahar Ed.

LACAN, J. (1985). *O Seminário; livro 11. Os Quatros Conceitos Fundamentais da Psicanálise* (1964) (M. D. Magno, Trad.) (2a. ed.). Rio de Janeiro: Jorge Zahar.

LACAN, J. (1986). *O Seminário, livro 7. A Ética da Psicanálise* (1959-1960) (Antonio Quinet, Trad.) (2a ed.). Rio de Janeiro: Jorge Zahar Editor.

LACAN, J. (1988). Formulações sobre a causalidade psíquica (1946). In: LACAN, J. *Escritos*. (Vera Ribeiro, Trad.). Rio de Janeiro: Jorge Zahar Ed., pp. 152-194.

LACAN, J. (1992). *O Seminário, livro 17: O Avesso da Psicanálise* (1969-1970) (Ari Roitman, Trad.). Rio de Janeiro: Jorge Zahar Ed.

LACAN, J. (1993). *Televisão* (Antonio Quinet, Trad.). Rio de Janeiro, Jorge Zahar. Ed.

LACAN, J. (1998). A agressividade em Psicanálise (1948). In: LACAN, J. *Escritos* (Vera Ribeiro, Trad.). Rio de Janeiro: Jorge Zahar Ed., pp. 104-126.

LACAN, J. (1998). De uma questão preliminar a todo tratamento possível da psicose (1957-1958). In: LACAN, J. *Escritos* (Vera Ribeiro, Trad.). Rio de Janeiro: Jorge Zahar Ed. 1998, pp. 537-590.

LACAN, J. (1998). Função e campo da fala e da linguagem em psicanálise (1953). In: LACAN, J. *Escritos* (Vera Ribeiro, Trad.). Rio de Janeiro: Jorge Zahar Ed., pp. 238-324.

LACAN, J. (1998). Introdução teórica às funções da psicanálise em criminologia (1950). In: LACAN, J. *Escritos* (Vera Ribeiro, Trad.). Rio de Janeiro: Jorge Zahar Ed., pp. 127-151.

LACAN, J. (1998). O estádio do Espelho (1949). In: LACAN, J. *Escritos* (Vera Ribeiro, Trad.). Rio de Janeiro: Jorge Zahar Ed., pp. 96-103.

LACAN, J. (1998). Subversão do sujeito e dialética do desejo do inconsciente freudiano (1960). In: LACAN, J. *Escritos* (Vera Ribeiro, Trad.). Rio de Janeiro: Jorge Zahar Ed., pp. 807-842.

LACAN, J. (2003). A locução sobre as psicoses da criança (1968). In: LACAN, J. *Outros Escritos* (Vera Ribeiro, Trad.). Rio de Janeiro: Jorge Zahar Editor, pp. 359-368.

LACAN, J. (2003). Carta de Dissolução (1980). In: LACAN, J. *Outros Escritos* (Vera Ribeiro, Trad.). Rio de Janeiro: Jorge Zahar Ed., pp. 319-321.

LACAN, J. (2003). Nota sobre a criança (1969). In: LACAN, J. *Outros Escritos* (Vera Ribeiro, Trad.). Rio de Janeiro: Jorge Zahar Ed., pp. 369-370.

LACAN, J. (2003). Os complexos familiares na formação do indivíduo (1938). In: LACAN, J. *Outros Escritos* (Vera Ribeiro, Trad.). Rio de Janeiro: Jorge Zahar Editor., pp. 29-90.

LACAN, J. (2003). Proposição de 09 de Outubro de 1967 sobre o psicanalista da Escola (1967). In: LACAN, J. *Outros Escritos* (Vera Ribeiro, Trad.). Rio de Janeiro: Jorge Zahar Editor, pp. 248-264.

LACAN, J. (2005). *O seminário, livro 10: A angústia* (1962-1963). Tradução Vera Ribeiro. Rio de Janeiro: Jorge Zahar Ed.

LACAN, J. (2005). *O Triunfo da Religião, precedido de Discurso aos católicos* (1960) (André Telles, Trad.). Rio de Janeiro: Jorge Zahar Ed.

LACAN, J. (2005). *Seminário 15. El acto psicoanalítico* (1967-1968). Versión completa de la Escuela Freudiana de Buenos Aires. Buenos Aires: Psikolibro.

LACAN, J. (2005). *Seminário 19... Ou Pire* (1971-1972). Versión completa de la Escuela Freudiana de Buenos Aires. Buenos Aires: Psikolibro.

LACAN, J. (2005). *Seminário 24 – Lo no sabido que sabe de la una-equivocación se ampara en la morra* (1976-1977). Versión completa de la Escuela Freudiana de Buenos Aires. Buenos Aires: Psikolibro.

LACAN, J. (2006). *Meu Ensino* (André Telles, Trad.). Rio de Janeiro: Jorge Zahar Editor.

LACAN, J. (2008) *O seminário, livro 16: de um Outro a outro* (1968-1969). Rio de Janeiro: Jorge Zahar Ed.

LAJONQUIÈRE, L. de. (1992). *De Piaget a Freud: para repensar as aprendizagens. A (psico)pedagogia entre o conhecimento e o saber.* Petrópolis, RJ: Vozes.

LAPLANCHE, J. & PONTALIS, J.-B. (1983). Vocabulário de psicanálise (Pedro Tamen, Trad.) (7a ed.). São Paulo, Livraria Martins Fontes.

LAURENT, D. (2007). O Psicanalista concernido. In: *Pertinências da psicanálise aplicada:* trabalhos da escola da Causa Freudiana reunidos pela Associação do Campo Freudiano (Vera A. Ribeiro, Trad.). Rio de Janeiro: Forense Universitário, pp.37-48.

LAURENT, D. (1989). El Goce del debil. In: *Ninõs em psicoanalisis.* Buenos Aires: editora Manantial, pp. 145-149.

LAURENT, D. (1995). Psicose e debilidade. In: Laurent, Eric. *Versões da clínica psicanalítica* (Vera Ribeiro, Trad.). Rio de janeiro: Jorge Zahar ed., pp. 167-175.

LAURENT, D. (1999). O Analista Cidadão. In: *Revista Curinga.* N. 13, setembro de 1999. Belo Horizonte: EBP/MG., pp. 07-13.

LAURENT, D. (2007). Dois aspectos da torção entre sintoma e instituição. In: *Pertinências da psicanálise aplicada:* trabalhos da escola da Causa Freudiana reunidos pela Associação do Campo Freudiano (Vera Ribeiro, Trad.). Rio de Janeiro: Forense Universitário, pp. 237-249.

LEBRUN, J. P. (2004). *Um Mundo sem Limites.* Rio de Janeiro: Companhia de Freud.

LEBRUN, J. P. (2008). *A perversão comum: viver juntos sem outro* (Procópio Abreu, Trad.). Rio de Janeiro. Campo Matêmico.

LEBRUN, J. P. (2009). *Clínica da instituição:* o que a psicanálise contribui para a vida coletiva (Sandra Chapadeiro, Trad.). Porto Alegre: CMC Editora.

LEFORT, R. et LEFORT, R. (1991). La Realité de la débilité mentale par Rosine et Robert Lefort. In: *Revue de L'Ecole de la Cause Freudienne.* Actes nº 19. novembro, 1991. Paris: ECF, pp. 47-50.

LEGUIL, F. (1998). Formas do Desencontro: segregação, solidão, amor. In: *Curinga*, nº 11, Belo Horizonte.

LINHARES, M. B. M. et al. (2000). Prematuridade e muito baixo peso como fatores de risco ao desenvolvimento da criança. FFCLRP USP *Revista Paidéia*, Rib. Preto, V. 10, n. 18, pp.60-69, jan/julho/2000.

LUGAR DE VIDA. (2011). Recuperado em 25 de setembro de 2011, de http://www.lugardevida.com.br

MALET, J-D e MILLER, J. (2007). Apresentação. In: *Pertinências da psicanálise aplicada:* trabalhos da escola da Causa Freudiana reunidos pela Associação do Campo Freudiano (Vera A. Ribeiro, Trad.). Rio de Janeiro: Forense Universitário. pp. 1-5.

MANNONI, M. (1987). *A criança, sua "doença" e os outros* (1967) (Maria Raquel Gomes Duarte, Trad.) (2a ed.). Rio de Janeiro: Guanabara.

MANNONI, M. (1986). *Bonneuil, seize ans aprés.* Commen échapper aux destins programmés dans l'État-Providence. Paris: Éditions Denoël.

MANNONI, M. (1988). *A criança retardada e a mãe* (1964) (A. C. Villaça, Trad.) (3a ed.). São Paulo: Martins Fontes.

MANTOAN M. T. E., e colaboradores. (1997). *A integração de pessoas com deficiência: contribuições para uma reflexão sobre o tema.* São Paulo: Memnom, SENAC.

MARIAGE, V. (1991). Question éthique: débilité ou paranoia, historie d'un cas. In: *Les feuillets psycahnalytiqeus de Courtil.* pp. 41-45. Templeuve: 04/1991.

MILLER, J. (2007). Uma leitura do *Seminário*: de um Outro ao outro. *Opção lacaniana,* revista brasileira internacional de psicanálise, nº 49, pp. 12-47. São Paulo, agosto de 2007. ISSN 2177-2673.

MILLOT, C. (1982). *Freud antipedagogo.* Rio de Janeiro: Jorge Zahar Ed.

MONTREAL – CANADÁ OPS/OMS – (2012). *Declaração de Montreal sobre a Deficiência Intelectual.* 06 de Outubro de 2004. Recuperado em 28 de fevereiro de 2012, de www.defnet.org.br

MORAIS, Y, F. (2010). As identificações e a estrutura tórica. In: FERREIRA, G. C. S., LAVARINI, J & CARDOSO, M. R. F. *A Escrita de Jacques Lacan: matemas, esquemas, grafo, alógica e a topologia.* Belo Horizonte: Aleph-Escola de Psicanálise, pp. 163-181.

NASIO, J. D. (1995). *O Olhar em Psicanálise* (Vera Ribeiro, Trad.) Rio de Janeiro: Jorge Zahar Ed.

NAVEAU, P. (2007). A psicanálise aplicada ao sintoma: o que está em jogo e problemas. In: *Pertinências da psicanálise aplicada: trabalhos da escola da Causa Freudiana reunidos pela Associação do Campo Freudiano* (Vera Ribeiro, Trad.). Ribeiro. Rio de Janeiro: Forense Universitário, pp. 09-16.

OLIVEIRA, C. L. M. V. de (2005). *História da Psicanálise – São Paulo (1920-1969).* São Paulo: Escuta.

OMS. (1993) *Classificação de transtornos mentais e de comportamento da CID-10: descrições clínicas e diretrizes diagnósticas* (Dorgival Caetano, Trad.). Porto Alegre: Artes Médicas.

ONU. (1994). *Regras Padrões sobre Equalização de Oportunidades para pessoas com deficiência.* Salamanca, Espanha.

ONU. (2007). *Convenção sobre os Direitos das Pessoas com Deficiência. Nova York, USA.* Impresso Brasília: Presidência da República, Secretaria Especial de Direitos Humanos. CORDE.

PATTO, M. H. S. (1999). *A produção do fracasso escolar:* histórias de submissão e rebeldia. São Paulo: casa do psicólogo.

PENALVA, O. (2011). Organização de um Programa de Folow-up. In: *Sociedade Brasileira de Pediatria.* Recuperado em 25 de outubro de 2011, de htp/www.sbp.com.br

PESSOTI, I. (1984). *Deficiência mental: da superstição à ciência.* São Paulo: T. A. Queiroz: Ed. da Universidade de São Paulo.

PIAZENTIN, O e RODRIGUES, R. (2011). Bebês de risco e sua família: o trabalho preventivo. In: *Sociedade Brasileira de Pediatria.* Recuperado em 25 de outubro de 2011, de htp/www.sbp.com.br

PORTUGAL, A. M. (2011). *Beleza, Limpeza, Ordem:* história sem final feliz. Comunicação no Seminário do Aleph, escola de psicanálise de Belo horizonte em 10 de março de 2011.

QUESSADA, D. (2007). *Court, traité d'altéricide.* Precede de à tombeau ouvert dialogue avec Peter Sloterdijk. Paris: Éditions Gallimard, Verticales/ phase deux.

RANCIÈRE, J. (2005). *O mestre ignorante* – cinco lições sobre a emancipação intelectual (Liliam do Valle, Trad.) (2a ed.) Belo Horizonte: Autêntica.

RIVERA, T. (2008). Ensaio sobre o espaço e o sujeito. Lygia Clark e a psicanálise. In: *Ágora: Estudos em Teoria Psicanalítica.* Rio de Janeiro: Ágora Vol.11, nº 2 July/Dec. 2008. Recuperado de www.scielo.br

RODRIGUES, D. (2011). Método educacional deve prevalecer sobre o clínico, defende David Rodrigues. In: *Educare.pt. O Portal da Educação.* Entrevista realizada por Teresa Sousa em 18 de abril de 2007. Recuperado em 11 de outubro de 2011, de http://www.educare.pt.

ROSA, L P. (2005) *Tecnociências e Humanidades:* novos paradigmas, velhas questões. Volume 2, São Paulo: Paz e terra, (partes VI e VII, pp. 353/490).

ROUDINESCO, E. In: ROUDINESCO, Elizabeth. (et al). (1994). *Foucault: leituras da história da loucura*. Tradução de Maria Ignes Duque Estrada. Rio de Janeiro: Relime-Dumará, pp. 7-32.

ROUDINESCO, E. & PLON, M. (1998). *Dicionário de Psicanálise* (Vera Ribeiro e Lucy Magalhães, Trad.). Rio de Janeiro: Jorge Zahar Ed.

ROUDINESCO, E. (2008). *Jacques Lacan: esboço de uma vida, história de um sistema de pensamento* (Paulo Neves, Trad.). São Paulo: Companhia das Letras.

SANTIAGO, A. L. (2005). *A inibição intelectual na psicanálise*. Rio de Janeiro: Jorge Zahar Ed.

SANTOS, M. T. T. (2006). *Bem-vindo à escola: a inclusão nas vozes do cotidiano*. Rio de Janeiro: DP&A.

SHEVELL, M. (2008). Global developmental delay and mental retardation or intellectual disability: conceptualization, evaluation, and etiology. *Pediatr Clin North*, v. 55, pp.1071-84.

SILVEIRA, M. F et al. (2008). Aumento da prematuridade no Brasil: revisão de estudos de base populacional. *Revista de Saúde Pública*. São Paulo, V.42, nº.5, pp. 957-964, outubro 2008.

SILVEIRA, M. F., A. MATIJASEVICH, et al. (2013). Prevalência de nascimentos pré-termo conforme grupos de peso ao nascer: revisão sistemática, análise colaborativa de estudos brasileiros e comparação com resultados do SINASC. *Revista de Saúde Pública*. Vol.22, nº.4 Brasília dez. 2013.

STEVENS, A. (2005). O Courtil: uma escolha. In: LIMA, M. M. E SONIA, A. (Orgs) *Psicanálise, clínica e instituição*. Rio de Janeiro, Rios Ambiciosos, pp. 25-33.

STEVENS, A. (2007). A instituição: prática do ato. In: *Pertinências da psicanálise aplicada: trabalhos da escola da Causa Freudiana reunidos pela Associação do Campo Freudiano*. Trad. Vera A. Ribeiro. Rio de Janeiro: Forense Universitário, pp. 76-85.

TODOROV, T. (1999). *O homem desenraizado* (Cristina Cabo, Trad.). Rio de Janeiro: Record.

TROBAS, G. (2003). Três respuestas del sujeto ante la angustia: inhibición, pasaje al acto y acting out. In: *Logos 1*. NEL (Nueva Escuela Lacanniana, Sede Miami). Buenos Aires: Série Tri, Gama Ediciones, p. 9-65.

VEGA, E. de la. (2010). *Anormales, deficientes y especiales:* genealogia de la educacions especial. Buenos Aires: Centro de Publicacions Educativas y Material Didáctico.

VIGANÒ, C. (1999). A construção do caso clínico em saúde mental. EBP. *Revista Curinga Psicanálise e Saúde Mental.* Belo Horizonte, Vol. 13, pp. 39-48, setembro, 1999.

VORCARO, A. M. R. (1999). *Crianças na psicanálise*: clínica, instituição e laço social. Rio de janeiro: Companhia de Freud.

VORCARO, A. M. R. & LUCERO, A. (2011). A criança e a debilidade mental: uma abordagem Lacaniana. In: *IV Encontro Nacional de Pesquisadores em Filosofia e Psicanálise / Dez-encontros entre Filosofia e Psicanálise da UFOP*, novembro, 2010, Ouro Preto. Psicologia, USP.

WALLEGHEM, P. (1993). Le débile et son discours. Quelques réflexions cliniques. In: *Les feuillets psychanalytiques du Courtil,* Templeuve: Courtil, Vol. 6. pp. 113-125, 02/1993.

WORLD HEALTH ORGANIZATION BORN TOO SOON. (2012). *The Global Action Report on Preterm Birth.* Geneva.

ZAFIROPOULOS, M. (1981). *Les arriérés: de l'asile à l'usine.* Paris: Payot.

ZENONI, A. (2005). Orientação analítica na instituição psiquiátrica. In: BARROS. M. R. C. R. e FERNANDES, M. C. B. (Orgs). *Acolher a demanda, produzir a transferência.* Rio de Janeiro: ICP pp. 160-170.

ŽIŽEK, S. (2003). *Bem vindo ao deserto do Real!:* cinco ensaios sobre o 11 de Setembro e datas relacionadas (Paulo Cezar Castanheira, Trad.). São Paulo Boitempo Editoria.

ŽIŽEK, S. E DALY, G. (2006). Arriscar o impossível – conversas com Žižek (Vera Ribeiro, Trad.). São Paulo: Martins Fontes.

ŽIŽEK, S. (2010). *Como Ler Lacan* (Maria Luiza X. de A. Borges, Trad.). Rio de Janeiro: Zahar.

Este livro foi composto com tipografia Bembo
e impresso em papel Offset 70g. na Gráfica Formato.